W0078137

Aus dem Programm Huber: Psychologie Lehrbuch

August Flammer

Einführung in die Gesprächspsychologie

Verlag Hans Huber
Bern · Göttingen · Toronto · Seattle

Die in den Text eingestreuten ganzseitigen Fotos, die Fotos auf den Seiten 34 bis 43 und die Fotos auf dem Umschlag stammen von Françoise D. Alsaker. © 1997 by F. D. Alsaker.

Adresse des Autors:
Prof. Dr. August Flammer
Institut für Psychologie der Universität Bern
Muesmattstrasse 45
CH-3000 Bern 9
e-mail: Flammer@Psy.Unibe.CH

Die Deutsche Bibliothek – CIP-Einheitsaufnahme

Flammer, August:
Einführung in die Gesprächspsychologie / August Flammer.
– 1. Aufl. – Bern ; Göttingen ; Toronto ; Seattle : Huber, 1997
(Aus dem Programm Huber: Psychologie-Lehrbuch)
ISBN 3-456-82863-2

Nachdruck 2001 der 1. Auflage 1997
© Verlag Hans Huber, Bern 1997
Satz: Serge Mühlematter
Druck: Hubert & Co., Göttingen
Printed in Germany

Inhaltsverzeichnis

Vorwort

Besteht für ein Buch über das Gespräch überhaupt ein Bedarf? Eigentlich schon, weil Gespräche in unserem sozialen Alltag absolut zentral sind und dennoch so häufig mißlingen; und gute Gespräche lieben wir über alles. Aber es gibt schon viele Bücher über Gespräche. Warum dann noch eines?

Dieses wurde eigentlich als Vorlesungsskript geschrieben, als Basislektüre für die Teilnehmerinnen und Teilnehmer an meiner regulären Einführungsveranstaltung im universitären Grundstudium in Bern. Es sollte sowohl praktisch sein als auch explizit an die Wissenschaft vom Gespräch heranführen. Und genau diese Mischung fand ich in der vorliegenden Literatur nicht in befriedigender Form vor. So entstand 1985 ein Skript, das ich seither immer wieder überarbeitet und umgestaltet, mal erweitert und wieder gekürzt habe.

Skripte in meinen Veranstaltungen haben die Funktion, die Basisinformation kompakt zur Verfügung zu stellen, um in der Veranstaltung damit arbeiten, d.h. diskutieren und üben zu können. Gleichzeitig soll damit auch eine Schreibentlastung für die Veranstaltungsteilnehmerinnen und -teilnehmer erreicht werden. Zwar ist eigenes Rekonstruieren bekanntlich sehr gedächtniswirksam; wenn aber der Informationsfluß dicht ist, belegt die Aufgabe des Niederschreibens beträchtliche Teile des Arbeitsgedächtnisses, so daß zu wenig Ressourcen zur Verfügung stehen für das Aufnehmen und Verarbeiten von neu einkommender Information (Flammer, 1983).

Wie wird ein Skript zum Buch? In diesem Fall wie folgt: Seit 1995 übernahmen anstellungslose Berufsleute – die «Edition Soziothek», eine Initiative der Gemeinde Köniz bei Bern – die Herstellung von Photokopien und machten es gleichzeitig versuchsweise einer beschränkten Öffentlichkeit im Raum Bern zugänglich. Darauf folgte die Überraschung: Innerhalb eines Jahres wurden Hunderte von Exemplaren angefordert, und die Nachfrage zeigte sich ungebrochen, so daß es sinnvoll erschien, vom Photokopierverfahren auf ein günstigeres Herstellungsverfahren zu wechseln, den Text ein weiteres Mal zu überarbeiten und dem Buchhandel ordentlich zugänglich zu machen.

Das Buch setzt wenig wissenschaftliche Vorkenntnisse, wohl aber die Bereitschaft, auf Wissenschaft zuzugehen, voraus. Besonders die ersten Kapitel (Teil I) beziehen sich häufig auf die Allgemeine Psychologie.

Es ist selbstverständlich, daß so ein Text, wo nicht anders begründet, geschlechtsneutral ist. Das ließ sich meistens durch entsprechende Wortwahl (z.B. «Fachperson») oder durch Nennung beider Geschlechter (z.B. «Gesprächsteilnehmerinnen und -teilnehmer») erreichen. Gelegentlich wäre aber der Text so kompliziert geworden, daß ich nur die eine *oder* die andere Form als generische verwendet habe. Dabei schien es oft unpassend, dafür die weibliche zu wählen, weil dadurch unkontrollierte Sonderbedeutungen entstanden wären, die ich nicht drin haben wollte, und das als männlicher Autor erst recht nicht. Andererseits mag ich die Schreibform «-Innen» nicht, da sie nicht auch geläufig gesprochen werden kann.

Dieses Skript hat im Verlauf der Jahre von vielen Rückmeldungen und Gesprächen, die es auslöste, profitiert. Ich schulde darum den Studierenden Dank, die mit früheren Versionen gearbeitet haben. Besondere Anteile haben verschiedene Personen, die mit mir einschlägige Kurse durchgeführt oder gewisse Kapitel besonders intensiv bearbeitet und mit mir besprochen haben. Es sind dies Françoise Alsaker, Annemarie Borner, Alexander Grob, Beat Keller, Marianne Ludwig-Tauber, Vinzenz Morger, Heinz-Günther Nesselrath, Walter Perrig, Ursi Peter, Susy Signer-Fischer, Urs Tschanz, Sandro Vicini und Kathrin von Steiger. Ihnen allen herzlichen Dank! Hoffentlich finden sie den Text, den ich zwar selbst zu verantworten habe, nicht allzu weit weg von dem, was sie jeweils eingeben wollten. Weitere Rückmeldungen von den genannten und von neuen Leserinnen und Lesern nehme ich gerne entgegen (meine Adresse: A.F., Institut für Psychologie, Universität Bern, Muesmattstraße 45, 3000 Bern 9, Schweiz; e-mail: flammer@psy.unibe.ch).

Alle Photos, einschliesslich das Titelphoto, stammen aus der eindrücklichen Sammlung eigener Aufnahmen meiner Kollegin, Françoise Alsaker. Herzlichen Dank!

Zu guter letzt hat der vorliegende Text von der enormen Sorgfalt der Editierung, des Layouts und der Herstellung, aber auch von der verlegerischen Betreuung Gewinn gezogen. Ich danke dafür Serge Mühlematter, Andreas Brunner und Peter Stehlin. Ein spezieller Dank für eine besonders ergiebige Korrekturlektüre geht an Heidi Ulrich. Und auch hier gehört ein Dank an die Pioniere von der Edition Soziothek, mit denen ich weiterhin in Verbindung bleiben möchte, insbesondere Roland Reusser, Barbara Spinatsch, Barbara Vlachos, Maria Helena Weber und Felix Wolffers.

Bern, 30. September 1996

Teil I. Grundlagen

1. Information und ihre Darstellung

Im Gespräch, wie überhaupt in der Kommunikation, wird Information übertragen. Damit wird versucht, andere Menschen zu beeinflussen, sich selbst in ein gutes Licht zu stellen, Mitmenschen zu trösten oder bei einer Problemlösung zu helfen. In diesem ersten Kapitel geht es nur darum, dieses Instrument kommunikativer Handlungen, nämlich Information, etwas näher zu untersuchen (mit dem Risiko, daß dadurch ausgerechnet das erste Kapitel etwas technisch ausfällt).

1.1 Definition

Nachrichtentechnisch sagt man, daß ein Sender einem Empfänger Information weitergibt. Dabei ist das Wort ‹weitergeben› mißverständlich, denn der Sender besitzt, nachdem er dem Empfänger Information gegeben hat, nicht weniger davon. Darin drückt sich ein fundamentaler Unterschied zwischen Information und Materie aus.[1]

---

[1] Ich erinnere mich, daß Antoine de St-Exupéry einmal geschrieben hat, daß Liebe das einzige sei, das sich vermehre, wenn man es verschenke; nach dem Einbruch des Informationszeitalters können wir das auch von der Information sagen; was man allenfalls verliert, ist der Informationsvorsprung.

Information ist also nicht Materie und dennoch sehr real. Man denke an die Wirkung einer Mitteilung über den Tod eines Menschen, die Bedeutung der Information über mögliche Ursachen des Waldsterbens, die Feststellung beim Fernsehen, daß man im Lotto alle sechs Zahlen richtig getippt hat. Da wir offensichtlich Materielles zu de-finieren (= abgrenzen) gewohnter sind, fällt es nicht leicht, Information zu definieren.

Information wird meistens funktional definiert, d.h. beschrieben als ein Konstrukt, dem bestimmte Wirkungen zugeschrieben werden. So sagt man, Information sei *das, was Unsicherheit beseitige oder reduziere.* Oder: Information gestatte, sich *ohne* Durchlaufen einer entsprechenden *Versuch-Irrtum*-Phase auf die reale Welt in angepaßter oder zielführender Form einzustellen. Das heißt in wieder anderen Worten: *Information ist das, was Vorhersagen von realen Zuständen verläßlicher macht.* Vorhersagbarkeit ist wichtig, weil der Mensch (übrigens auch das Tier) darauf aufbauend sein Verhalten so einrichten kann, daß bestimmte Randbedingungen eingehalten oder Ziele erreicht werden können.

Beispiele:

(1) X besitzt die Information, daß es heute regnen wird; sie wird vielleicht deshalb einen Schirm mitnehmen.

(2) Y weiß, daß eine bestimmte Brücke gegenwärtig gesperrt ist; er wird deshalb einen Umweg machen.[1]

Information ist das Datenmaterial des Gedächtnisses im weitesten Sinne. Subjektiv besessene Information heißt auch *Wissen*, wobei wir mit dem Begriff des Wissens implizieren, daß die Information subjektiv angereichert, weiter verarbeitet und mit anderem Wissen in Verbindung gebracht worden ist (vgl. Dörner, 1989; Scheidgen, Strittmatter & Tack, 1990).

Typischerweise ‹behalte› ich einen Teil der Information, die ich empfange. Wenn man mir sagt, daß die Hauptstadt von Australien Canberra ist, kann ich mir das merken. Wenn mir dann gleich nochmals jemand mitteilt, daß die Hauptstadt von Australien Canberra ist, ist diese Mitteilung für mich nicht mehr informativ, weil ich den Inhalt der Mitteilung schon kenne, d.h. die Information oder das Wissen schon besitze. Ich erlebe also Information nur dann wirklich als informativ, wenn ich sie nicht schon habe (oder nicht mehr habe). – Natürlich wäre im genannten Beispiel immer noch (andere) Information dabei, z.B., daß der zweite Sender diese Information

---

1   ‹Vorhersage› kann sich auch auf gegenwärtige Zustände und Ereignisse beziehen; es handelt sich nur um eine Vorhersage in Bezug auf den Zeitpunkt, in dem der Zustand oder das Ereignis für den Wissenden real zugänglich ist.

auch besitzt, daß der zweite Sender gewillt ist, mich zu informieren etc. Darüber später mehr.

Man kann auch sagen, Information habe im Gegensatz zur Materie keine räumliche Extension. Darum kann man sie weitergeben und behält sie doch (beliebige Vervielfältigbarkeit) und kann man sie jemandem nicht geben, der sie schon hat, aber auch niemandem wegnehmen, der sie hat.

Wie das Canberra-Beispiel gezeigt hat, gibt es *Information an sich* und *Information für mich* resp. *Information für jemanden*. So wie selbst ein sehr gescheiter Bericht für jemanden keine Information enthält, dem der Inhalt voraus schon bekannt war, so kann ein anderer Bericht zwar sehr viel Information enthalten und dennoch für jemanden uninformativ sein, wenn er ihn nicht liest oder wenn er ihn nicht versteht.

Den Ausdruck ‹*Botschaft*› (= engl. message; deutsch gelegentlich auch: ‹Nachricht›) verwende ich für eine in sich geschlossene Informationsmenge, die von einer Senderin oder einem Sender gezielt an eine Empfängerin oder einen Empfänger gerichtet wird.

1.2 Quantifizierung der Information (‹Informationstheorie›)

Auf der Basis der Arbeiten von Norbert Wiener (1948) und Shannon (Shannon & Weaver, 1948) ist die sog. Informationstheorie entwickelt worden, die in den 50er und 60er Jahren große Beliebtheit genoß. Man war davon beeindruckt, daß man Information exakt quantifizieren konnte ohne genau zu wissen, was sie wirklich ist. Unterdessen sind auch für die Quantifizierbarkeit ernsthafte Grenzen sichtbar geworden. Die Grundbegriffe der Informationstheorie sind dennoch beinahe wissenschaftliches Allgemeingut geworden, weshalb ich sie hier knapp einführe, insbesondere die Begriffe ‹bit›, ‹Information›, ‹Entropie› und ‹Redundanz›. – Dieser Teil ist etwas technisch; wer es überspringen möchte, sollte wenigstens 1.2.3 lesen.

1.2.1 Informationsmaß

Die klassische Informationstheorie geht von der Definition aus, daß Information die Vorhersage oder Bestimmung gestattet, welches Ereignis einer endlichen (!) Menge von möglichen Ereignissen eintreten werde resp. schon vorliege. Wenn man sich vorstellt, daß Information immer Antwort auf eine Ja/Nein-Frage sei, dann entspricht das Ausmaß der Information über ein bestimmtes Ereignis der Anzahl nötiger Fragen und Antworten. Information ist damit als Anzahl nötiger Fragen quantifizierbar.

Beispiel 1: Die möglichen (oder interessierenden) Wetterzustände seien ‹Regen› (1) oder ‹Schnee› (0). Ich frage: Regnet es?; Antwort: Nein; ich entnehme: ‹Schnee› (0). Die übertragene Information beträgt 1 bit (*bit = binary digit = Zahl im binären Zahlsystem*).

Beispiel 2: Die möglichen (oder interessierenden) Wetterzustände seien:

‹Regen›	(11)
‹Schnee›	(10)
‹Sonnenschein›	(01)
‹Bedeckt, aber kein Niederschlag›	(00)

Ich habe zwei Möglichkeiten (Strategien), mich fragend über den tatsächlichen Sachverhalt zu informieren:

(a) Ich frage der Reihe nach nach jedem möglichen Zustand. Dazu brauche ich maximal drei Fragen (wenn alle mit ‹nein› beantwortet werden, muß die vierte Möglichkeit die zutreffende sein).

(b) Ich frage zuerst, ob es Niederschläge gebe. Wenn die Antwort ‹ja› (= 1 .) ist, dann frage ich noch, ob es Regen sei. Die Antwort ‹nein› ergibt die Information (10). Wenn die erste Antwort ‹nein› (= 0 .) ist, frage ich, ob die Sonne scheint. Ich komme in jedem Fall mit zwei Fragen aus, brauche aber auch zwei Fragen. Deshalb beträgt die übertragene Information in jedem Fall 2 bit (zwei Fragen oder eine zweistellige Binärzahl). – Solche Optimierungsstrategien dürften den Leserinnen und Lesern u.a. vom Spiel «Master mind» geläufig sein.

Die Strategie b ist jene, der sich die Informationstheorie verschrieben hat, weil sie bei umfangreicheren Mengen von möglichen Ereignissen wesentlich sparsamer ist als die Strategie a. Wenn z.B. acht Ereignisse möglich sind, kann ich mit drei Fragen das bestimmte Ereignis erfahren (= 3 bit); mit der Methode (a) bräuchte man bei gleicher Wahrscheinlichkeit der Ereignisse im Durchschnitt 3 1/2 Fragen), in glücklichen Fällen nur eine, in unglücklichen Fällen aber gar sieben.

Bei fortlaufender Halbierung der noch verbleibenden Unsicherheit kommen wir auf so viele Bits, als Halbierungen möglich sind. – Wieviele Fragen bräuchte es, um zu erfahren, auf welchem Feld eines (uneinsehbaren) Schachbretts die weiße Dame steht? Der Leser oder die Leserin mag sich auch an die Ratespiele vom Typ ‹Wer bin ich› oder ‹Was bin ich› (Robert Lehmke) erinnern, in denen man eben wirksamer oder weniger wirksam fragen kann.

Die Festlegung, daß das Informationsausmaß (oft auch genannt die Informationsmenge) der Anzahl Ja/Nein-Fragen entspreche, die nötig sei, um ein bestimmtes Wissen zu erreichen, läßt sich im Jargon mit der Feststellung ausdrücken, daß «die Information einer Nachricht als die Minimalzahl der zur Codierung ihrer Zeichen erforderlichen Dualschritte definiert» ist (von Cube, 1968, 53).

Wer an einfachen mathematischen Darstellungen interessiert ist, mag die folgende Definition goutieren:
Die Potenzreihe n = 2, 4, 8, 16, 64, 128 etc. läßt sich mithilfe eines Laufindexes k darstellen als
$$n = 2^k.$$
Wenn n gegeben ist, ist
$$k = ld\ n,$$
wobei ld = logarithmus dualis.
Die bit-Zahl einer Information ist identisch mit k:
$$I = k = ld\ n.$$
Wenn n keine Potenz von 2 ist, wird I als einer Durchschnittszahl gestattet, Kommastellen anzunehmen (z.B. ld 26 = 4.7).[1]

Die genaue Halbierung der je verbleibenden Information ist auf diese Weise nur möglich, wenn die Anzahl verbleibender Möglichkeiten bekannt und endlich ist, und nur sinnvoll, wenn alle verbleibenden Möglichkeiten gleich wahrscheinlich sind. In der Sahara würde etwa die Antwort «1» auf die erste Frage des Beispiels 2 sehr überraschen, noch mehr die Antwortfolge (10). Die Folge (00) wäre weniger überraschend oder informativ, und am wenigsten wäre es die Folge (01). *Psychologisch gilt darum, daß eine Antwort desto informativer ist, je mehr sie überrascht oder je weniger man sie erwartet hat oder je seltener sie auftritt (wenn der Empfänger oder die Empfängerin von diesen Wahrscheinlichkeiten weiß).*

1.2.2 Information und subjektive Wahrscheinlichkeit

Antworten oder Zeichen oder Ereignisse sind nicht nur an sich mehr oder weniger informativ, sondern vor allem in Abhängigkeit von vorausgehender Information. Wenn ich vorausgehend erfahren habe, daß Großmutter die Strickmusteranleitung studiert, werde ich wenig überrascht sein zu erfahren, daß sie gleichzeitig eine Brille trägt. Wenn ich aber zuerst erfahren habe, daß sie gerade ein Bad nimmt, dann wäre die Brilleninformation ‹informativer›. Und wenn ich erfahre, daß X ein Säugling ist und in der Wiege liegt, würde mich die Information, daß er eine Brille trägt, geradezu ‹bewegen›, sei

---

1 Das ist natürlich nur die Basis der mathematischen Informationstheorie. Darauf aufbauend wären nun noch viele Einschränkungen und Spezialfälle zu diskutieren. Für uns reicht das Verständnis des Ansatzes.

es zum Fragen, zum Hinsehen oder zum Nachdenken über weitere mögliche Besonderheiten zur Erklärung.

Je mehr Information aufzunehmen ist, desto mehr Zeit und Energie sind für die Aufnahme aufzuwenden. Daß das für informationsverarbeitende Maschinen so ist, leuchtet bald einmal ein. Daß das aber auch psychologisch gilt, ist weniger trivial.

Im allgemeinen wollen Menschen neue Information mit schon besessener (= Wissen) ‹kohärent› verbinden (einordnen, erklären, verstehen; vgl. Aebli, 1980; Flammer & Perrig, 1980; Kintsch & Van Dijk, 1978). Große Überraschungen sind deshalb groß, weil sie entweder nicht gut in das bestehende Wissen oder zu den aktuellen Erwartungen passen. Darum brauchen sie Extra-Verarbeitung, zum Beispiel zur Konfrontation mit weiter beizuziehendem Wissen, zur Erstellung nicht vorgesehener Verknüpfungen. Das kann man z.B. in der Textverarbeitung beobachten: Bei wichtigen oder besonders informativen Textstellen liest die Leserin oder der Leser langsamer voran (z.B. Ballstaedt, Mandl, Schnotz & Tergan, 1981; Rothkopf, 1980). Es wird in späteren Kapiteln noch über Erwartung und über Verstehen zu sprechen sein.

Sehr informative Mitteilungen sind per definitionem solche, die man nicht erwartet hat. Sie künden eine Weltlage an, auf die sich der Empfänger nicht oder wenig vorbereitet hat. Sie ‹bewegen› ihn also, sich darauf einzurichten; sie betreffen ihn. Darum seine emotionalen Reaktionen.

Das alles demonstriert einmal mehr, daß sich die subjektive Information (die Information ‹für mich›) danach bemißt, wie die Außenweltzustände mit meinem Wissen verträglich sind. Es gibt dabei psychologisch eine Obergrenze und eine Untergrenze. Wenn ich praktisch alles schon weiß, ist eine Mitteilung für mich nicht informativ, sie langweilt mich; wenn ich aber praktisch nichts von allem weiß und das Neue auch nicht einordnen kann, ist eine Mitteilung für mich ebenfalls belanglos; dann wird Information nicht zu Wissen.

1.2.3 Entropie und Redundanz

Der Begriff der *Entropie* stammt aus der Thermodynamik. Wenn die Moleküle eines Gases vollständig zufällig verteilt sind und man von keinem vorhersagen kann, wo es ist, dann ist die Entropie maximal. Wenn die Moleküle aber geordnet sind und ihr Ort (durch den Wissenschafter oder die Wissenschafterin) genau vorhersagbar ist, dann liegt *Negentropie* (oder *Redundanz*) vor. Vereinfachend könnte man sagen, daß Ordnung oder Struktur Redundanz bewirkt und Unordnung Entropie.

Der Begriff der Redundanz wird für die Betrachtung der menschlichen Kommunikation sehr häufig verwendet. Jemand spricht redundant, wenn er oder sie sich dauernd wiederholt oder wenn er oder sie sich streng und repetitiv an ein bestimmtes Schema hält.

Ein gewisses Maß an Redundanz ist aber kommunikationstechnisch und kommunikationspsychologisch wümschbar. Es gibt nämlich immer wieder kleinere Übertragungsfehler, und Redundanz gestattet dem Empfänger, Fehler zu übersehen oder Fehler als Fehler zu erkennen und zu ignorieren resp. gar selbst zu korrigiren. Ich nehme an, daß Sie als Leser oder Leserin in den letzten beiden Sätze erkannt haben, daß ich ‹wünschbar› und nicht ‹wümschbar› schreiben wollte/sollte resp. ‹korrigieren› und nicht ‹korrigiren›. Die Informationsaufnahme resp. das Verstehen wurde dadurch nicht verhindert.

Diese kleine Demonstration betraf Redundanz auf der Ebene der Wortzusammensetzung durch Buchstaben. Auf einer höheren Ebene gibt es Redundanz etwa dann, wenn zwei Menschen während des Wartens auf den Bus einander mitteilen, daß das Wetter heute schön ist, daß es gestern noch so kalt war und daß sie hoffen, daß es morgen wieder schön sei; die Vorhersage am Radio sei zwar gut, aber man könne sich nicht immer darauf verlassen... Redundanz wird oft abschätzig als Blablabla bezeichnet. Oft sind solche Begegnungen in Wirklichkeit doch nicht so redundant: Wenn ich jemanden noch kaum kenne und über Banalitäten spreche, kann ich u.U. ganz elementare Information über die Person gewinnen, etwa, ob sie überhaupt mit mir sprechen will, ob sie mit den hiesigen Verhältnissen vertraut ist oder nicht etc.

Die Informationstheorie wollte zunächst Entropie und Redundanz von Ereignissen ‹an sich› messen. Für uns machen die Begriffe nur Sinn, wenn wir sie in Bezug auf ein erkennendes oder epistemisches Subjekt sehen. Wer die Ordnung in einer Ansprache oder die Floskeln in einem Brief nicht erkennt, für den ist die Ansprache oder der Brief durchaus nicht redundant. Andererseits sind Ereignisse in normiertem Rahmen auch für Kenner nicht immer redundant: Wer ‹zwischen den Zeilen lesen› kann, findet in einer langweiligen Ansprache durchaus noch viel Information, z.B. wovon offensichtlich *nicht* die Rede ist, Kleidung, Gesten, sonstige Teilnehmer etc.

1.2.4 Grenzen der Messung

Die exakte Messung der Informationsmenge ist im psychologischen Bereich heute weniger aktuell als vor dreißig Jahren. Der Hauptgrund liegt darin, daß die Messung je nach Blickwinkel zu ganz anderen Ergebnissen führt oder gar unmöglich ist. Einige Hinweise:

(1) Was wirklich interessiert, ist immer die Information für den Empfänger. Und diese Bestimmung hängt davon ab, was dieser schon weiß und was dieser im Empfangsaugenblick davon tatsächlich aktualisiert hat resp. was er aktuell wirklich erwartet.

(2) Wenn man die Information eines Satzes bestimmen möchte, kann man diese als Summe der Buchstabeninformation auffassen oder als Summe der Wortinformation oder als Summe der elementaren Propositionen (Kintsch & van Dijk, 1978) oder als ‹die› Information des Satzes, allenfalls gar in Abhängigkeit von der Information der vorausgehenden Sätze. Man spricht im Zusammenhang von solchen Inklusivitätsebenen von Zeichen und *Superzeichen*. Die Quantität der Information ist nun aber auf den verschiedenen Analyseebenen nicht die gleiche. Meistens ist sie desto geringer, je höher die Ebene ist, weil von ‹oben› gesehen viele Ereignisse der unteren Ebenen vorhersagbar, d.h. redundant sind (vgl. Attneave, 1965; von Cube, 1968), aber auch weil die Ereignisse der unteren Ebenen austauschbar sind (Beispiel: Paraphrasierung einer Botschaft oder das Erinnern einer Botschaft, ohne daß sie wörtlich wiedergegeben werden könnte).

(3) Für viele Ereignisklassen ist die Menge der möglichen Ereignisse nicht so klar wie bei Zahlen und Buchstaben. Nehmen wir etwa Haarfarben, Bücher, Vornamen. Und selbst wenn das Universum wissenschaftlich so genau inventarisiert wäre, wäre subjektiv jeweils kaum die ganze Klasse der Möglichkeiten im Empfänger aktuell.

(4) Es gibt sogar viele Ereignisse, die sich gar nicht so diskret von anderen abgrenzen lassen. Sie sind oft gar nicht zählbar. Wieviele Farben gibt es? Wieviele Grade der Angst? Wieviele Gesten? Ich komme weiter unten unter dem Stichwort der digitalen vs. analogen Kodierung auf dieses Problem zurück.

1.3 Informationsaufnahme und Informations- generierung

Wenn einkommende Information zu Wissen wird, kann es sein, daß das neue Wissen problemlos ins alte Wissen integriert oder ihm angegliedert werden kann; es kann aber auch sein, daß es mit dem bisherigen Wissen unverträglich ist und eine Revision verlangt. Nachdenken über Neues kann Erweiterungen und Schlußfolgerungen ermöglichen oder gar nahelegen. Dadurch entsteht weitere Information resp. Wissen; das Subjekt generiert Information. Beispiel: Jemand erfährt, daß sein Freund X heute abend auf Besuch kommen wird. Das kann im konkreten Fall sehr viel heißen: Dann ist also X nicht mehr in den USA; vielleicht ist es ihm nicht gut ergangen. Dann habe ich Y heute falsche Information gegeben; er kann X nun nicht an der angegebenen Adresse auffinden; ich muß Y anrufen. Andererseits werde ich mich heute abend von anderen Verpflichtungen frei halten, das heißt... Kurz: Aus der relativ wenigen einkommenden Information wird viel Information *generiert*.

Die Unterscheidung zwischen aufgenommener und generierter Information gestattet, die Begriffe der Informativität und der Wichtigkeit zu unterscheiden. Was als einkommende Information nicht außergewöhnlich informativ ist, wird doch oft als sehr wichtig empfunden. Das ist deshalb der Fall, weil daraus viel Information generiert wurde. Allgemeiner könnte man sagen, daß eine Botschaft als wichtig empfunden wird,

- wenn sie Anlaß zu viel Elaboration und Inferenz gibt
- wenn sie Konsequenzen auf das Handeln hat
- wenn sie die aktuelle oder die zu erwartende Situation als wesentlich verschieden von der bisherigen Meinung darstellt.[1]

1.4 Informationskodierung

Ich habe eingangs behauptet, Information sei wesentlich immateriell, indem sie keine räumliche Extension habe. Dennoch ist es so, daß Information immer materielle Träger braucht. Das leuchtet uns leicht ein, wenn wir uns vorstellen, daß Menschen in ihrem eigenen Kopf Information ‹wälzen› (hirnphysiologisches Substrat) oder gegenseitig Information austauschen. Als Informationsträger kommen in Frage akustische Muster (Sprache, Musik, natürliche Geräusche etc.), Gesten (Blicke, Handbewegungen, Körperhaltung etc.), visuell wahrnehmbare graphische Muster (Farben, Kontraste; Schrift, Zeichnungen, Graphika, Gemälde, Bildschirmzeichen etc.), stereometrische Formen (förmliche Eigenschaften von Körpern, Runen etc.) etc.

---

1   Vielleicht ließe sich Wichtigkeit quantitativ überhaupt besser als Nichtvorhersagbarkeit fassen: Information ist z.B. in dem Maß wichtig, als sie das Informationsverarbeitungssystem belastet. Das ist nur scheinbar zirkulär, da die Psychologie Methoden entwickelt hat, solche Belastungen zu messen (z.B. Interferenzmessungen oder Reaktionszeiten).

1.4.1 Informationsträger

Subjektive Information über einen Sachverhalt läßt sich gewinnen aus der direkten Wahrnehmung des Sachverhalts oder vermittelt durch einen Informationsträger. Dieser Informationsträger wird oft auch als *Signifikant* bezeichnet und der Sachverhalt als *Signifikat*. Die Beziehung zwischen Signifikant und Signifikat nennt man *semantisch*.[1]

Materieller Informationsträger und Sachverhalt können zu einander in verschiedenen Beziehungen stehen. Ich unterscheide die Zeichenbeziehung, die Symbolbeziehung und die Signalbeziehung.

1.4.1.1 *Zeichen*

Ein Zeichen ist ein wahrnehmbares physikalisches Ereignis (Signifikant) mit einer *willkürlich zugeordneten Bedeutung* (Signifikat). Beispiel: ‹ON› bedeutet: ‹Hier mußt Du drücken, wenn Du willst, daß die Maschine läuft.› Kommunikative Zeichen beruhen auf Übereinkunft; man kann sie nur verstehen, wenn man von dieser Übereinkunft irgendwie Kenntnis hat (Typ Sprache). Für jeden Menschen gibt es viele Zeichensysteme, deren Bedeutungen er nicht versteht (z.B. für mich Chinesisch oder die Geheimsprache der Kinder meiner Nachbarschaft). Manchmal verstehen wir Zeichen nicht, ohne zu merken, daß wir sie nicht verstehen, und zwar weil wir sie gar nicht als Zeichen wahrnehmen (z.B. den Pfeifcode einer Studentenverbindung).

---

1 In der Linguistik werden semantische, grammatische und pragmatische Beziehungen unterschieden (vgl. das empfehlenswerte Einführungsbuch von Szagun, 1986, das die drei Teile enthält: Form (Grammatik), Bedeutung (Semantik) und Gebrauch (Pragmatik). Auf die Sprache angewendet, regelt die Grammatik die Beziehung zwischen den Wörtern, z.B. Nachbarschaft und die gegenseitigen Formbedingungen (die Syntax ist ein Teil der Grammatik, nämlich jener, der die Regeln der Kombination der Wörter zu Sätzen beschreibt; der andere Teil der Grammatik ist nach klassischer Auffassung die Morphologie der Wörter); die Semantik regelt die Zuordnung zwischen den Wörtern (überhaupt den Zeichen und Symbolen) einerseits und ihren Bedeutungen andererseits; die Pragmatik regelt die Beziehungen zwischen der Sprache und den Absichten und Wirkungen der Sprachbenützer, nach gewissen Autoren auch die Beziehungen zwischen Sprache und Sprechen und jene zwischen Sprache, Sprechen und sozialer Kommunikation (man spricht dann gelegentlich von kommunikativer Kompetenz). Die Beschäftigung mit allen diesen Beziehungen aus grundsätzlicher Sicht und unabhängig von konkreten Sprachen nennt man Semiotik.

1.4.1.2 Symbol

Unter Symbolen verstehe ich Signifikante, die dem Signifikat ähnlich sind und die ihre Bedeutung über eine spontan erkannte *Ähnlichkeit* zum Tragen bringen. Wenn ich zum Beispiel am Abend zu jemandem eingeladen bin und stelle beim Eintreten fest, daß der Gastgeber eine Kerze angezündet hat, ist mir das ein Symbol für Gemütlichkeit und Vertraulichkeit. Ich erwarte, daß der Gastgeber diese ausstrahlt resp. anstrebt und mich dazu einlädt, sie mit ihm zu teilen. Die Kerze ist in diesem Beispiel insofern ein Signifikant, als sie für mich ‹mehr als eine Kerze› ist, weil sie auf etwas hinweist, eine Bedeutung hat. Aber sie ist normalerweise nicht ein abgemachtes Zeichen, vielmehr ein sinnenfälliger Ausdruck von Intimität. Man kann z.B. im lebhaften Flackern und in der Wärme des Kerzenlichts Ähnlichkeit mit persönlicher Aufmerksamkeit sehen sowie in der leichten Verdunkelung des Raums ‹Ähnlichkeit› mit der Zentriertheit nach innen.

Ob etwas ein Symbol ist, ist manchmal schwer zu sagen, denn auch ein Symbol ist nicht an sich ein Symbol, sondern für jene, die es so wahrnehmen oder auf deren Erfahrungshintergrund es als Symbol wirkt. Man könnte darum private Symbole von öffentlichen oder gemeinsamen Symbolen unterscheiden.

1.4.1.3 Signal

Ein Signal besitzt seine Bedeutung aufgrund einer gelernten *Assoziation*, konditioniert oder nicht. Der Blitz ist z.B. ein Signal für den zu erwartenden Donnerschlag. Oder: Wenn meine Katze an der Türe steht und miaut, will sie hinaus. Und wenn ich auf ihr Miauen daherkomme, ist das für sie ein Signal dafür, daß sie erhört wird. Signale sind nicht Zeichen, weil sie nicht sozial abgemacht sind. Sie sind auch nicht Symbole, weil sie keine spontan erkannte Ähnlichkeit haben mit dem, was sie meinen.[1]

Als Signal wird manchmal auch ein *Teil des Ganzen* verstanden (ich sehe das Heck eines Autos und nehme hinter der Mauer ein ganzes Auto an) oder die Spur eines Sachverhalts (z.B. Hasenspur im Schnee).

---

[1]   Das Wort Symbol wird in der psychologischen Literatur allerdings nicht einheitlich gebraucht. Für manche Autoren ist es synonym mit Zeichen (z.B. Guilford, Bruner). Mein Symbol-Verständnis entspricht einigermaßen dem von Piaget (1947).

1.4.2 Analoges und digitales Format

Zeichen sind an sich beliebig, Symbole ein Stück weit auch. Verschiedene Symbole und vor allem verschiedene Zeichen können die gleiche Information enthalten oder darstellen. Man kann Information aus einem Zeichen entnehmen und mit einem anderen ausdrücken. Das nennt man Übersetzung. Wenn man an die Schwierigkeit denkt, einen differenzierten Sachverhalt sinngetreu zu übersetzen, merkt man, daß dabei Information verloren gehen, zugefügt oder verändert werden kann (extremes Beispiel: Übersetzung von Poesie in eine Fremdsprache). Das aus zwei Gründen: (a) weil jedes Zeichensystem spezifisch begrenzte Möglichkeiten hat und (b) weil die Empfänger teilweise spezielle Assoziationen zu Zeichen mitmischen. Der erste Grund hat mit der *Denotation* (= ‹offizielle› Bedeutung des Zeichens) zu tun und der zweite mit der *Konnotation* (= private oder halbprivate Assoziationen).

Beispiele für Konnotationen: Gerade am Tag der Niederschrift dieses Kapitels hörte ich jemanden sagen: «Das ist ein saftloser Saft.» Das ist natürlich – denotativ – ein Unsinn; aufgrund der Konnotationen von Saft (spritzig, jung, «im Saft», Frühling, Aufbruch, Kraft) gerät «saftlos» in die Nähe von «kraftlos», «rasselos»; und «rasselosen Saft» kann es schon geben. Oder: Jemand, der aktuell unter Verdauungsstörungen leidet, findet als einziger einer Runde keine Sitzgelegenheit, wird aber verlegen, weil er/sie den Impuls unterbindet zu sagen, er/sie habe keinen Stuhl.

Ein berühmt gewordener Fall der Informationsverzerrung ist die *Digitalisierung*. Unsere Sprache ist digital, d.h. sie hat ganz bestimmte und gegenseitig unterscheidbare Zeichen für bestimmte Klassen von Dingen. Digitale Informationsträger funktionieren nach dem Alles-oder-Nichts-Prinzip. Ich sage entweder ‹Stuhl› oder ich sage eben nicht ‹Stuhl›. Es gibt an sich nicht mehr oder weniger Stuhl. Oder: in der Sprache der natürlichen Zahlen ist etwas ‹3› oder dann eben nicht. In dieser Beziehung ist digitale Kommunikation sehr genau, exakt. Das belegt z.B. der folgende Witz:

– «Herr Ober, da ist eine Nadel in meiner Suppe!»
– «Das tut mir aber leid, mein Herr. Muß ein Druckfehler sein. Es sollte natürlich Nudel heißen.»

Digitale Kommunikation erlaubt aber auch elegant die *Negation*. Ich kann sagen, daß ich heute nicht ins Bad komme. Diese Art von Negation ist auch sichtlich eine geistige Leistung, die wesentlich eleganter ist, als einfach nicht ins Bad zu gehen oder immer wieder zum Bad zu gehen und davor umzukehren. Man kann sagen, daß die digitalen Informationsträgersysteme eine Grammatik haben und mit dieser wirkungsvoll umgehen können (z.B. Negation, bedingte Aussagen, Aussagen über Gegenwart, Vergangenheit und Zukunft).

Das Pendant zur digitalen Kodierung ist die *analoge Kodierung*. Ein Photo kodiert eine sichtbare Situation analog, weil es die Realität so wenig in Teile aufgliedert wie das beschauende Auge selbst und weil viele Proportionen im Photo und in der Realität (fast) die gleichen sind. Die digitale Kodierung im Sprachzeichen enthält meistens keine solche Proportionsentsprechung (das Wort ‹groß› ist nicht größer als das Wort ‹klein›). Die analoge Kodierung enthält viel Information sehr elegant, die digital nur umständlich erfaßt werden kann, z.B. die Distanz zwischen Gegenständen oder den Ort eines Gegenstandes in seiner Relation zu vielen anderen Gegenständen. Darum sagt ein Bild oft mehr als tausend Worte[1]. Gleichzeitig muß man aber auch sehen, daß ein Bild viel Information anbietet, die der Empfänger doch nicht wahrnimmt, vielleicht aber wahrnähme, wenn dafür ein spezielles Wort mitgeteilt würde. Nicht umsonst kann ein (sprachlicher = digitalisierter) Kunstführer wirkungsvoll helfen, ein Bild besser zu sehen.

Auch eine analoge Kodierung sichert nicht vor allen möglichen Verzerrungen. Der Luftdruck wird durch den Barometer-Zeiger analog angezeigt (stufenlose Quantifizierung); wenn ich aber seitwärts auf das runde Anzeigeblatt gucke, erscheinen die Intervall-Verhältnisse verzerrt). Oder: Die Analoganzeige des Benzinstands entspricht in den meisten Autos der Tiefe des verbleibenden Treibstoffs und nicht dem Volumen, wodurch im Fall von konischen Tanks Verzerrungen auftreten.

Bateson (1955; zit. nach Watzlawick, Beavin & Jackson, 1967, dt. 1969, 63) bezeichnete im Anschluß an die Verhaltensforschung viele Teile menschlicher Kommunikation als analog, z.B. Vokalisierungen, Stimmungssignale, Ausdrucksbewegungen. Wie ich sehe, fällt die exakte Definition der Analogizität auch Watzlawick et al. schwer (vgl. auch Baacke, 1973). Die sicherste Definition ist die, daß analog alle Informationskodierung ist, die nicht digital ist. Analog kodierte Information hat als solche keine Namen (oder sie wird häufig nicht namentlich übertragen), gestattet aber kontinuierliche Intensitätsabstufungen und ist für den ‹Sehenden› sehr informativ. Sie beruht selten auf expliziter Konvention; Watzlawick et al. (1967, dt. 1969, 63): «Analoge Kommunikation hat ihre Wurzeln offensichtlich in viel archaischeren Entwicklungsperioden und besitzt daher eine weitaus allgemeinere Gültigkeit als die viel jüngere und abstraktere digitale Kommunikationsweise» (vgl. auch Frick, 1985). Dem entspricht die Behauptung, digitale Kommunikation gebe es nur im Menschen (und in technischen Systemen), nicht aber bei Tieren.

---

1   Andererseits ersetzt ein sprachlicher Begriff oder ein (mehr oder weniger abstrakter) sprachlicher Satz eine unendliche Zahl von Bildern.

Analog kodierte Information ist in ihren exakten Schattierungen oft unaussprechbar, sie wird nonverbal oder extralinguistisch (s. unten) kommuniziert. Das ist vor allem ausgeprägt für Information über soziale Beziehungen und Emotionen (Ausdruck von Liebe, Haß etc.). Warum eigentlich? Hat sich die bewußte und sprachbildende Aufmerksamkeit in unserer Kultur während Jahrhunderten einfach nicht so sehr auf emotionale Befindlichkeit und soziale Beziehungen gerichtet? Oder ist diese Informationsart so überaus reich und differenziert, daß die Digitalisierung oder das Aufschneiden in diskrete Intervalle und Klassen zu viele Transmissionsfehler bringen würde?

Wenn es aber so ist, daß Beziehungs- und Emotionsinformation normalerweise analog kommuniziert wird, dann wird auch verständlicher, warum die gezielte Entstellung von Beziehungsinformation und von Emotionsinformation nur schwer möglich ist. Man kann nicht leicht Bewunderung oder Überraschung leugnen oder eine Wut verstecken. Die analoge Informationsübertragung muß eben auf eine trickreiche Grammatik verzichten, dafür ist sie semantisch wirkungsvoller oder eindrücklicher.

Die Unterscheidung zwischen digitaler und analoger Informationskodierung gestattet einen interessanten Blick auf die historischen Tendenzen menschlichen Denkens und Kommunizierens. Es scheint mir offenkundig zu sein, daß die meisten Weltzustände nicht so diskret und eindeutig aufzählbar sind, wie es die digitale Darstellung glauben macht. Die Entwicklung der Zivilisation besteht u.a. in der zunehmenden Digitalisierung der repräsentierten Welt. Das ersieht man an der Zunahme des Vokabulars einer Sprache. Ein Pendant dazu ist die zunehmende mentale Klassifikation der Weltzustände, die vor allem durch die Schule immer wieder auf neue Generationen übertragen wird. In der Schule lernt man, immer mehr ‹klare› und ‹exakte› Begriffe zu unterscheiden und sie mit bestimmten sprachlichen Zeichen zu versehen; auch die Individualentwicklung verläuft im allgemeinen in Richtung einer zunehmenden Verbalisierung der Kommunikation (Lohaus, 1992).

Gegenwärtig erleben wir einen neuen Höhepunkt der umfaßenden Digitalisierung, nämlich in der rasanten Verbreitung von digitalen elektronischen Rechenanlagen und im Überhandnehmen der digitalisierten Übertragung von Tönen (ein Konzert wird als Folge von Millionen von Tonhöhen je minimale Zeiteinheit digitalisiert, auf diese Art festgeschrieben und dann wieder synthetisiert; das Gleiche passiert mit Bildern von fremden Planeten, mit den Pressephotos der Agenturen und teilweise bereits mit unseren höchst privaten Telefongesprächen). Digitale Zeichen lassen sich eben praktisch fehlerfrei übertragen, erst recht, wenn jede Sendung noch ‹double checked› wird. Voraussetzung ist einfach eine gigantische Kanal- und Umsetzungskapazität. Natürlich erreicht solche technische Digitalisierung einen unerhört höheren Auflösungsgrad als die von Menschen gehandhabte Sprache.

Digitalisierung resp. die Bildung von diskreten oder Klassenbegriffen er-laubt auch im menschlichen Zusammenleben manche Optimierung, z.B. in der Zeitkoordination (exakte Zugsabfahrten, Nachrichtenzeiten) oder in der Gerechtigkeitssicherung (eindeutige Festlegung, was Mord und was Totschlag ist, was ein Verbrechen ist und was nicht).

Aber: Just im Verlauf dieses Prozesses stellen wir auch fest, daß für den Menschen die Digitalisierung nicht immer optimal ist. Die Bedeutung von (analogen) zwei- und dreidimensionalen Graphiken nimmt wieder zu (in der Präsentation für Menschen, nicht in der technischen Übertragung); die Zeitablesung von Analoguhren scheint für den Menschen oft leichter und, rascher zu sein als von Digitaluhren (Gygax, Vetsch, Stoll & Bouille, 1980). Und auf der Ebene der Denk- und Gedächtnispsychologie macht sich die Überzeugung breit, daß sogar mentale Begriffe nicht die Form von logischen Klassen mit exakten Grenzen, sondern eher die Form von Prototypen haben, zu denen andere einzelne Ereignisse oder Gegenstände aufgrund ihrer Ähn-lichkeit zugeordnet werden (vgl. Flammer, 1987; Mervis & Rosch, 1981; Morger, 1990).

Das stellt insgesamt eine herausfordernde Schere dar. Wissenschaft und Technologie gehen immer mehr auf Digitalisierung zu, aber menschliches Funktionieren wird immer stärker als nicht-digital verstanden. In der Wissenschaft und der Technologie scheint die Digitalisierung größere Informationsdifferenziertheit und Übertragungssicherheit zu garantieren, in der menschlichen Wahrnehmung und Kommunikation scheinen Analog-prozesse vor den digitalen Vorteile zu haben, die nicht kompensiert werden können.

Wachsen Technologie und Mensch auseinander? Ich glaube, daß es darauf ankommt, dafür zu sorgen, daß das ‹Interface› zwischen Mensch und Ma-schine für den Menschen eine analoge und für die Maschine eine digitale Seite hat.

26

2. Nonverbale Kommunikation

Nonverbale Kommunikation gehört nicht zum engeren Thema dieses Buches. Da Gespräche aber immer auch nonverbale Anteile haben, werden hier doch eine kurze Einführung in die Begrifflichkeit gegeben und einige zentrale Erkenntnisse mitgeteilt. An weiterführender Literatur seien etwa Argyle (1975), Burgoon und Saine (1978), Donaghi (1980), Ekman und Friesen (1975) und Schlenker (1980) genannt. Interessante Illustrationen finden sich in Molcho (1990; 1992; 1995; 1996) sowie in Weinrich (1992).

2.1   Verbale, paraverbale und nonverbale Kommunikation

Teilweise deckungsgleich mit der Unterscheidung von digitalem und analogem Informationsformat ist die Unterscheidung von verbaler und nicht verbaler Kommunikation. Die *verbale Kommunikation* besteht in dem, was jemand in (gesprochener oder geschriebener) Sprache explizit ausdrückt. Verbale Kommunikation hat ein digitales Format. Was nicht verbal ist, aber doch kommuniziert wird, ist entweder paraverbal oder im engeren Sinn nonverbal.

Paraverbale Kommunikation ist mit der verbalen Kommunikation direkt verbunden, resultiert aber nicht aus der ‹offiziellen› Semantik der jeweiligen sprachlichen Aussage. Paraverbale Kommunikation umfaßt Dinge wie das Verhältnis der Wortwahl zum Adressaten, der Themenwahl zum aktuellen Umfeld, Kunstpausen, Lautstärke etc. Paraverbale Botschaften können fast alle auch am Telefon mitgeteilt werden.

Als *nonverbal im engen Sinn* bezeichne ich jene Kommunikation, die nicht an (gesprochene oder geschriebene) Sprache gebunden ist, auch wenn sie natürlich oft den gleichen Gegenstand betrifft und aus der gleichen psychischen Struktur heraus entsteht (McNeill, 1985). Argyle (1975) nannte diese Kommunikation treffend *Körperkommunikation* (bodily communication). Dennoch hat sich bis heute eher die negative Kennzeichnung ‹nonverbal› durchgesetzt.

Die Verwendung des Worts ‹nonverbal› im Titel dieses Kapitels bezieht sich auf die weite Fassung dieses Terminus, der auch die paraverbale Kommunikation einschließt.

2.2 Paraverbale Botschaften

Paraverbale Botschaften werden zwar sprechend ausgedrückt, aber doch nicht in Worte gefaßt.[1]

Wer plötzlich vom Deutschen ins Französische wechselt, will vielleicht zeigen, daß sie Fremdsprachen kann, oder jemanden vom Verstehen ausschließen oder einfach an gemeinsame Erlebnisse in Frankreich anknüpfen etc. Wer mitten im Satz eine ‹Kunstpause› macht, drückt aus, daß ihr das nachfolgend Gesagte besonders wichtig ist. Wer plötzlich leise spricht, will vielleicht Vertraulichkeit suggerieren. Eine hohe Stimmlage geht häufig mit Freundlichkeit und Wohlwollen einher, mitunter aber auch mit Traurigkeit oder mit Schrecken (Frick, 1985, 421). Eine hohe Stimmlage zusammen mit etwas lautererem und etwas rascherem Sprechen als üblich drückt oft Angst, Vertrauen oder Glücksempfindung aus (Scherer, 1979; 1981; zit. nach Frick, 1985, 417; vgl. auch Scherer, 1982). Dominanz und (zurückgehaltene) Aggression kündigen sich oft mit tiefer Stimmlage an.

---

1 Leider wird die Terminologie nicht einheitlich verwendet. So benennen Mahl & Schulze (1964, dt. 1982) das, was ich hier als verbal bezeichne, mit linguistisch und das Paraverbale mit extralinguistisch. Mahl & Schulze (1964, dt. 1982) hatten vorgeschlagen, diese nonverbalen vokalen Aspekte des Sprechens als ‹extralinguistische stimmliche Dimensionen› zu bezeichnen. Als linguistisch bezeichnen sie demnach das, was mit Wortmarken explizit ausgedrückt oder aus den dadurch markierten Begriffen erschlossen wird. Extralinguistisch heißen dann die ‹linguistischen Variationen› wie Wahl der Sprache (wenn die Gesprächsteilnehmer mehrsprachig sind), des Dialekts, der Komplexität des sprachlichen Ausdrucks, die Wahl des Vokabulars, die Wahl von Passiv- oder von Aktivformen etc., sowie die ‹nicht-linguistischen Variationen› wie Stimmstärke, Sprechgeschwindigkeit etc.

Frick (1985) hat in seinem Überblicksartikel vor allem relative Stimm-höhe (= pitch), Lautheit, Sprechtempo und Sprechmelodie (= contour) als *prosodisch* bezeichnet. Prosodische Merkmale sind über verschiedene Kulturen und Sprachen zu einem erstaunlichen Grad universell, d.h. daß etwa Angst oder Ärger von Menschen verschiedener Sprachen relativ gut erkannt werden, auch wenn sie die Sprache als solche nicht kennen.

Scherer (1982, 87) spricht in diesem Zusammenhang von «nonverbalen vokalen Aspekten des Sprechens».[1] Er will damit ausdrücken, daß das Sprechen (das sog. Vokale) «eine besonders leistungsfähige Kommunikati-onsmodalität» darstelle, und zwar besonders wegen der «Mischung digitaler und analoger Aspekte bei der Lautbildung».

Denn der Mensch kann während des Sprechens gleichzeitig symbolische Bedeutungen durch die Sprache mit all den Vorteilen eines digitalen Kodes sowie auch analoge Informationen durch das nonverbale vokale Signal-system über die biologische und soziale Identität des Sprechers, seinen jeweiligen Zustand und seine Beziehungen zum Hörer übermitteln. Ein besonderer Vorteil ist dabei die Tatsache, daß die vokalen Signale kontinu-ierlich kodiert sind (und nicht diskret wie die Sprachsymbole), d.h. daß verschiedene Abstufungen oder Bedeutungsschattierungen durch kontinu-ierlich veränderbare Dimensionen vokaler Signale übermittelt werden können. Außerdem sind vokale Signale probabilistisch kodiert (und nicht invariant wie die Sprachsignale), so daß ein Zeichen nur mit einer be-stimmten Wahrscheinlichkeit eine spezifische Bedeutung hat, und dadurch zu einem hohen Grade «verhandelbar» wird... Ein besonders gutes Beispiel ist die Grundfrequenz der Stimme (vom Hörer als Stimmhöhe wahrgenom-men), die sowohl syntaktische Bedeutung, z.B. die Markierung einer Frage durch die entsprechende Intonationskontur, als auch expressive Funktion, z.B. den Ausdruck emotionaler Befindlichkeit, haben kann (Scherer, 1982, 87-88).

2.3 Körpersprache

Bekanntlich drücken auch die Körperhaltung und die Körperbewegungen Information aus. Manchmal begleiten und unterstreichen sie die verbale Mitteilung, manchmal leiten sie sie ein, manchmal akzentuieren sie Teile davon, manchmal stehen sie auch im Widerspruch zur verbalen Botschaft

---

[1] In der Literatur findet man auch die Termini ‹paralinguistisch› und ‹suprasegmental› für die Merkmale der gesprochenen Sprache, die über einzelne Phänomene hinweg gehen.

und verraten so die bewußt oder nicht-bewußt versteckten Meinungen, Anliegen, Einstellungen oder Emotionen (z.B. Mehrabian, 1968).[1]

Eine klare Einteilung der Körpersprach-Kanäle ist schwierig; Patterson (1983, 3) hat einmal eine vorgeschlagen, wobei ich die Kategorien 14 bis 16 als paraverbal bezeichnen würde:

1. Distanz zwischen Sprechern
2. Blickrichtung
3. Berührung
4. Körperneigung
5. Körperorientierung
6. Gesichtsausdruck
7. Körperhaltung und Haltungsanpassung
8. Gebärden[2]
9. Handbewegungen
10. Fuß- und Beinbewegungen
11. Streicheln
12. Selbst- und Objektmanipulationen (Sich kratzen, Kleider ordnen, mit Ringen, Schlüsseln und anderen Objekten spielen)
13. Erweiterung oder Verengung der Pupillen
14. Pausen
15. Unterbrechungen   *paraverbal*
16. Sprechdauer

Zu den meisten dieser «Kanäle» (und manchen anderen mehr) gibt es eine umfangreiche Forschung. So hat kürzlich Bossi (1995) eine eindrückliche Zusammenstellung von Untersuchungen zu Blickkontakten (Initiierung, Erwiderung, Dauer) beim Flirten vorgelegt. Zwar vertritt sie wie die Ethologen (z.B. Givens, 1978; Grammer, 1990; Moore, 1985; alle drei zit. nach Bossi, 1995) die Auffassung, daß Intimität zwar sehr privat sei, aber doch weitgehend nach allgemeinen Regeln ablaufe, findet dann aber doch relativ wenige empirisch breit abgestützte Erkenntnisse zum Blickverhalten beim Flirt. Immerhin blicken sich gegenseitig attrahierte Menschen häufiger und länger an als aneinander wenig interessierte, insbesondere in den Gesprächspausen. Andererseits sind Blickkontakte am Anfang der Verbindungsaufnahme im allgemeinen kurz, insbesondere jene, die von Männern zu Frauen ausgehen.

---

1   Eine leicht lesbare Einführung in die ethologischen Aspekte der nonverbalen Kommunikation geben von Helversen & Scherer (1988).

2   Diese Kategorie ist von den anderen nicht unabhängig.

30

Körpersprachliche und besonders mimische Kommunikation ist beim Erkennen des verbalen Lügens von besonderer Bedeutung. Die Mechanismen des Verstellens und des Versteckens der wahren Absicht resp. das Problem der Lügenidentifikation oder der Glaubwürdigkeitsdiagnostik hat die Kriminologie und die Psychologie immer wieder beschäftigt. Die Tabelle 2-1 aus einer Übersichtsdarstellung mag Anlaß zum Nachdenken und Diskutieren geben.

Tabelle 2-1

Köperliche Anzeichen des Lügens, ausgedrückt in Standardabweichungs-Einheiten, und deren einseitige Irrtumswahrscheinlichkeit. Positive Werte entsprechen einer Zunahme, negative Werte einer Abnahme des jeweiligen Verhaltens bei Täuschungen (nach Zuckerman & Driver, 1984, aus Köhnken, 1986, 181).

Verhalten	Anzahl Untersuchungen	mittlerer d-Wert	kombinierter z-Wert
Kopfregion			
Pupillendilatation	5	1.37	6.82***
Blickkontakt	18	-0.03	0.13
Lidschlagfrequenz	8	0.50	1.96*
Lächeln	19	-0.09	-1.67
Kopfbewegungen	10	-0.18	-1.20
Segmentzahl/Mimik[1]	5	-0.27	-2.00*
Körperregion			
Gestik	12	-0.12	-0.19
Achselzucken	4	0.38	1.81
Adaptoren[2]	14	0.34	3.50***
Bein- und Fußbewegung	9	-0.03	-0.22
Veränd. der Körperhaltung	11	-0.03	-0.88
Segmentzahl/Körper	3	0.83	2.84**
Extralinguistisches Verhalten			
Reaktionslatenz	15	-0.02	0.28
Antwortlänge	17	-0.19	-1.98*
Sprechrate	12	-0.07	-1.36
Sprechfehler	12	0.23	2.14*
Verzögerungen	11	0.54	4.06***
Tonhöhe	4	0.68	2.26*
Kanaldiskrepanzen	4	0.64	4.31***

* $p < .05$;   ** $p < .01$;   *** $p < .001$

---

1   ohne genauere Angaben als Anzahl «unterscheidbarer Verhaltenssegmente» bezeichnet (Köhnken, 1986, 180).

2   Keine nähere Kennzeichnung

Nonverbale Botschaften sind in der Tat sowohl informativ als auch relativ untrügerisch, nach DePaulo (1992) vor allem aus folgenden Gründen:

- Sie sind nicht völlig unterdrückbar (man kann nicht nicht nonverbal oder wenigstens paraverbal kommunizieren, wenn man verbal kommuniziert).
- Sie sind mit Emotionen verbunden.
- Sie sind für Beobachterinnen und Beobachter besser wahrnehmbar als für die Aktorinnen und Aktoren selbst.
- Sie enthalten unike Aussagen (d.h. u.a. solche, die verbal nicht kommuniziert oder überhaupt kommunizierbar sind).
- Sie werden sehr rasch kommuniziert.

Wallbott (1993) weist allerdings darauf hin, daß nonverbales Verhalten oft derart auffällig ist, daß es unsere Aufmerksamkeit als Gegenüber auch mal über Gebühr in Beschlag nimmt und uns von anderen Informationsquellen geradezu abhält. Je nach Vorannahmen können wir dann zu völlig falschen Schlußfolgerungen gelangen.

Obwohl wir beim Sprechen häufig *Gesten* verwenden (in südeuropäischen Kulturen besonders häufig) und obwohl wir diese oft auch als ästhetisch empfinden, legen fünf Untersuchungen von Krauss, Morrel-Samuels und Colasante (1991) nahe, daß sie semantisch nicht sehr aussagekräftig sind.

2.4 Mimik

Daß unsere Mimik viel von unseren Gefühlen, Einstellungen und Absichten ausdrückt (‹verrät›), ist den Menschen seit Jahrtausenden bekannt. Sie tut das u.a. deshalb, weil die entsprechenden Muskelaktionen offensichtlich durch solche inneren Zustände automatisch ausgelöst werden. Darin besteht eine enorme soziale Orientierungsfunktion, die möglicherweise auch einen Überlebensvorteil brachte.

2.4.1 Identifikation und Kodierung der Mimik

Welche mimischen Muster drücken welche Emotionen aus? Wie sind solche mimischen Muster überhaupt zu identifizieren, zu ‹messen›? Es ist das große Verdienst von Paul Ekman und Wallace V. Friesen, diese mimischen Muster systematisch auf Muskelaktivierungsmuster zurückgeführt zu haben. Ausgehend von Arbeiten des Anatomen Hjorstjo (1970), der systematisch lernte, jeden Muskel seines Gesichts willkürlich zu kontrahieren und das Ergebnis zu photographieren, definierten Ekman und Friesen (1978) 46 elementare Einheiten von Gesichtsmuskelbewegungen (sog. single action units), die meistens auf der Kontraktion eines einzigen Muskels beruhen, gelegentlich mehr als einen Muskel und teilweise den gleichen Muskel, aber einen anderen Teil davon betreffen.

Es ging also Ekman und Friesen nicht um eine anatomische Analyse, sondern um eine Analyse in Aktivierungselemente, die einerseits – wenn auch nur mit einigem Training – von einander unabhängig betätigt werden können und andererseits außen sichtbare Wirkungen haben. Ihr Kodier-System heißt darum Facial Action Coding System (FACS) und nicht etwa Muscular Action Coding System.

Einige Beispiele aus der Liste dieser single action units (Ekman & Friesen, 1978, 8) sind in Tabelle 2-2 dargestellt.

Tabelle 2-2

Beispiele von single action units aus dem FACS von Ekman und Friesen
(1978, 8)

AU number	FACS name	Muscular basis
1.	Inner Brow Raiser	Frontalis, Pars Medialis
2.	Outer Brow Raiser	Frontalis, Pars Lateralis
3.	Brow Lowerer	Depressor Glabellae; Depressor Supercilli; Corrugator
15.	Lip Corner Depressor	Triangularis

Normalerweise sind in einem Gesicht mehrere solche elementaren Aktivierungen im Gang. Bestimmte Emotionen drücken sich in einer Kombination von elementaren Aktivierungen aus. In einer etwas weniger technischen Sprache werden im folgenden Gesichtsausdrücke ausgewählter Emotionen auf der Basis der Forschung von Ekman und Friesen (1975) photographisch und verbal dargestellt. – Achtung: Das Lesen macht mehr Spaß, wenn Sie zuerst selbst versuchen, die entsprechende Mimik aufzusetzen (mit oder ohne Spiegel) und erst dann die Figur ansehen oder gar voraus die verbale Beschreibung lesen, die Mimik nochmals versuchen und dann das Bild ansehen.

Überraschung: Augenbrauen angehoben, gebogen und hoch, Haut unter den Augenbrauen gestrafft, horizontale Runzeln über die ganze Stirn, das obere Augenlid angehoben, das untere abgesenkt, Augenweiß oberhalb der Iris sichtbar, oft auch unterhalb, Kinn tief, Lippen geteilt, Zähne oft sichtbar, aber keine Anspannung im Mundbereich (Figur 2-1).

Figur 2-1
Überraschung

Furcht: Augenbrauen angehoben und zusammengezogen, Runzeln nur in der Stirnmitte, oberes Augenlid angehoben, gibt Augenweiß frei, das untere Augenlid gespannt und etwas angezogen, Mund offen, Lippen gespannt oder gestreckt sowie zurückgezogen (Figur 2-2).

Figur 2-2
Furcht

Ekel: Das obere Augenlid angehoben, die Unterlippe entweder angehoben und unter die Oberlippe gedrückt oder gesenkt und leicht vorstehend, Nase gerümpft, Backen angehoben, Linien unter dem unteren Augenlid sichtbar, das Lid angehoben aber nicht angespannt, Augenbrauen gesenkt, drücken das obere Augenlid hinunter (Figur 2-3).

Figur 2-3
Ekel

Wut: Augenbrauen gesenkt und zusammengezogen, senkrechte Linien zwischen den Augenbrauen, das untere Augenlid gespannt und evtl. angehoben, das obere Augenlid gespannt und evtl. gesenkt infolge Brauensenkung, harter Blick, Lippen entweder fest zusammengepreßt mit Mundecken gerade (oder gesenkt) oder geöffnet, angespannt und in ein Rechteck geformt, Nasenlöcher evtl. geöffnet (Figur 2-4).

Figur 2-4
Wut

Glücklichsein: Mundwinkel zurück und hochgezogen, Mund evtl. leicht geöffnet, Falten von der Nase zu den Mundwinkeln, unter dem unteren Augenlid Falten, Krähenfüße (Figur 2-5).

Figur 2-5
Glücklichsein

Traurigsein: die inneren Ecken der Augenbrauen angehoben, die Haut unter den Augenbrauen in einem Dreieck, das innere Ende des oberen Augenlids angehoben, die Ecken der Lippen abgesenkt oder die Lippen zitternd (Figur 2-6).

Figur 2-6
Traurigsein

Die Mimik ist erstaunlich universell, d.h. kulturübergreifend, die Mimik übrigens viel mehr als die Gestik (vgl. Übereinstimmungsprozente in Ekman und Friesen, 1975, 25). In besonderem Maß universell ist glückliches Lächeln (DePaulo, 1992, 226).

Wicki (1988) hat das Lächeln in einer psychotherapeutischen Sitzung untersucht und bemerkenswerte Befunde erhalten:

– Nach seiner FACS-Auswertung kam er zu einer eindrücklichen Differenzierung von Lächeltypen (Tabelle 2-3).
– Über den Verlauf der Sitzung gesehen, wurde am Anfang und gegen Ende der Sitzung wesentlich mehr gelächelt als in der Mitte. Das deutet vermutlich auf eine wichtige Funktion des Lächelns hin: Gemeinsamkeit herstellen, gegenseitiges Einverständnis und Wohlwollen signalisieren.
– Am Anfang lächelte die Klientin mehr als die Therapeutin, am Ende die Therapeutin mehr als die Klientin. Vielleicht wollte die Klientin am Anfang die Situation etwas verharmlosen, während die Therapeutin auf Ernsthaftigkeit drängte. Am Ende war es vielleicht mehr das Anliegen der Therapeutin, Vertrauen in die überdauernde Gemeinsamkeit zu wecken.
– Die Lächeldauer der Klientin war im Durchschnitt kürzer als die der Therapeutin, dafür häufiger; möglicherweise hat die Klientin in großer Unsicherheit immer wieder Gemeinsamkeit gesucht oder angesichts gewichtiger Probleme der Versuchung zur Verharmlosung nachgegeben.
– Wenn Blickkontakt bestand, führte das Lächeln einer Person sehr häufig zu einem Lächeln der anderen Person (Gegenlächeln). Daraus entstehen-

des synchrones Lächeln mit Blickkontakt dauerte im allgemeinen nicht mehr als einige Sekunden. Wer merkt, daß er angelächelt wird, ‹muß› zurücklächeln, wenn er oder sie das Angebot der Gemeinsamkeit nicht ablehnen will; der Blickkontakt mit gemeinsamem Lächeln führt aber bald zum Erlebnis der Intimität, wenn er nicht unterbrochen wird.

Tabelle 2-3
Lächeltypen, FACS-kodiert (aus Wicki, 1988, 64)

Anstandslächeln	12 und keine andere Aktionseinheit
Interpretierendes Lächeln	12+(1 oder 2 oder 7)
Frohes Lächeln	6+12
Kontrolliertes Lächeln	12+(8 oder 15 oder 17 oder 18 oder 19 oder 23 oder 24 oder 27 oder 28 oder 32 oder 35)
Unglückliches Lächeln	12+(15 oder 17 oder 24) oft einseitig
Freudiges Lächeln	6+12 (y oder z) + (25 oder 26)
Nervöses Lächeln	12x+24
Maskierende Lächelnarten	(7 oder 0)+12+(4 oder 5 oder 9 oder 10 oder 15 oder 17 oder 20)
Ekelverdeckendes Lächeln	12+(9 oder 10)
Verachtungverdeckendes Lächeln	12+(U10 oder U14)
Verdutztes Lächeln	4+12(x oder y) + (25 oder 26)
Selbstgefälliges Lächeln	12(x oder y) +17
Verhaltenes Lächeln	6+12+(15 oder 17 oder 24)
Chaplin-Lächeln	13

2.4.2 Kontrolle resp. Lügen und Täuschen

Lügen und Täuschungen in der Kommunikation werden normalerweise sprachlich, d.h. durch gezielten Einsatz der digitalisierten Codes vorgenommen (Weinrich, 1974), z.B.: «Ich bin vor Mitternacht nach Hause gekommen», oder: «Ich habe nicht geraucht.» So zu lügen ist eigentlich einfach. Wenn aber Gefühle bei der Aussage wesentlich sind, wird es schwieriger. Zum Beispiel gibt es das Gefühl der Angst, daß die Lüge erkannt wird; Angst aber drückt sich leicht in Mimik (allenfalls auch in Gestik) aus.

Es gibt auch explizite gelogene Aussagen, die Gefühle betreffen oder sie implizieren (Beispiele: «Ich bin nicht überrascht», obwohl ich es bin; oder: «Mir macht das nichts aus», obwohl ich sehr betroffen bin). Dann kann es zu einem Widerspruch zwischen der verbalen Botschaft und der nonverbalen kommen. Die nonverbale Botschaft, insbesondere die Mimik können wir aber nicht gut verhindern resp. kontrollieren, einerseits weil sie ohne besondere Anstrengung automatisch abläuft und andererseits weil die mimischen

Prozesse außerordentlich rasch und simultan ablaufen, was bewußte Kontrolle (neben dem Sprechen) fast unmöglich macht (vgl. DePaulo, 1992).

Wir haben deshalb bereits in unserer Alltagspsychologie gelernt, im Zweifelsfall die Mimik mitzuinterpretieren oder ihr gar mehr zu glauben als den Worten. Ekman und Friesen (1975, 137-139) weisen auf interessante Kontrollgewohnheiten hin (sie sprechen lieber von Kontrollieren als von Lügen), die uns kaum noch auffallen resp. die wir meistens zweifelsfrei interpretieren.

2.4.2.1 *Kontrollmotive*

Es gibt verschiedene Motive, den nonverbalen Ausdruck nach Möglichkeit zu kontrollieren. Zum Beispiel bestehen *kulturelle Normen*, daß und wie wir unsere Mimik kontrollieren sollten. Beim Grüßen sollte man freundlich lächeln, am Grab sich bedrückt zeigen etc. Ekman und Friesen (1975, 138) behaupten, daß in gehobenen amerikanischen Gesellschaftsschichten die Braut auf ihrer Hochzeit weinen oder doch traurig aussehen sollte (wie ihre Eltern), während der Bräutigam (und seine Eltern) nicht traurig wirken dürfen. Des weiteren amüsieren sich die beiden Autoren darüber, daß bei einer Schönheitskonkurrenz nach der Siegesverkündigung die Gewinnerin weinen darf (muß?), während alle übrigen Schönen lächeln und der Siegerin begeistert gratulieren müssen (hinter den Kulissen dürfen sie dann weinen und einander die Augen auskratzen). Vor der Siegesverkündigung haben im übrigen alle entspannt und lieblich lächelnd dazustehen.[1] Und am offenen Grab eines Mannes im besten Alter darf, so meinen Ekman & Friesen (1975, 138), die Sekretärin nicht trauriger und verzweifelter wirken als die Frau des Verstorbenen.

Neben den kulturellen Normen gibt es auch *familiale* Normen. In einer bestimmten Familie darf man vielleicht vor fremden Menschen nicht weinen oder darf überhaupt der Vater nicht weinen. Weitere Normen sind *berufsspezifisch*. Verkäufer und Diplomaten müssen immer ‹aufgeräumt› sein, Schauspieler müssen ihre eigenen Emotionen zugunsten der Rolle zurücknehmen und die rollenentsprechende Mimik zeigen. Schließlich gibt es aktuelle *persönliche* Absichten, Mimik zu kontrollieren. Mal will man sich Schmerz oder Trauer nicht ansehen lassen, mal will man Aufregung

---

1   Daß Mimik als Information genommen und deshalb nach Möglichkeit kontrolliert wird, belegt auch ein weiteres Beispiel von Ekman & Friesen (1975, 138), wonach am offenen Grab eines Mannes im besten Alter die Sekretärin nicht trauriger und verzweifelter wirken darf als die Frau des Verstorbenen.

verbergen, mal will man eine Person (noch) nicht merken lassen, daß man in sie verknallt ist.

2.4.2.2 Prozesse, Strategien

Die Kontrolle über die Mimik resp. die Botschaft, die über die Mimik ausgedrückt wird, ist über Spezifikation, Einschränkung und Fälschung möglich (Ekman & Friesen, 1975, 140-143).

Von *Spezifikation* spricht man, wenn der erste Ausdruck von erklärenden Aussagen resp. mimischen Mustern begleitet oder gefolgt wird. Beispiele:

– Jemand erschreckt zum Spaß ein Kind und lächelt gleich danach, um anzuzeigen, daß es harmlos gemeint war (kommt leider häufig vor, beweist aber wenig Respekt vor Kindern).
– Jemand macht eine witzig-satirische Bemerkung, deren Interpretation er aber schließlich doch harmlos halten will; darum lacht oder lächelt er.
– Jemand wagt es, einer anderen Person ‹näherzutreten› (z.B. durch Necken), zeigt dann aber mit schallendem Lachen an, daß dieser Versuch auch als Spaß verstanden werden kann, wenn man will.
– Jemand weint und mischt dann ein Lächeln darein, um anzuzeigen, daß er sich schon beherrscht und nicht peinlich hilflos werden wird oder auch, daß ihn die Anteilnahme des Partners freut.

Einschränkung des mimischen Ausdrucks kann über die zeitliche Reduktionen eines mimischen Ausdrucks oder über seine Beschränkung nur auf einzelne Gesichtsteile erfolgen. Nehmen wir das Beispiel der Furcht. Es besteht die Möglichkeit, die Mundpartie oder die Augenpartie ‹auszuschalten› (Figur 2-7a und 2–7b).

Wenn eine Person müde ist und es ihr nicht mehr ums Lächeln ist, lächelt sie, wenn sie ‹muß›, meist sehr kurz, allenfalls verbunden mit einem kurzen einfachen Hecheln.

Von *Fälschungen* spricht man, wenn eine Person ein Gefühl zeigt resp. zeigen will, das sie nicht hat, oder eines, das sie hat, nicht zeigen will. Neutral zu scheinen, ein Pokerface aufzulegen, ist nicht leicht. Andererseits ist das Vormachen eines nicht vorhandenen Gefühls oft verräterisch. Wem eine Begebenheit erzählt wird, die ihn nicht interessiert, wird nicht sehr erfolgreich Interesse, Überraschung etc. zeigen können. Wenn wir uns sehr Mühe geben, eine bestimmte Miene aufzusetzen, übertreiben wir meistens; wir aktivieren wahrscheinlich nicht alle Muskeln, die dazugehören würden, und übertreiben mit den anderen.

a)   b)

Figur 2-7
Einschränkung des Ausdrucks von Furcht

Nach meinen Beobachtungen beschränkt sich Pflichtlächeln oft auf Mund und Wangen. Eine Schalterbeamte, die übermüdet ist, oder eine Verkäuferin, die gegenüber einem unangenehmen Kunden doch freundlich lächeln sollte, lächelt meistens nur mit der unteren Gesichtshälfte, während die Augenmuskulatur nicht mitmacht (vgl. auch Ekman, 1993, 390, und Tabelle 2-3 von Wicki, 1988). Halbechtes Lächeln zeigt sich manchmal auch dadurch, daß zusätzlich die Augen fast ganz zugekniffen werden, als ob man nicht sehen und nicht gesehen werden möchte.

Täuschungen werden im allgemeinen leicht erkannt, nämlich intuitiv. Allerdings haben Lightfoot und Bullock (1990) gezeigt, daß die gleichzeitige Beachtung von allenfalls widersprüchlicher sprachlicher und nonverbaler Botschaft kleineren Kindern oft nicht gelingt und erst um das Alter des Schuleintritts erlernt wird.

Interessant ist aber auch die Frage, wie man mit der Wahrnehmung von Täuschungen umgeht. Täuschungen, die mit kulturellen Normen oder mit Berufsnormen zu tun haben, nehmen wir wohl meistens wissend hin (da wir alle die gleichen Normen spüren, werden wir ja gar nicht getäuscht). Andere Täuschungen sind ernsthafter, aber vielleicht so ernsthaft, daß wir lieber mitspielen und nichts aufdecken (häufig in Lebenspartnerschaften, auch bei beiläufigen Begegnungen mit Nachbarn).

Es gibt auch subkulturelle Mimik-Normen, die in der größeren Gemeinschaft eine ganz andere Bedeutung haben; es kann wichtig sein, das zu wissen. Beispiel: Eine Sekundarschülerin erzählt einer Freundin, daß sie beim Aussteigen aus dem Bus die gemeinsame Bekannte X angetroffen habe, und verdreht dabei ihre Augen, als hätte sie einen epileptischen Anfall und bräuchte sie Hilfe. Dabei wollte sie nur ausdrücken, daß sie die Person X nicht mag.

Als Faustregeln für das Erkennen von bewußter Mimikkontrolle können folgende gelten:

- Die Mundregion wird leichter kontrolliert als die Augen und die Stirnregion. Wer ein Gefühl vormacht, tut es vor allem mit dem Mund (s. Beispiel oben); wer ein harmloses Gesicht machen will, schafft das am ehesten mit dem Mund. Am zweitleichtesten werden die Wangen und am drittleichtesten die Unterlider kontrolliert.
- Fälschungen sind oft zeitlich schlecht plaziert; sie kommen oft leicht verspätet. Da Emotionen sich normalerweise automatisch ausdrücken, sind sie oft rascher wahrnehmbar als Worte; darum ist es keine Fälschung, wenn die Mimik leicht vorausgeht, vor allem wenn die Verbalisierung einsetzt, bevor die Mimik zurückverändert wird. Auch läuft ungefälschte Mimik meist synchron mit Gestik ab.
- Kontrollierte Fälschungen dauern oft zu lang. Ein echter mimischer Wutausdruck beispielsweise ist kurz und nicht zehn Sekunden lang.[1]

In einer späteren Untersuchung zu vorgetäuschtem Lächeln haben Ekman, Friesen und O'Sullivan (1988) gezeigt, daß es oft vermischt wird mit einzelnen Gesichtsmuskelbewegungen, die eigentlich zu einem anderen emotionalen Ausdruck gehören. Sie setzten Krankenschwesterschülerinnen vor einen Videoschirm, auf dem entweder ein angenehmer Naturfilm oder ein abstoßender Film über Verbrennungen und eine Amputation gezeigt wurde. Im zweiten Fall wurde ihnen gesagt, sie sollten lernen, sich keine Gefühle des Ekels und der Abscheu ansehen zu lassen, weil sie demnächst in ihrem praktischen Einsatz auf der Notfallstation auch solche Bilder sähen und mit ihrem entspannten Ausdruck den Patienten Mut machen müßten. Das nachträgliche Rating der Videoaufnahmen von den Gesichtern der Krankenschwesterschülerinnen nach dem FACS-System zeigte, daß es ihnen zwar in etwas mehr als der Hälfte der Fälle gelang, ein unverfängliches Lächeln aufzusetzen, in zwei Fünfteln der Fälle aber zeigten sie ein Lächeln, das mit Gesichtsmuskelbewegungen anderer Ausdrucksformen vermischt war. Insbesondere kamen Anzeichen von Furcht (Hochziehen der Augenbrauen und Spannen der Lippen, nachgestellt in Figur 2–8b), Ekel (Nase rümpfen,

---

1   Ekman & Friesen (1975) sprachen auch von micro-expressions, d.h. von ultrakurzen mimischen Ansätzen zu ehrlichem Ausdruck, der dann aber rasch unter Kontrolle gebracht wird. Es soll sich dabei um Bruchteile von Sekunden Solche micro-expressions sind nur als intuitiver Eindruck oder explizit aufgrund spezifischer Übung zu erkennen.

nachgestellt in Figur 2–9a) oder Wut (Pressen der Lippen und Anheben des unteren Augenlids, nachgestellt in Figur 2–9b) vor.

a) echtes Lächeln

b) Lächeln, mit Furcht vermischt

Figur 2-8
Echtes und maskiertes Lächeln

c) Lächeln, mit Ekel vermischt

d) Lächeln, mit Wut vermischt

Figur 2-9
Maskiertes Lächeln

Lügen und Täuschen sind keine vornehmen Verhaltensweisen, wir halten sie oft für unmoralisch. Im Kontext der nonverbalen Kommunikation stehen sie häufig im Dienst der Selbstdarstellung. Daß man um Selbstdarstellung besorgt ist, ist jedoch verständlich und natürlich, ja hat sogar soziale Vorteile (z.B. Orientierung, Koordination, Ästhetik des Zusammenlebens).

2.5 Lügendetektion (Exkurs)

Lügendetektion ist eine sehr alte und bis heute umstrittene Methode der gerichtlichen Wahrheitsfindung. Die klassische Form besteht darin, daß sog. autonome Aktivierung polygraphisch abgeleitet wird. Psychische Anstrengung schlägt sich meistens in physiologischer autonomer Aktivierung, die als reduzierter Hautwiderstand meßbar ist, nieder.

Natürlich sind Entstellung, Verbergen von Betroffenheit und Schuldgefühlen oder die sorgfältige Konstruktion einer Ersatz-Story psychisch aufwendig. Aber auch Angst, Nervosität oder die Bemühung, ja keine Fehler zu machen, erfordern psychischen Aufwand. Und so kann erhöhte autonome Aktivierung auch dann auftreten, wenn jemand nicht lügt. Allein das Wissen, daß man an einen Lügendetektor ‹angehängt› ist, kann enorme Aufregung verursachen und das erst recht, wenn man wiederholt mit unzutreffenden Verdächtigungen konfrontiert wird (Lykken, 1988). Eingeweihte sind da vielleicht noch sensibler als Nicht-Eingeweihte. Dazu kommen schwierige praktische Probleme der Messung (das basale Aktivierungsniveau ist interindividuell sehr unterschiedlich und Reaktionen auf bestimmte Reize ebenfalls).

Schließlich wollen wir auch nicht übersehen, daß Menschen mit hartem und systematischem Training ein Stück weit durchaus lernen können, ihre ‹autonomen› Reaktionen zu kontrollieren (Ney, 1988).

Die bisherige empirische Forschung zeigte, daß mit solchen Methoden die Wahrscheinlichkeit, die Wahrheit zu finden, ansteigt, aber bei weitem nicht bis zu einem Ausmaß, daß darauf juristisch verbindliche Diagnosen möglich wären (Raskin, 1988). Aufgrund einer Übersicht über die entsprechende Forschungsliteratur schlußfolgert Carroll (1988, 28): «Polygraphische Lügendetektion stellt keinen Gewinn gegenüber den gewohnten Vorgehensweisen der Befragung und Beurteilung dar.» Nach teststatischen Kriterien (interne Konsistenz, Retest-Reliabilität, Validität) gilt denn auch der Polygraph-Detektor als «sehr unbefriedigend» (Blinkhorn, 1988; vgl. auch Kleinmuntz & Szucko, 1984, und Lykken, 1979).

Fiedler und Walka (1993) glauben, daß wir im Alltag sowohl in solche objektive als auch in intuitive Methoden zu viel Vertrauen haben. Mit letzteren meinen sie die in 2.4.2.2 genannten, u.a. deshalb, weil wir ja oft keine oder nur sehr viel später Information über den wahren Sachverhalt erhalten und so unsere Fehldiagnosen (incl. das intuitive Verfahren dazu) naiverweise für gesichert halten. Überdies meinen sie, daß wir oft auch naive Vorstellungen von Wahrheit mit uns herumtragen:

There are at least three reasons for this assumption. First, we often obtain no feedback about the objective truth of what people have said. Even if feedback is available, its timing or mode might prevent efficient learning (DePaulo & Pfeifer, 1986; Hammond & Summers, 1972; Schmitt, Coyle, & Saari, 1977). Second, there is no objective truth criterion but only a truth defined by convention in many cases. For instance, in selling a used car, concealing hidden features of the car is considered less deceptive than pretending wrong features. Similarly, the distinction between normal business habits and fraud is often as arbitrarily defined as the limits between prostitution and accepting presents, between hypocrisy and politeness, between conformity and flattery, between feigned and «true» emotions, or between ingratiation and altruism. Third, even when an objective truth criterion does exist, its relationship to particular cues might be weak to the extent that expressive behavior is flexible and varied and skilled liars have learned to suppress or mimic certain cues. In such a confusing environment, the social learning process of lie detection is more likely to follow conventionalized rules than to figure out cue validities. This is especially the case for verbal content cues that often bear a much stronger correlation with subjective judgments than with the objective criterion (Fiedler, 1989, 1990), reflecting the conventionalized nature of truth (Fiedler & Walka, 1993, 202).

In einer ihrer Untersuchungen konnten sie aber zeigen, daß die explizite vorausgehende Instruktion über einigermaßen verläßliche Indikatoren sowie die laufende wahrheitsgemäße Rückmeldung die Treffgenauigkeit der intuitiven Beurteilung steigert. Andererseits ist bemerkenswert, daß wir als Laienbeurteiler nichtüberprüfbaren Aussagen (z.B. über Stimmungen und Einstellungen) eher glauben als Faktenaussagen, wenn irgend ein Element in letzteren als unzutreffend festgestellt wird (Fiedler & Walka, 1993).

3. Erwartungen, die das Sprechen und das Zuhören steuern

Warum sich ein ganzes Kapitel lang mit Erwartungen beschäftigen? Zählen nicht eher Realität statt Vorstellung, Tat statt Vorsatz, Tatsache statt Erwartung? So einfach lassen sich Erwartungen nicht von den Ereignissen trennen, denn:

(1) Erwartungen sind auch Realitäten. Und selbst wenn die erwarteten Realitäten nicht eintreten, sind die Erwartungen nicht belanglos; dann können Konflikte zwischen Erwartungen und Realitäten entstehen, reale Konflikte.

(2) Erwartungen steuern Ereignisse. In der Erwartung und in besonders ausgeprägter Weise in der enttäuschten Erwartung zeigt sich, was normalerweise abläuft, was das beteiligte Individuum über solche Gesetzmäßigkeiten weiß und in welcher Richtung es versucht, die Ereignisse zu steuern. Die einfache Beobachtung des Stroms der Ereignisse läßt die Struktur und die Gesetzmäßigkeiten der Abläufe oft nicht so leicht erkennen.

(3) Erwartungen steuern ganz wesentlich die Wahrnehmung und das Verstehen. Und darum geht es in Gesprächen dauernd.[1]

Dieses Kapitel enthält im ersten Teil (3.1 bis 3.3) allgemeinpsychologische Ausführungen, die für das Gespräch eher indirekt relevant sind. Sie illustrieren die elementaren Prozesse der Informationsaufnahme, die auch in Gesprächssituationen spielen. Ab Kapitel 3.4 folgt die spezifische Anwendung auf das Gespräch.

3.1 Erwarten und Wahrnehmen

Wenn Information zu Wissen wird, wird sie mit bereits bestehendem Wissen integriert (vgl. 1.1). Wahrnehmung bedeutet darum auch immer Integration von Information in schon bestehende Kenntnisse (wobei Kenntnisse = Wissen).

Wir nehmen nie alles wahr, was wahrnehmbar ist (eindrücklich z.B., wenn wir im fahrenden Auto sitzen). Wir können auch niemals alles Wahrnehmbare wirklich wahrnehmen, es wäre zu viel Information. Darum ist unsere Wahrnehmung (a) *selektiv*. Was wir selektionieren, hängt teilweise von unserem Vorwissen ab. Aufgrund von Vorwissen achten wir auf gewisse Teile des Wahrgenommenen besonders, aufgrund von Vorwissen bauen wir aber auch schon zum vorneherein Erwartungen oder Selektionsfilter auf. Und weiter: Dank unserem Vorwissen ist viel Wahrnehmbares nicht mehr so informativ, d.h. es ist teilweise redundant (weil bekannt) und darum rascher wahrgenommen. Vorwissen und erst recht auf Vorwissen aufgebaute Erwartung (b) *reduziert Information*. Wenn Vorwissen resp. Erwartung Information reduziert, dann deshalb, weil es Wahrnehmung partiell ersetzt. Das passiert oft nicht nur quantitativ, sondern auch qualitativ. In der Wahrnehmung wird die Realität (c) subjektiv *gestaltet und interpretiert* und deshalb manchmal auch verzerrt. Das merken wir allerdings häufig selbst nicht. Was wir verzerrt wahrnehmen, stimmt für uns subjektiv häufig mehr, als was ‹wirklich› wahrzunehmen wäre (vgl. Vorurteile).

---

1   Da könnte ein Widerspruch vorliegen. In Gesprächen versucht man sich nach den Erwartungen der jeweiligen Partner zu richten; in Gesprächen wird aber auch Information vermittelt, und Information besteht aus Ereignissen, die nicht bereits vorhergesagt resp. erwartet werden können (vgl. 1.1). Der Widerspruch ist nur vermeintlich, weil wir in gewissem Sinn sogar die (unvorhersagbare) Information erwarten. Wir öffnen geistig ‹Fenster›, die mit Information gefüllt werden sollen; die ‹Fensterrahmen› sind aber gegeben, d.h. fest erwartet.

Vorwissen ➥	Erwartungen ➥	Selektivität der - Wahrnehmung - Informationsreduktion - Interpretation

Wahrnehmung sollte eigentlich den Zugang der wirklichen Realität zum Subjekt sicherstellen, ist aber offensichtlich nicht frei von subjektiv geleiteter Selektion, Reduktion und Interpretation. Die Psychologie und vor ihr schon die Philosophie (Epistemologie) haben sich immer wieder mit der Unverträglichkeit dieser zwei Extrempositionen beschäftigt: veridikale Wahr-Nehmung gegen subjektive oder relative Wahrnehmung.[1]

Jean Piaget (1947) hat einen permanenten Anpassungsprozeß zwischen Wahrnehmungsschemata und Realität postuliert (Wechsel zwischen Assimilation und Akkommodation). Die Wahrnehmungs-Assimiliation ist nach Piaget in der Tat deformierend, aber sie muß sich für den handelnden Umgang mit der Realität bewähren, wodurch auch immer wieder Wahrnehmungsanpassungen nötig werden.[2]

---

1   In der experimentellen Psychologie war das sogar eines der allerersten Themen, unter dem Stichwort der *Psychophysik*! Die *Gestaltpsychologie* hat später ausführlich die (objektiven) Gesetzmäßigkeiten untersucht, nach denen wir (subjektiv) die Realität «gestalthaft» wahrnehmen.

2   *Bruner & Postman* (1949a,b) unterschieden die Vertreter der zwei Positionen als Formalisten und Funktionalisten und postulierten ihrerseits die Wirksamkeit von Erwartungen (expectancies) in der Wahrnehmung. In den fünfziger und sechziger Jahren beschäftigte sich eine Forschungsgruppe um *Donald E. Broadbent* intensiv mit den Prozessen der Wahrnehmungsfilterung. Sie zeigten, daß oft mehrere Filter hintereinander liegen. Zunächst sind da die physiologischen Grenzen (nach Wellenlängen der Stimuli definiert), dann die physikalischen (z.B. Herkunft einer Stimme, Lautstärke, Timbre etc.) und schließlich die sog. semantischen Bedingungen (Passung der Bedeutung zu schon Gehörtem, zum vermutlichen Anliegen des Sprechers etc.).
Den Piaget-Gedanken hat später *Ulric Neisser* (1976) wieder aufgenommen. Statt Assimilations-Schema sagte er Antizipations-Schema. Lesen wir seine Position gleich original: «In my view, the cognitive structures crucial for vision (für andere Wahrnehmungskanäle ebenfalls; A.F.) are the anticipatory schemata that prepare the perceiver to accept certain kinds of information rather than others and thus control the activity of looking. Because we can see only what we know how to look for, it is these schemata (together with the information actually available) that determine what will be perceived. Perception is indeed a constructive process, but what is constructed is not a mental image appearing in consciousness where it is admired by an inner man. At each moment the perceiver is constructing anticipations of certain kinds of information, that enable him to accept it as it becomes available. ... Anticipatory schemata ... are plans for

In der neueren Wahrnehmungsliteratur besteht kaum noch ein Zweifel daran, daß die Wahrnehmung ein «aktiver Prozeß» (Murch & Woodworth, 1978, 22) ist, geplant und geleitet von Zielen, Bedürfnissen und Erwartungen.

Diese Auffassung ist so generell und einleuchtend geworden, daß es geradezu schwierig geworden ist, die Wahrnehmung des Nicht-Erwarteten zu erklären. Wenn wir aber nichts Unerwartetes wahrnehmen könnten, wären wir völlig verschlossen in unserer subjektiven Welt und wäre logisch nicht einmal mehr die Falsifikation der Erwartung möglich. Ich glaube, es gibt zwei große Klassen von unerwarteten Ereignissen, die unserer Wahrnehmung dennoch nicht entgehen: (1) die elementaren Ereignisse, auf die unsere wahrnehmungsphysiologische Ausstattung ‹automatisch› ausgerichtet ist, und (2) die Ereignisse im Möglichkeitsumfeld der Erwartungen.

Zur ersten Klasse gehören z.B. unerwartete visuelle Kontraste, plötzlich eintretender lauter Schall oder plötzliches Verstummen einer Schallquelle, starker Schmerz, Bewegung vor einem sonst relativ konstanten Hintergrund. Die zweite Klasse von Ereignissen ist durch die Erwartung bereits mehr oder weniger vorgezeichnet. Es sind die Ereignisse, die nicht einer spezifischen Erwartung entsprechen, zu dieser aber in einer Beziehung stehen. – Stellen Sie sich vor, Sie treffen mit einem Bekannten zusammen, der niedergeschlagen ist und sich offensichtlich gerne aussprechen würde. Sie bieten ihm an, mit ihm im Restaurant Specht ein Bier zu trinken. Da antwortet er Ihnen: «Willst Du mich eigentlich auf den Arm nehmen?» Und erst da kommt Ihnen in den Sinn, daß ihn die Serviererin des Specht kürzlich stehen gelassen und einen neuen Freund genommen hat und er ja noch immer so leidet an dieser Trennung.

Es unterliegt keinem Zweifel, daß Erwartungen auch die soziale Wahrnehmung und die Beteiligung an Gesprächen mitsteuern (vgl. Darley & Fazio, 1980; Jones, 1977; zit. nach Gaelick, Bodenhausen & Wyer, 1985).

Erwartungen sind häufig sehr situativ, kurzfristig aufgebaut und kurzfristig operativ. Das ist auch den Informationstheoretikern aufgefallen. So konnten sie zum Beispiel zeigen, daß – auf der Auflösungsebene der Buchstaben – zwar jeder Buchstabe für sich allein a priori eine bestimmte Auftretenswahrscheinlichkeit hat (z.B. für e größer als für z), als Fortsetzung einer bereits bekannten Folge aber je neue (sog. bedingte) Wahrscheinlichkeiten erhält. Nach der Folge ‹Wit...› dürfte für die meisten Leserinnen und Leser ‹z› die größere Wahrscheinlichkeit haben als ‹e›.[1]

---

perceptual action as well as readinesses for particular kinds of optical structure» (Neisser, 1976, 20-21).

[1]   Zum Amusement der Leserin und des Lesers gebe ich einige Produktionen wieder, die nach einem Zufallsprinzip auf der Basis des Wissens um die abhängigen Wahrscheinlichkeiten von Buchstaben in der deutschen Sprache hergestellt wor-

Die Tatsache, daß die Information eines Ereignisses informationstheoretisch desto kleiner ist, je mehr es erwartet wird, deutet an, daß Erwartungen bei ihrem Eintreffen Verarbeitungsökonomie ermöglichen, bei ihrem Nichtein-

---

den sind. Dabei wurden für die Berechnung der Auftretenswahrscheinlichkeiten der Buchstaben dem Produzenten (Computer) gestattet, entweder je keinen oder einen oder zwei unmittelbar vorausgehende Buchstaben zu kennen. Je mehr ‹Vorkenntnisse› er hatte, desto ‹deutscher› wurden seine Schätzungen. Die Beispiele stammen von Helmut Richter, dem deutschen Übersetzer von Attneave (1959; dt. 1965, p. 32-35).

1. *Approximation nullter Ordnung:* Die völlig zufällige Auswahl von Symbolen aus einem ‹Alphabet›, welches 26 Buchstaben und einen Zwischenraum umfaßt, ergibt Sequenzen folgender Art:
S YYINWC KUYBHCGNCPBAAVMOXZUIWDYMNCLIA
RUDUMJGQMHOEF PRXYZPB BDMRLUJUGU TCPDZAJQFRBM

2. *Approximation erster Ordnung:* Die Buchstaben und Zwischenräume werden zufällig ausgewählt, aber mit einer Wahrscheinlichkeit, die ihrer Auftretenshäufigkeit in der deutschen Sprache entspricht:
NHAEEE BEERIEN EUNI S GUNDHI A DAPET REM
IRANNESVNNDSECMARIRHHME EESEDEU UNRMNZNULN SRH
EEUMAEMIISTNNTUNNA

3. *Approximation zweiter Ordnung:* Die Buchstaben und Zwischenräume werden zufällig ausgewählt, aber mit der Wahrscheinlichkeit, mit der sie in der deutschen Sprache auf den vorausgehenden Buchstaben resp. Zwischenruam folgen:
BEGAMA GEDAR SISCKTICHRAR ALUS SIEN ZUTOGEHER HSTEN
ENDRORIRUM EIN DERNDINBE AEICHAUNSTE HATE

4. *Approximation dritter Ordnung:* UNGENBEFUESEM
MOTATTELLEILDURTIEHEN AUFT WASSEN DIE UM HAN GIELTE EIN
ESENSAGEN BUNDERGROSSENTE

5. *Approximation vierter Ordnung:* UNEHIGERIG UNDENS UND SEHRTA
WAHR VERAERAN DENNLICH BESCHEN MAN SEIN SELBSTATSSAGT
SIEHT

6. *Wortapproximation erster Ordnung:* Die Einheiten sind jetzt Wörter, nach Zufall ausgewählt entsprechend ihren Auftretenswahrscheinlichkeiten:
BEI SELBST BEFOHLEN FREMD KLEINER DREI HALBES DIE IN
MUSIKALISCHE DIE UND RASCH DECKE JA KEINESWEGS DIE JEDOCH
FREUNDE INDEM SOLCHE BESCHOENIGUNGEN DEM DOCH DABEI DA
DIE SCHON AUS WORDEN UND SEINEN HATTE ICH SAGE FALLE UND
WEIß GEHALTEN DAS

7. *Wortapproximation zweiter Ordnung:* JAHRHUNDERT AUFGESTELLT WIR
ÜBER ALLE NUR DEN BEGRIFF IN BELIEBIGER FORM DER MEN-
SCHLICHEN HAND AB SO SEHR GROß IST WEITER GEHT IST EINE PHI-
LOSOPHISCHE PROBLEME UNSERER ZEIT DAS GANZ UNMOEGLICH
RICHTIG HELL WURDE AUS WIR HABEN WIR MIT DER»
usw.

treffen dagegen besonders viel Verarbeitung verlangen. Allerdings ist die Abweichung von der Erwartung manchmal so gering, daß wir die Abweichung nicht einmal wahrnehmen oder dann als Fehler registrieren resp. gleich korrigieren.

3.2 Erwarten und Schlußfolgern

Mitteilungen sind immer unvollständig. Die sprechende Person geht davon aus, daß die zuhörende Person Zusammenhänge mit ihrem eigenen Wissen herstellt, Lücken füllt. Sie faßt darum nicht alles in Worte, was sie wirklich mitteilt. Das wird einem z.B. eindrücklich bewußt, wenn man auch nur einfaches Wissen in Form von Computerprogrammen aufbauen will. Die Aussage «Ich würde meinen Gast gerne mit dem Auto zum Bahnhof fahren, aber ich habe heute den Autoschlüssel mit meinem ganzen Schlüsselbund versehentlich im Büro gelassen» setzt zum wirklichen Verständnis viel (Vor-) Wissen voraus, z.B. daß ein Auto nur mit dem Zündungsschlüssel fährt, daß das Büro meistens – hier offensichtlich – relativ weit weg ist von der Wohnung, daß die Zeit, den Schlüssel zu holen, offensichtlich länger ist als die Zeit, zu Fuß zum Bahnhof zu gehen, daß der Gast entweder müde ist oder viel Gepäck tragen muß oder daß es regnet oder daß der Zug bald fährt, sonst könnte ich mein Bedürfnis, den Gast zu begleiten, ja auch zu Fuß befriedigen.

Ähnliche Ansprüche an das Vorwissen und die darauf aufgebauten Erwartungen werden sichtbar, wenn jemand aus einer anderen Kultur ein Gespräch nicht verstehen kann. Wenn jemand sagt, er wolle einen Apfelkuchen backen, aber die Kaufhäuser schlössen in zehn Minuten, muß man zum Verständnis wissen, daß wir die Zutaten für einen selbst gebackenen Apfelkuchen oder gar den ganzen Apfelkuchen durchaus einzukaufen pflegen, daß die Kaufhäuser nach der Schließungszeit unerbittlich sind und daß der Sprechende sich deshalb beeilt und wenig Geduld hat für ein längeres Gespräch, um innert zehn Minuten im Geschäft anzulangen. Nur mit auf entsprechendem Vorwissen basierenden Erwartungen muß ich mich nicht mit dem Mißverständnis herumschlagen, daß der Sprechende seinen Apfelkuchen im Kaufhaus backen wollte.

Wenn wir das frühere Beispiel der Einladung ins Restaurant Specht nochmals bedenken, können wir uns durchaus vorstellen, daß jene unwirsche Antwort auch noch viel anderes hätte bedeuten können, z.B.: «Du solltest doch wissen, daß ich Bier nicht mag.» Oder: «Ich kann mein Bier jetzt selber zahlen, da ich ja wieder Arbeit habe.» Das sind ebenfalls mögliche Nachrichten, aber sie sind – entsprechend dem Vorwissen des Einladenden – nicht aus der Äußerung herausgelesen worden.

Sprecherinnen und Sprecher können sich in ihren Annahmen über das Vorwissen ihrer Partnerperson natürlich irren. Dadurch sind ihre Mitteilungen gelegentlich mißverständlich, gelegentlich gar unverständlich. Gut, wenn sie's merken, weniger gut, wenn es ihnen entgeht (vgl. Kapitel 3 von Weisbach & Ehresmann, 1985).

Ich werde später noch ausführlicher auf die Prozesse und Regeln der Interpretation eingehen. Hier reicht die Feststellung, daß erwartungsbasierte Interpretation erlaubt, Lücken zu füllen, (vermutete) kleinere Übertragungsfehler zu korrigieren und mehrdeutige Mitteilungen zu klären.

3.3 Erwarten und Behalten (Exkurs)

Die spurende Wirkung der Erwartung auf die Wahrnehmung und die Interpretation (oder Schlußfolgerung/Inferenz) ist in den letzten Jahren ausführlich in der Gedächtnispsychologie untersucht worden. Ich illustriere ein wenig aus der Textverarbeitungspsychologie, die ein spezieller Teil der Kommunikationspsychologie ist und in unserer Schreibkultur schon einige Aufmerksamkeit verdient.

3.3.1 Inhalt

Auch neue Inhalte sind uns normalerweise nicht in allen Belangen unvertraut. Irgendwie erwarten wir doch, daß sie in das passen, was wir von der Welt bereits wissen (sog. Weltwissen). Eine frühe und berühmt gewordene Arbeit dazu stammt vom Engländer Frederic C. Bartlett (1932). Dieser gab weißen Studierenden eine Indianer-Geschichte zum Lesen und ließ sie diese nach variierten Zeitintervallen wiedererzählen. Die Geschichte bestand nach Bartletts Beurteilung aus verhältnismäßig dürftig verbundenen Aussagen, und er wollte sehen, ob und wie Weiße diese Verbindungen herstellen.

Die Geschichte «The war of the ghosts» ist in der Psychologie so berühmt geworden, daß ich sie hier wörtlich wiedergebe:

The War of the Ghosts

One night two young men from Egulac went down to the river to hunt seals, and while they were there it became foggy and calm. Then they heard war-cries, and they thought: ‹Maybe this is a war-party›. They escaped to the shore, and hid behind a log. Now canoes came up, and they heard the noise of paddles, and saw one canoe coming up to them. There were five men in the canoe, and they said: ‹What do you think? We wish to take you along. We are going up the river to make war on the people.›
‹One of the young men said: ‹I have no arrows.›
‹Arrows are in the canoe›, they said.
‹I will not go along. I might be killed. My relatives do not know where I have gone. But you›, he said, turning to the other, ‹may go with them.›
So one of the young men went but the other returned home.
And the warriors went on up the river to a town on the other side of Kalama. The people came down to the water, and they began to fight and many were killed. But presently the young man heard one of the warriors say: ‹Quick, let us go home: that Indian has been hit›. Now he thought: ‹Oh, they are ghosts›. He did not feel sick, but they said he had been shot.
So the canoes went back to Egulac, and the young man went ashore to his house, and made a fire. And he told everybody and said: ‹Behold I accompanied the ghosts, and we went to fight. Many of our fellows were killed, and many of those who attacked us were killed. They said I was hit, and I did not feel sick.›
He told it all, and then he became quiet. When the sun rose he fell down. Something black came out of his mouth. His face became contorted. The people jumped up and cried. He was dead.‹ (Bartlett, 1932, 65).

Aus den vielen Nacherzählungen wähle ich eine aus:

The Ghosts

There were two men on the banks of a river near the village of Etishu(?). They heard the sound of paddles coming from up-stream, and shortly a canoe appeared. The men in the canoe spoke, saying: ‹We are going to fight the people: will you come with us?›
One of the young men answered, saying: ‹Our relatives do not know where we are; but my companion may go with you. Besides, we have no arrows›.
So the young man went with them, and they fought the people, and many were killed on both sides. And then he heard shouting: ‹The Indian is wounded; let us return›. And he heard the people say: ‹They are the Ghosts›. He did not know he was wounded, and returned to Etishu(?). The people collected round him and bathed his wounds, and he said he had fought with the Ghosts. Then he became quiet. But in the night he was convulsed, and something black came out of his mouth.
And the people cried: ‹He is dead› (Bartlett, 1932, 69).

Wie erwartet (auch Wissenschafter haben ja für ihre wissenschaftlichen Wahrnehmungen Erwartungen!) zeigten die Nacherzählungen typischerweise folgende Transformationen gegenüber dem Original:

– *Verkürzungen:* Manches erschien nicht wichtig und wurde ausgelassen und vielleicht sogar vergessen, hier z.B. den Nebel, die Seelöwen und die Holzbeige.
– *Zufügungen:* hier z.b. die explizite Erklärung durch Geister, physische Verwundung.
– *Ersetzungen:* hier der Gedanke des Verwundeten, daß er mit Geistern kämpfe, durch die gehörte Aussage der anderen, das seien Geister.

Kintsch und Greene (1978) machten sich ein Kinderspiel methodisch zu eigen und ließen Geschichten mündlich von Person zu Person weitererzählen, insgesamt fünfmal. Wenn die Geschichte ein Grimm-Märchen nach bekannter Form war, wurde sie durch die wiederholten Wiedererzählung nur unwesentlich entstellt. Eine ungewohnte Indianergeschichte hingegen war am Ende kaum noch zu erkennen. Dieses Spiel läßt sich als illustrative Übung mit Schülerinnen und Schülern, auch erwachsenen, verwenden.

Im Rahmen unserer eigenen Forschungen zur Textverarbeitung haben wir zeigen können, daß Titel, die den Leser oder die Leserin auf die zentrale Aussage eines Textes hinweisen, das Behalten wesentlich erhöhen (vgl. Schwarz & Flammer, 1979; 1981). Andererseits konnte Niegeman (1982) nachweisen, daß die Aufmerksamkeit der Leserin oder des Lesers durch Titel so gelenkt werden kann, daß je nach Titel aus dem gleichen Text Unterschiedliches behalten wird.

Unterdessen hat die Forschung gezeigt, daß es sinnvoll ist, für die Aufnahme von sogenanntem Diskurs (Texte oder mündliche Mitteilungen) sowohl aufsteigende (= ‹bottom-up›, ‹data-driven›) als auch absteigende (= ‹top-*down*›, ‹*schema-driven*›) Prozesse anzunehmen (vgl. Ballstaedt, Mandl, Schnotz & Tergan, 1981). Die top-down-Prozesse projizieren Erwartungen von höheren Ebenen auf die je tieferen. Die bottom-up-Prozesse ‹liefern› Information von tieferen Ebenen zur Interpretation an die je höheren.

Beispielsweise könnte sich in einem Märchen ein bildschönes, aber sehr zurückgezogenes Mädchen in Sehnsucht nach einem Liebhaber verzehren und durch irgend eine gute Tat der Erhörung nahe sein. Die Erwartung auf der *Abschnittebene* des Märchens wäre dann die, daß ein jüngeres männliches Wesen auf der Szene erscheint. Auf der *Ebene der Propositionen* werden deshalb Inhalte erwartet wie, daß ein Gast aufs Schloß kommt oder daß der Sohn des Königs siegreich aus der Schlacht nach Hause kommt etc. Auf der Ebene der Wörter bestehen zwei Arten von Erwartungen, solche, die sich aus der Syntax (‹horizontal›) ergeben, und solche, die top-down, ‹von oben nach unten› gekommen sind, z.B. ‹Prinz›, ‹Königssohn›, ‹Mann›, ‹Jüngling›, ‹kam› etc. Auf der *Ebene der Buchstaben* bestehen natürlich wieder einerseits Erwartungen, die aus dem Sprachwissen stammen und andererseits solche, die ‹von oben nach unten› kamen. Nach ‹Pr...› mögen an sich diverse Vokale fast gleich wahrscheinlich folgen (z.B. e: Preußen, Preßhammer; oder a: Pranke, Prahlhans), in diesem Fall aber dürfte ‹i› besonders wahrscheinlich sein (‹Prinz›).

Die Top-down-Prozesse, manchmal auch ‹absteigende Prozesse› genannt, führen oft dazu, daß die Informationsverarbeitung in erster Linie in der *Verifikation von Hypothesen* besteht. Dadurch wird natürlich die Verarbeitung beträchtlich beschleunigt, insbesondere, wenn sich die Hypothesen bewähren. Darum kann man sagen, daß erwartungsgesteuertes Lesen (s. Aeschbacher, Flammer, Lischer & Tauber, 1981), eben Top-down-Prozesse, die Textverarbeitung vereinfachen, indem sie nicht verlangen, daß jeder Buchstabe einzeln wahrgenommen und geprüft wird. Darum auch ist der Leser im Detail oft so tolerant gegenüber Fehlern: obwohl er sie wegen der Redundanz (1.2.3) meistens selbst korrigieren könnte, ‹sieht› er sie oft nicht einmal.

Ohne bottom-up-Prozesse kommt aber Textverarbeitung auch nicht aus. Aufsteigend muß gemeldet werden, ob die Hypothesen bestätigt sind und was denn sonst an zu interpretierender Information angeboten ist. Auf der Basis solcher aufsteigender Prozesse werden Erwartungen revidiert und neue aufgebaut. – In Wirklichkeit laufen beide Prozeßtypen meistens simultan ab!

3.3.2 Form

Im Fall der Textverarbeitung (wie in der Wahrnehmung gesprochener Botschaften) hat man festgestellt, daß sich die Erwartungen auf wenigstens zwei Typen von Ereignissen richten, auf den Inhalt und auf die Form (resp. auf die Bedeutung und auf die sprachlich-textliche Einfassung der Bedeutung).

Offensichtlich haben nämlich viele Texte eine konventionelle Form, die zwar in manchen Teilen willkürlich, aber doch recht funktional ist. Beispiele sind etwa schriftliche Offerten, Todesanzeigen, politische Communiqués (Hinder, 1979), Märchen (Schwarz & Flammer, 1979), experimentalpsychologische Artikel, Zeugenaufrufe (Flammer, Kaiser & Müller-Bouquet, 1981). Solche Formen eröffnen z.B. die Möglichkeit, gezielt selektiv zu lesen. Beobachten Sie sich selbst, wie Sie vorgehen, wenn Sie einen wissenschaftlichen Artikel vor sich haben und mit möglichst geringem Aufwand das Wichtigste herauslesen wollen. Was lesen Sie zuerst, was dann? – Wenn es sich um einen experimentalpsychologischen Artikel handelt, tun Sie es vermutlich ähnlich wie ich: (1) Titel; (2) Abstract; (3) Diskussion, je den Beginn der Abschnitte. Wenn Sie hingegen nur wissen wollen, wie alt die Vpn waren, gehen Sie direkt zum Abschnitt ‹Methode› und suchen dort den (meistens ersten) Unterabschnitt ‹Versuchspersonen› etc. Hier bezieht sich die Erwartung also nicht auf den Inhalt, sondern auf den Ort der Aussage.

Wir haben in einem früheren Seminar die typische Struktur des *experimentalpsychologischen Artikels* der APA-Zeitschriften eruiert und sind zu folgendem Ergebnis gekommen:

```
Kopf
      Titel
      Autor(inn)(en)
              Vorname
              Middle-initial
              Name
      Institution
      Hinweise
              evtl. Projektfinanzierung
              evtl. Dank
              evtl. jetzige Forschungsinstitution des Autors resp. der Autorin
              Adresse für Korrespondenz und Sonderdruckanforderungen
Abstract
      Frage (kurz)
      Design (kurz)
      Ergebnis(se) (kurz)
      Interpretation (kurz)
Text
      Vorspann
              Thema
              Problem
                      Bisherige(r) Befund(e)
                      evtl. Widersprüche
                      evtl. Folgerung(en)
              Hypothese(n)
      Methode
              Versuchspersonen
                      Anzahl
                      Auswahlmodus
                      Beschreibung
                      evtl. Zuordnung
              Design
              Material
                      Interventions-Material(ien)
                      Testmaterial(ien)
              Ablauf des Experiments
      Resultate
              evtl. Hinweise auf Aufarbeit
              evtl. Reliabilität
```

```
            Befund(e)
                    Befundtext
                    evtl. Tabelle(n)
                    evtl. Figur(en)
        Diskussion
                    Verbale Kurzfassung des/der Ergebnisse(s)
                    Kommentar(e)
                    Ausblick
Literatur
        Reference notes (= ‹graue› Lit.)
        Bibliographie
```

Diese Textorganisation und der Umstand, daß sich alle daran halten, steigert sowohl die Präzision als auch die Ökonomie des Schreibens und des Lesens.

3.4 Selbstverständliche Erwartungen im Gespräch

Im Gespräch zwischen Menschen unserer Kultur sind jeweils nicht nur spezifische Erwartungen wirksam, die an die beteiligten Personen und die besonderen Umstände gebunden sind, sondern noch eine ganze Menge von Erwartungen, die praktisch immer gelten, weil sie allgemeinen Konventionen entsprechen.

3.4.1 Die Unmöglichkeit der Kommunikationsverweigerung

Menschen können bekanntlich auf viele Arten miteinander kommunizieren. Selbst das Schweigen kann ‹beredt› sein, und jemandem den Rücken zu kehren und keine Antwort zu geben, ist auch eine Antwort (Bellebaum, 1992). Watzlawick, Beavin und Jackson (1967; dt. 1969, 50-53) formulierten die Unmöglichkeit, in sozialen Situationen nicht zu kommunizieren, als *«pragmatisches Axiom»*. Sie rechtfertigten es mit dem Hinweis darauf, daß jegliches Verhalten in der sozialen Situation Mitteilungscharakter habe und daß es ja unmöglich sei, sich nicht zu verhalten.

Es kommt einem die bekannte Situation in den Sinn, in der ein Nachbar A den Nachbar B nicht grüßt. Warum kann das so sehr verletzen? Offensichtlich erwartet B, daß A grüßt. Aber nicht nur das; er ist auch überzeugt, daß A diese Erwartung von B kennt und gezielt Stellung genommen hat dazu. Sein Schweigen ist also ‹beredt›. Aber es gibt viel harmlosere Fälle, etwa den, daß mehrere gegenseitig unbekannte Personen gemeinsam den Bahnhoflift besteigen und miteinander nicht sprechen. Kommunizieren sie dennoch? Das ist in vielerlei Form möglich. Vielleicht schmunzeln zwei einander zu über drollige Possen eines mitfahrenden Kindes. Vielleicht tritt ein Passagier wegen des sperrigen Koffers eines anderen umständlich zur Seite. Es kann aber auch sein, daß einer der Mitfahrenden derart in Eile ist, daß er sichtlich (!) mit niemandem zu tun haben möchte. Er *will nicht* kommunizieren, d.h. er teilt ziemlich unmißverständlich mit, daß er nicht (weiter) kommunizieren will. Er kommuniziert![1]

Dieses Watzlawick-Axiom kann wegen der prinzipiellen Symmetrie eines Dialogs auch eine paradoxe Konsequenz haben. Man kann so, auch wenn man will, gar nicht eindeutig das letzte Wort haben, selbst wenn die andere oder der andere einem dieses geben will. Wenn man das letzte Wort als die letzte Botschaft versteht, dann hat man dieses nur, wenn die oder der andere darauf schweigt. Aber das wäre ja eine beredte Schweigebotschaft... Man müßte herausfinden, wer als letzter schweigt.

3.4.2 Jede absichtliche Äußerung hat eine Bedeutung

Wenn jemand unverständlich spricht, bittet man ihn oder sie um Wiederholung oder Aufklärung: «Wie, bitte?» Wenn er oder sie weiterhin unverständlich spricht und auch nicht sichtlich in einer unbekannten Sprache, forscht man weiter nach und folgert allenfalls, daß dieser Partner oder diese Partnerin irgendwie rätselhaft ist, vielleicht krank, vielleicht schrullig; vielleicht macht er oder sie sich lustig über mich. Mit anderen Worten: Wir erwarten, daß jede Äußerung eine Bedeutung hat, daß jeder bewußt kommunizierende Mensch etwas mitteilen will.

Mit dieser Konvention spielen wir oft sehr sublim. Wenn eine Partnerin gereizt sagt, daß sie nicht mit ins Kino gehen mag, mag der Partner die (mögliche) Botschaft, daß sie nicht mit ihm zusammensein will, überhören und darüber argumentieren, daß der Film sehr gelobt werde und daß sie sonst ja auch gerne ins Kino gehe (s. später über Ebenen der Kommunikation).

---

1   Diese Einsicht braucht einen jedoch nicht zu verwirren. Man ist deswegen nicht verpflichtet, in jeder sozialen Situation ausgiebig zu kommunizieren. Die Botschaft kann im Sinne des beredten Schweigens einfach die sein und bleiben, daß man weiter nicht kommunizieren will.

3.4.3 Jede Äußerung in einem Gespräch ist minimal informativ

Wir erwarten nicht nur, daß jeder Gesprächsbeitrag einer Absicht entspringt, irgend etwas mitzuteilen, sondern spezifisch etwas, das mir noch relativ unbekannt ist, das für mich also informativ ist. Auch mit dieser Konvention rechnen wir so selbstverständlich, daß ihre Nichteinhaltung Folgeprobleme produziert. Zum Beispiel kann man es als Zumutung empfinden, wenn einem jemand zu wenig Information gibt (als ob man nicht imstande resp. zu dumm wäre, mehr Information zu verarbeiten). Oder es kann einem peinlich sein, wenn jemand zu viel Information vermittelt, offensichtlich in der Meinung, man sei besser (voraus-) informiert oder gescheiter. In anderen Fällen, sucht man Information *hinter* der Tatsache, daß zu wenig Information hereinkommt, z.B. wenn sich jemand ausdrücklich wiederholt. Beispiel:

A1: «Gehen wir noch zusammen bis zum Fahrsteig?»
B1: «Ja, gleich; ich habe noch meine Handschuhe verlegt.»
A2: «Ich möchte Dir noch von der gestrigen Sitzung erzählen.»
B2: «Ich habe meine Handschuhe verlegt.»
A3: «Ich geh mal zur anderen Garderobe.»

Ist die zweite Äußerung von B (B2) informativ, nachdem die erste schon das Gleiche enthielt? In ihrem wörtlichen Inhalt sind die beiden B-Aussagen praktisch identisch. A ‹überhört› aber B2 nicht, denn mit B2 geht er anders um als mit B1. Da der wörtliche Inhalt nicht informativer ist und A von B annimmt, daß er auch beim zweiten Mal informativ sein möchte, muß A beim zweiten Mal ‹hinter› die B-Aussage gehen und daraus etwas entnehmen, das er aus der ersten B-Aussage nicht entnommen hat, nämlich daß B möchte, daß A ihm helfe.

Diese generelle Erwartung hat Grice (1975; zit. nach Clark & Clark, 1977, 122) als eines seiner *cooperative principles* formuliert, nämlich als die Quantitätsmaxime (Clark & Clark, 1977, 122: «Make your contribution as informative as is required, but not more informative than is required»).

3.4.4 Im Prinzip sagt jede und jeder die Wahrheit

Nach Grice ist das die Qualitätsmaxime: «Sag die Wahrheit, oder dann laß den Partner oder die Partnerin wissen, daß Du Dich davon dispensierst!» Natürlich wird auch mal absichtlich gelogen. Aber zunächst und in wenig wichtigen Angelegenheiten nehme ich an, daß mein Partner oder meine Partnerin die Wahrheit sagt, und ich erwarte, daß er oder sie um meine

Annahme weiß. Wenn ich jemanden um den Weg zum Bärengraben frage und umgehend eine berndeutsche Antwort erhalte, dann halte ich die Antwort für verläßlich. Ich frage zum Beispiel nicht, ob er/sie auch sicher sei. Wenn er/sie mir aber einen höchst unwahrscheinlichen Weg gibt, werde ich dennoch mißtrauisch und sage vielleicht, daß ich gemeint hätte, der Bärengraben liege eher in der anderen Richtung.

3.4.5 Jede Äußerung ist mit der vorausgehenden kohärent

Wenn ich jemanden frage, ob es schon zehn Uhr gewesen sei, und die Antwort «Ja» erhalte, dann nehme ich an, der Partner habe auf meine gestellte Frage geantwortet und nicht auf eine mögliche andere wie «Wird es heute regnen?» Ohne diese Konvention könnten wir keine vernünftigen Gespräche von einer minimalen Tiefe führen; wir würden dauernd falsche Schlußfolgerungen ziehen. Es ist wichtig, daß wir auch im Kleinsten das Thema nur mit gleichzeitiger Ankündigung wechseln, sonst ziehen wir zu oft falsche Schlüsse und verstehen einander falsch.

Das ist natürlich nicht trivial, da wir oft von Nebenbotschaften mehr betroffen sind als von Hauptbotschaften. Ein Beispiel, in dem die Partnerin mit ihrer zweiten Äußerung für die Wahrnehmung des Partners das Thema unangekündigt wechselt:

Er: «Hast Du Lust, heute ins Theater zu gehen? Es wird ... gegeben.»
Sie: «O, ja! Gute Idee.»
Er: «Ich zieh dann schon zur Arbeit die Krawatte an und komme direkt von der Arbeit zum Theater. Du solltest vielleicht auch schon am Mittag das lange Kleid anziehen.»
Sie: «Ich weiß nicht, was Du gegen das grüne kurze Kleid hast.»
Er: «Ich meinte ja nur so.»
Sie   (denkt): ‹Was redet er mir immer in meine Kleiderauswahl hinein›

Manchmal wird der Themenwechsel explizit angezeigt (z.B.: «Du, etwas ganz anderes: Hast Du gehört, daß Michala Petri nach Bern kommt?»); manchmal enthält die Aussage selbst genügend unzweideutige Anhaltspunkte für den Themenwechsel. Gelegentlich wechseln Themen nicht abrupt oder nicht total. Wenn dann keine klare Anzeige des Themenwechsels erfolgt, müssen sich die Gesprächspartner schon sehr gut verstehen, um nicht ärgerlichen, manchmal auch amüsanten Mißverständnissen zu erliegen, die erst verspätet gespürt und noch später wirklich festgestellt werden.

Dieses Prinzip findet sich ebenfalls bei Grice, und zwar unter dem Namen «*maxim of relation*» (Clark & Clark, 1977, 122: «Make your contribution relevant to the aims of the ongoing conversation»). Baacke (1973, 108) spricht in diesem Zusammenhang von einem Festlegungs-Axiom, womit er darauf hinweist, daß jede Äußerung den Spielraum jeder weiteren Äußerung mitbestimmt.

3.4.6 Auf eine Frage folgt eine Antwort

In Tolstois Anna Karenina (dt. Auflage 1978, 42) sagt Lewin einmal zu Kitty: «...ich habe kein Recht zu dieser Frage.» Warum soll man nicht zu fragen das Recht haben? Offensichtlich unterstellte Lewin die Konvention, daß die Frage der Befragten die Freiheit nicht läßt, überhaupt und – wenn so – wahrheitsgetreu zu antworten oder nicht.

Die Konvention, daß der/die Befragte auf eine Frage antwortet, impliziert, daß eine Antwortverweigerung sehr aussagekräftig ist (3.4.1). Tatsächlich übt der oder die Fragende viel Kontrolle aus. Fragen ermöglicht auch Indiskretion. Ständiges Fragen kann zu Gängelei werden. Darum steht dieser Konvention auch jene gegenüber, daß man weder peinlich noch andauernd noch lehrerhaft fragen soll. Politiker lernen im Umgang mit Presseleuten bald einmal, die Konvention der Antwortspflicht nicht einzuhalten, wenn es ihnen vorteilhaft erscheint. Den ‹gewöhnlichen Bürgerinnen und Bürgern› fällt solche Verweigerung sehr schwer. Gerade weil sie gegen die Konvention verstößt, liegt sie den Ungeübten nicht.

3.4.7 Sprecherwechsel

Im Dialog wechseln die Rollen des Mitteilens und des Aufnehmens fortwährend ab. Wenn ich mit meiner Mitteilung fertig bin, erwarte ich, daß meine Partnerperson fortfährt. Diese Erwartung wird gelegentlich so strikt gehandhabt, daß die Person, die ‹drankommt› und nicht gleich weiter weiß, lieber ein neues Thema anzieht als daß sie schweigt. Solche Gespräche erleben wir als sprunghaft; sie befriedigen meistens nicht (Ausnahme: Cocktail-Party- und andere Anstandsgespräche). Andererseits müssen Schweigepausen für die Gesprächsteilnehmer ‹einleuchten› (z.B. auf eine sehr schwierige Frage, auf eine stark emotionale Äußerung einer gut bekannten Partnerperson), sonst wirken sie tatsächlich peinlich. Käsermann und Altdorfer (1991) zeigten, daß bei unangemessenem Schweigen der Puls bei der Person, die das Wort abgegeben hat resp. abgeben möchte, etwa um 10 Schläge pro Minute ansteigen kann. Ein kurzfristiger und heftiger Pulsanstieg ergab sich im übrigen auch, wenn die Partnerperson der sprechenden Person dreinredete, d.h. ‹das Wort abschnitt›.

Im allgemeinen verstreicht bei einem Sprecherwechsel weniger als eine Sekunde. Wie weiß die Person, die drankommt, daß die sprechende Person abgeschlossen hat? Es gibt dafür verschiedene Möglichkeiten, z.B. semantische Merkmale (inhaltlich gesehen, ist die vorausgehende Aussage ‹offensichtlich› fertig resp. verlangt nach einem Einsatz der Partnerperson), syntaktische Merkmale (z.B. abgeschlossene Frageform, abgeschlossene Aufforderungsform), verbale Markierungen (z.B. das schweizerische ‹oder›), prosodische Merkmale (z.B. Sprechmelodie), nonverbale Indikatoren (z.B. Ansehen nach vorherigem Wegsehen, Zurücklehnen). Interessanterweise wird der Sprecherwechsel beim Telefonieren konsequenter gehandhabt als im Gespräch mit visuellem Kontakt, indem beim Telefonieren wesentlich weniger gleichzeitig gesprochen wird (Rutter & Stephenson, 1977; Rutter, Stephenson & Dewey, 1981; zit. nach Herrmann & Grabowski, 1994, 473). Das mag damit zu tun haben, daß bei visuellem Kontakt auch gleichzeitig Gesprochenes dank nonverbaler Begleitkommunikation noch relativ gut verstehbar ist, während zusätzlich beim Telefonieren das von der Partnerperson Gesprochene schon akustisch kaum wahrnehmbar ist, wenn man selbst spricht.

Natürlich kann man sich das Wort auch erkämpfen, indem man einfach dreinredet. Foppa (1987) hat die Bedingungen untersucht, unter denen Dreinreden erfolgreich ist. Ein wesentlicher Befund ist der, daß die Erfolgschance dann deutlich höher ist, wenn der Partner oder die Partnerin für seinen/ihren Satz das Prädikat grad ausspricht oder schon ausgesprochen hat. Solange jemand das Prädikat seines Satzes noch nicht ausgesprochen hat, kann man ihn durch Dreinreden nicht leicht unterbrechen. Ich vermute, daß dieser Mechanismus auch spielt, wenn Leute, die nicht zu sprechen aufhören wollen, jedem Satz gleich ein ‹und› anhängen. Wenn damit der neue Satz als begonnen gilt, kann der Sprecher ohne weiteres eine Pause einlegen; anständigerweise darf man ihm dann nicht dreinreden. Unnötig zu sagen, daß gewisse Leute das gar strategisch einsetzen. Ein anderes probates Mittel, sich das Wort für eine längere Zeit zu sichern, besteht darin, jemandem die Hand bedeutungsvoll auf die Schulter zu legen (vgl. Burgoon & Saine (1978, 227). Nicht ganz überraschenderweise gibt es da auch Unterschiede zwischen den Geschlechtern. Männer behalten im Durchschnitt das Wort länger als Frauen, auch reden sie Frauen häufiger drein, als daß Frau Männern ins Wort fallen (verschiedene Untersuchungen, zitiert in West & Zimmerman, 1985, 115).

3.4.8 Emotional gewichtige Themen brauchen Raum

Wenn man von sich selbst etwas Gewichtiges, Schmerzvolles oder Freudiges mitteilt, fühlt man sich nur verstanden, wenn nach dessen Aussprechen nicht gleich das Thema gewechselt wird. Auch ein langes Schweigen ist dann durchaus erträglich, es muß ja nicht andauernd gesprochen werden. Andere Reaktionen können sein: Staunen, Fragen, «hm», paraphrasierende Bestätigung des Gehörten, kurz: aktives Zuhören.

Diese Konvention wird nicht immer leicht gespürt, darum muß man sich da gelegentlich auch etwas anstrengen. Manchmal spürt man die Versuchung, aus einer Mitteilung gleich ein Stichwort herauszunehmen und etwas Ähnliches aus dem eigenen Leben zu erzählen, vielleicht sogar etwas, das noch großartiger oder noch schlimmer ist. Dann kann es zu einem unangenehmen Gerangel darum kommen, wessen Geschichte die umwerfendere ist. Aber so hat sich niemand wirklich mitgeteilt und fühlt sich niemand tief verstanden.

Beispiel: Wenn A aufgeregt erzählt, daß ihm die Katze heute einen Krug umgestoßen und dadurch einen Liter Milch vom Tisch über den Stuhl und auf den Küchenboden geschüttet hat, verletzt es diese Konvention, wenn man gleich kontert mit dem Hinweis, daß die eigene Katze einem sogar einmal vier Liter abgestandenes Wasser aus der Blumenvase über die Polsterstühle geschüttet habe und es dann eine Woche lang in der ganzen Wohnung gestunken habe.

3.5 Persönliche Erwartungen und Kommunikationskonflikte

Wenn Erwartungen nicht erfüllt werden, ist das Anlaß, in diesem Bereich sein Weltwissen zu revidieren und mit dem Neuen verträglich zu machen. Es passiert aber durchaus nicht immer, daß man sich korrigiert, ja nicht einmal, daß man die Nichterfüllung einer eigenen Erwartung realisiert. So leben alle Menschen mit einer Menge von Vorurteilen, die sie nie oder lange nicht revidieren (vielleicht zum Schutz vor kognitiven Dissonanzen, vielleicht weil sie sich die Realität lieber so zurechtlegen).

Solange dadurch nicht andere Menschen eingeengt werden, mag das angehen; wenn sie es aber werden und (mehr oder weniger klar merken), können Konflikte entstehen. Ich möchte auf ein paar solcher Konflikte hinweisen.

3.5.1 «Da kann man sagen, was man will»

Viele Leute sind von einer Meinung so sehr überzeugt, daß sie die Formel brauchen: «Da kannst Du sagen, was Du willst», oder: «Da kann man sagen, was man will». Wenn ich das als Partner ernst nehme, dann sage ich besser nichts mehr...

3.5.2 Vor-Annahmen über Einstellungen und Absichten anderer

Wenn ich der festen Meinung bin, daß jemand mir nicht wohl gesinnt ist, dann kommt mir eine freundliche Äußerung allenfalls als Täuschungsmanöver oder als falsche Schmeichelei vor. Ich kann sie dann gar nicht als wirkliche Freundlichkeit wahrnehmen; mein Partner oder meine Partnerin kann diese Vorurteilswand nicht durchdringen. Meine festen Vorannahmen immunisieren alle seine oder ihre Versuche. Ich zitiere aus Weisbach und Ehresmann (1985, 56-57; teilweise verändert) einige versteckte Gedanken zu dieser Situation

- In Wirklichkeit macht er das nur, um sich über mich lustig zu machen.
- Das sagt sie nur, damit ich nichts von ihrem Verhältnis merke.
- In Wirklichkeit hat er ein schlechtes Gewissen, und nur deswegen schenkt er mir Blumen.
- Er sagt nur deswegen die Wahrheit, weil er Angst hat vor mir.
- Sie sagt das nur aus Mitleid.
- Alle Männer wollen doch immer das Gleiche.
- Nur weil sie in Not ist, kommt sie und spricht mit mir.

3.5.3 Sprachlich offene, aber immunisierte Unterstellungen

Manchmal stellen wir Fragen oder formulieren wir Aussagen und Aufforderungen auf der Basis von Unterstellungen, die ihrerseits problematisch sind. Karikiertes Beispiel aus Weisbach und Ehresmann (1985, 59):

Richter: «Sind Sie, nachdem Sie Ihre Frau erschlagen haben, sofort weggelaufen, ja oder nein?»
Angeklagter: «Aber Herr Richter, ich habe meine Frau doch gar nicht erschlagen.»
Richter: «Angeklagter, das Gericht wird die Wahrheit herausfinden, also beantworten Sie jetzt die Frage: Sind Sie, nachdem Sie Ihre Frau erschlagen haben, sofort weggelaufen, ja oder nein?»

Aber es gibt subtilere Unterstellungen, z.B.:

- Nachdem Du jetzt alles herumerzählt hast, mag ich auch nicht mehr mitmachen.
- Ich bin bereit, es nochmals zu versuchen, obwohl Du mir mißtraust.
- Wenn Du Dir Mühe gäbest, mich zu verstehen, würde ich auch lieber sprechen.
- Warum soll ich Dich denn immer aus der Sackgasse herausholen?
- Wie lange willst Du noch abstreiten, daß Du das Buch verlegt hast?
- Hast Du alles Geld verbraucht, das Du aus meinem Schreibtisch genommen hast?
- Warum erwartest Du eigentlich, daß ich Deine Fehler ausbügeln soll?
- Ich kann in Deiner Unordnung nicht zurechtkommen.

3.6   Konklusion

Obwohl Gespräche informativ sein sollen und damit die Übermittlung von Nicht-Erwartetem enthalten müssen, spielen sie sich innerhalb von Erwartungsrahmen ab. Ohne Erwartung würde man vieles nicht wahrnehmen, vieles nicht oder lange nicht verstehen. Und wenn die sprechende Person den Erwartungsrahmen der zuhörenden Person nicht einigermaßen kennen würde, könnte sie ihre Mitteilung niemals so sparsam und effizient hinüberbringen. Mißverständnisse über Erwartungen führen darum auch meistens zu Mißverständnissen über das Gesagte.

Die gegenseitige Erwartungspassung macht das ‹hand-shake› der gegenseitigen Botschaftsübertragung aus. Erwartungen und die Notwendigkeit, sie nicht zu ignorieren, verbinden.

Gewisse Erwartungen sind konventiell und weitgehend universell, andere sind persönlicher und einmaliger. Immerhin lassen sich Erwartungen der Partner auch lenken; im Verlauf des Gesprächs verändern sich die Erwartungen in der Feinanpassung permanent.

4. Verstehen I: Grundprozesse

In Gesprächen geht es immer darum, einander zu verstehen. Wir werden darum hier noch oft vom Verstehen sprechen müssen. Während in den Kapiteln 1 und 2 die Rede davon war, was zu verstehen ist (Information, Informationsträger, Informationsdarstellung), und im Kapitel 3 von einer entscheidenden Voraussetzung der Aufnahme solcher Information, wollen wir uns im Kapitel 4 um den ‹innersten Kern› bemühen, was Verstehen prozeßhaft ausmacht. Im nachfolgenden Kapitel 5 werden wir diese Perspektive ausweiten und von den im Verstehen immer notwendigen Inferenzprozessen sprechen, um dann im Kapitel 6 umfassender das anzugehen, was wirklich das Verstehen einer Botschaft, ja einer sich mitteilenden Person ausmacht. Nun also der Reihe nach, nicht ganz ohne ‹Knochenarbeit›.

4.1 Verstanden? Nicht verstanden? – Zehn Fazetten des Verstehens

Manche Leute haben die Gewohnheit, ihren Erklärungen immer wieder die verbindliche Bemerkung anzufügen: «Verstehst Du?» Analoge Bemerkungen sind: «Nicht?» (schweizerisch: «Oder?») und «Ja?» Als angesprochene Partnerperson hat man dann kaum eine andere Wahl als zuzustimmen, denn die so sprechende Person will vermutlich nicht durch ein «Nein» unterbrochen werden. Auch wenn man sich in dieser Situation meistens gegängelt, untergeordnet vorkommt («Was bin ich denn für einer, dem man zutrauen könnte, das Selbstverständliche nicht zu verstehen?»), erfolgt die Bejahung dieser Frage auch sachlich mit einem gewissen Recht, denn *etwas* versteht man ja immer.[1] Ob man aber das verstanden hat, was die sprechende Person gerade gemeint hat und wie sie es gemeint hat, ist schon fraglicher und auf jeden Fall mit dieser Frage und ihrer Bejahung nicht auszumachen.

Eine Aussage kann man mehr oder weniger ‹tief› verstehen. Ich möchte das von den einfachsten zu den komplexeren Prozessen sukzessive darstellen. Allen diesen Prozessen liegen Gemeinsamkeiten zugrunde. Ich will sie erst im Verlauf der Darlegungen herausarbeiten. Der Leserin und dem Leser empfehle ich aber, sich schon mal vorausgehend klar zu werden, was Verstehen für sie oder ihn bis jetzt bedeutet.

4.1.1 Zeichen und Bedeutung

Die einfachste Form des Verstehens erblicke ich im Wiedererkennen einer Zuordnung zwischen Zeichen und Bedeutung.
Beispiel$_1$:

«*Quibus rebus cognitis Caesar pontem rescindi iussit.*»

Wer die lateinischen Vokabeln nicht kennt, versteht diesen Satz sicher nicht. Diese Vokabeln zu kennen heißt, die ihnen zugeordnete Bedeutung zu kennen, wenigstens: ihre Übersetzung in die entsprechenden muttersprachlichen Vokabeln, deren Bedeutung geläufig sein dürfte, zu kennen. Damit haben wir einen ersten Verstehensbegriff:

Verstehen$_1$ = Die Zeichen einer Bedeutung zuordnen; die Semantik einer Aussage erfassen.

Für Latinisten ist dieser Satz wegen seiner Syntax von besonderem Reiz (ablativus absolutus sowie accusativus cum infinitivo). Die syntaktischen Kenntnisse sind aber nicht immer nötig, um einen Satz zu verstehen. Die psycholinguistische Forschung (vgl. z.B. Clark & Clark, 1977) hat gezeigt, daß wir uns beim Verstehen in erster Linie auf die Bedeutung der Zeichen verlassen. Wenn sich daraus kein eindeutiges Verständnis ergibt, läßt sich der Zweifel vielleicht aus dem Kontext der Aussage entscheiden. Und erst dann folgt typischerweise die Analyse der Syntax.

---

[1] Praktisch meint diese Frage oft nicht nur «Verstanden?», sondern auch «Einverstanden?». Diese Doppelbedeutung macht den Umgang mit der Frage nicht leichter, sondern noch schwieriger.

70

4.1.2 Ereignis und Begriff

Beispiel 2:
> *«Als klein Karl mit seinem Trottinett schneller die Straße hinunter fuhr als je, rannte plötzlich ein Huhn aus Meyers Scheune, blieb in der Straße vor Karl stehen und stellte sich auf die Hinterbeine. Karl wollte ausweichen ...»*

Wer diesen Satz hört oder liest, ist vermutlich verwirrt; man kann ihn nicht verstehen. Man möchte zurückfragen: «Wie bitte, Hinterbeine?» (Zweifel an der Richtigkeit der Zeichenerfassung, nicht an der Semantik).

Die in einer Aussage verwendeten Begriffe müssen offensichtlich bestimmten Kriterien genügen. Zum Beispiel dürfen notwendige Eigenschaften der aktivierten Begriffe nicht verhindert sein (vgl. Begriff als Klasse, die in ihrer intensionalen Definition durch relevante oder notwendige Eigenschaften gekennzeichnet ist). In unserm Fall: Hühner haben eben zwei Beine und nicht vier; genauer: Die Klasse der Hühner ist so definiert, daß darin auf jeden Fall nur Zweibeiner Platz haben.

Warum wollen wir denn, daß Aussagen mit den schon geläufigen Begriffen kompatibel seien? In der Psychologie ist häufig gesagt worden, das sei darauf zurückzuführen, daß der Mensch grundsätzlich Dissonanzen zu vermeiden suche und Konsonanz anstrebe (z.B. Ausubel, 1969; Festinger, 1957). Ich meine, man kann sogar diese Begründung begründen: Begriffe erlauben uns nämlich eine Menge von Schlüssen aus sehr partieller Information (s. später). Wenn da aber überall und unverhofft Widersprüche möglich sind und somit kein Wissen verläßlich ist, sind wir verunsichert und desorientiert.

Allerdings geht es uns meistens nicht um totale Verläßlichkeit; die Menschen suchen ja nicht immer Konsonanz, sondern in Grenzen und auf der Basis übriger Sicherheit auch mal den Widerspruch, das Unvorhersagbare (entsprechend dem sog. Informationsbedürfnis). Wir suchen immer gleichzeitig – aber nicht am gleichen Ort – Ordnung *und* Überraschung, Übersicht *und* Rätsel, Invarianz *und* Variation, Redundanz *und* Information. Wir lieben Überraschung, Rätsel, Variation und Information, aber durchaus mit dem weitergehenden Anliegen, auch diese in Ordnung, Übersicht, Invarianz und Redundanz zu überführen. Und solange irgendwo Dissonanz besteht, haben wir nicht (ganz) verstanden; darum schlage ich als zweiten Verstehensbegriff vor:

Verstehen$_2$ = Einordnen von Ereignissen in bekannte Begriffe[1]

---

[1] Für kognitionspsychologisch versierte Leserinnen und Leser: Dies entspricht der Zuordnung von Tokens zu Types, aber auch der Zuordnung von Unterbegriffen zu Oberbegriffen.

Nehmen wir nun aber zu unserem Beispiel an, die sprechende Person würde darauf bestehen, daß das besagte Huhn vier Beine gehabt habe. Es mag ja eine neue, dem Fragenden noch nicht bekannte Züchtung vorliegen. Was würde passieren?

Unwahrscheinliche Möglichkeit 1: Die mitteilende Person würde kommentarlos bei der anscheinend selbstverständlichen Behauptung bleiben. Die Ansprechperson würde sich wahrscheinlich über die sprechende Person mehr Gedanken machen als über Hühner...

Möglichkeit 2: Die sprechende Person erklärt, daß es eben eine solche neue Hühnerrasse gebe. – Ließe sich das dann verstehen? Der (neue) Begriff wäre dann ja noch nicht bekannt. Ich meine: Die Ansprechperson versteht dann insofern, als die sprechende Person ihr zuerst einen neuen Begriff anbietet (mit dem unzweideutigen und als solchem verstehbaren Hinweis, daß es sich um einen neuen Begriff handle), in den sie dann gleich das Ereignis einordnet (also auch Verstehen$_2$).[1] Das Erlebnis des Verstehens wäre wahrscheinlich nicht sehr eindrücklich, da das Ereignis mehr mit einem Ad-hoc-Begriff in Verbindung gebracht wird als mit einem bewährten und geläufigen Begriff. Überdies entständen viele neue Fragen, etwa die, wie eine solche Züchtung wohl möglich sei, oder wie so ein Huhn wohl aussehe.

Damit kommt im übrigen auch zum Ausdruck, daß das erfolgte Verstehen in nichttrivialen Fällen emotional begleitet ist, etwa von Befriedigung und Erleichterung oder von angenehmer Überraschung. Nicht zu verstehen kann sehr unangenehm sein, sofern man sich darüber Rechenschaft gibt.

Beispiel 3:

> Text: «*Wohnen ist ein Stück Kultur. Freilich: Der Begriff ‹Wohnkultur› erweckt schon wieder den Verdacht, daß etwas, das sich eigentlich als selbstverständliche Folge kultivierten Verhaltens ergeben sollte, zum Ziel besonderer Anstrengung gemacht wird: Die Kultur, ausdrücklich zum Gegenstand zielgerichteten Verhaltens gemacht, ... wird ... zum Hindernis für die Entfaltung der vielfältigen Verrichtungen, die zusammen das ergeben, was wir ‹wohnen› nennen. ‹Wohnkultur› kann genauso unwohnlich sein wie kalte Pracht; d.h. sie ist dann*

---

1   Unser Beispiel führt auch zur besonderen Frage, wie man überhaupt zu neuen Begriffen kommt. In diesem Fall via Definition, d.h. via Nennung der definierenden Eigenschaften. Man kann Begriffe aber auch anders erwerben, z.B. über wiederholte relativ stereotype Erfahrung. Man versteht dann in zunehmendem Maß, d.h. in dem Maß, als man die Äquivalenz der Ereignisse erkennt und akzeptiert. So lernen viele Schüler die Uhr lesen, andere sogar so das Einmaleins (weitere wissenschaftliche Information hierzu in der Literatur zur Denk- und Lernpsychologie, z.B. Hussy, 1984).

nur eine moderne Variante der kalten Pracht von gestern, also das Gegenteil von kultivierter Wohnlichkeit» (aus H.P. Bahrdt, 1965; zit. nach Seiffert, 1970, 27).

Versteht man diesen Text? Ich meine ja, denn das hat man schon erlebt, es leuchtet einem ein, erscheint einem auch sehr wichtig. Wenn man genau auf den Text sieht, kann man aber Probleme haben: Wohnkultur als das Gegenteil von kultivierter Wohnlichkeit? Das stört im Gesamten des Texts dennoch nicht, denn die meisten Leserinnen und Leser kommen mit Lebenserfahrungen an diesen Text, die kaum Zweifel aufkommen lassen. Wir haben Begriffe oder Begriffsabarten von Wohnen und von Kultur, denen keine vereinbarten Zeichen wirklich genau entsprechen; die Begriffe haben wir doch!

Was für ein Verstehensbegriff liegt hier vor? Ich meine: wieder Verstehen2. Man spürt aber einen Unterschied zum vorherigen Beispiel. Hier handelt es sich um Begriffe, die wir nicht als exakte Klassen besitzen und gebrauchen, sondern um Begriffe als Bedeutungsfelder mit *Prototypen*, die wir je nach Umständen unterschiedlich aktualisieren, ohne dafür je besondere Zeichen zu haben. Oder in der Terminologie des Kapitels 1: Im Hühnerbeispiel fehlte die Passung von denotativen Bedeutungen; hier sind Passungen der konnotativen Bedeutungen wichtig.[1]

Viele Termini bezeichnen die Begriffe nur unscharf; zu ihrer genauen Erfassung müssen auch der Kontext und das voraus Gesagte einbezogen werden. (vgl. z.B. in Valentins Radfahrerszene «hinten», «in den Bart hineinreden»).

Karl Valentins und Liesl Karlstadts Radfahrerszene (Transskript)
(aus Valentin, 1983a, 113-114)
SCHUTZMANN Halt!
Valentin blinzelt den Schutzmann an.
SCHUTZMANN Was blinzeln Sie denn so?
VALENTIN Ihre Weisheit blendet mich, da muß ich meine Schneebrille aufsetzen.
SCHUTZMANN Sie haben ja hier eine Hupe, ein Radfahrer muß doch eine Glocke haben. Hupen dürfen nur die Autos haben, weil die nicht hupen sollen.

---

1   Für denkpsychologisch informierte Leserinnen und Leser: Begriffe werden bekanntlich sehr unterschiedlich definiert, gekennzeichnet, im Gedächtnis abgespeichert und wieder aktualisiert. Neben den Klassen, die intensional oder extensional gefaßt werden können, werden heute auch Handlungsschemata oder Assimilationsschemata und Prototypen-Konzepte oder fuzzy concepts (= unscharfe Begriffe) unterschieden.

VALENTIN *drückt auf den Gummiball* Die meine hupt nicht.

SCHUTZMANN Wenn die Hupe nicht hupt, dann hat sie doch auch keinen Sinn.

VALENTIN Doch – ich spreche dazu! Passen Sie auf, immer wenn ich ein Zeichen geben muß, dann sage ich Obacht!

SCHUTZMANN Und dann haben Sie keinen weißen Strich hinten am Rad!

VALENTIN Doch! Zeigt seine Hose.

SCHUTZMANN Und Rückstrahler haben Sie auch keinen.

VALENTIN Doch! *Sucht in seinen Taschen nach* Hier!

SCHUTZMANN Was heißt in der Tasche – der gehört hinten hin. VALENTIN *hält ihn auf die Hose* Hier?

SCHUTZMANN Nein – hinten auf das Rad – wie ich sehe, ist das ja ein Transportrad – Sie haben ja da Ziegelsteine, wollen Sie denn bauen?

VALENTIN Bauen – ich? Nein! – warum soll ich auch noch bauen? Wird ja so soviel gebaut.

SCHUTZMANN Warum haben Sie dann die schweren Steine an Ihr Rad gebunden?

VALENTIN Damit ich bei Gegenwind leichter fahre, gestern in der Frühe z. B. ist so ein starker Wind gegangen, da hab ich die Steine nicht dabei gehabt, ich wollt nach Sendling nauf fahren, daweil bin ich nach Schwabing nunter kommen.

SCHUTZMANN Wie heißen Sie denn?

VALENTIN Wrdlbrmpfd.

SCHUTZMANN Wie?

VALENTIN Wrdlbrmpfd —

SCHUTZMANN Wadlstrumpf?

VALENTIN Wr - dl - brmpfd!

SCHUTZMANN Reden S' doch deutlich, brummen S' nicht immer in Ihren Bart hinein.

VALENTIN *zieht den Bart herunter* Wrdlbrmpfd.

SCHUTZMANN So ein saublöder Name! – Schaun S' jetzt, daß Sie weiterkommen.

VALENTIN *fährt weg – kehrt aber nochmal um und sagt zum Schutzmann* Sie, Herr Schutzmann —

SCHUTZMANN Was wollen Sie denn noch?

VALENTIN An schönen Gruß soll ich Ihnen ausrichten von meiner Schwester.

SCHUTZMANN Danke – ich kenne ja Ihre Schwester gar nicht.

VALENTIN So – eine kleine stumpferte – die kennen Sie nicht? Nein, ich habe mich falsch ausgedrückt, ich mein, ob ich meiner Schwester von Ihnen einen schönen Gruß ausrichten soll?

SCHUTZMANN Aber ich kenne doch Ihre Schwester gar nicht – wie heißt denn Ihre Schwester?

VALENTIN Die heißt auch Wrdlbrmpfd —

4.1.3 Deduktion

Beispiel 4 (bevor Sie den folgenden Text, der von einer Frage gefolgt wird, lesen, decken Sie die Antwort unter dem Strich ab und versuchen Sie, die Antwort selbst zu finden):

Manche Leute stellen sich den Äquator wie ein langes Seil vor. Angenommen, es gebe dieses Seil wirklich; es würde straff um den Äquator reichen, der im übrigen auch keine Erhebungen über Meer aufweisen würde. Nun setzen wir in dieses Seil 10 m ein, das Seil würde gelockert, und zwar so, daß es überall den gleichen Abstand von der Erdoberfläche hätte.

Frage: Wie groß wäre dieser Abstand? Könnte eine Maus unten durch gehen? Könnte eine Ameise unten durch gehen?

Antwort: Es könnte sogar ein kleinerer Mensch unten durch gehen; der Abstand ist nämlich 1.60 m.

Verblüfft Sie das?

Verstehen Sie das?

Ich kann es mathematisch beweisen:

U, U' = Erdumfang, Umfang des verlängerten Seils,

r, r' = Erdradius, Radius des verlängerten Seils

$$I: \quad U = 2\pi r$$
$$II: \quad U' = U + a$$
$$III: \quad U' = 2\pi r + a$$
$$IV: \quad U' = 2\pi r'$$
$$V: \quad r' = U' / 2\pi$$

III in V einsetzen:

$$VI: \quad r' = (2\pi r + a) / 2\pi$$
$$r' = 2\pi r / 2\pi + a / 2\pi$$

kürzen:

$$VII: \quad r' = r + a / 2\pi$$
$$VIII: \quad r' - r = a / 2\pi$$

Und genau VIII suchen wir; $a = 10 \Longrightarrow (r'-r) = 10/2\pi = 1.60$

Verstanden?

Ja und nein?

Sollten Sie schon das Verstehen$_2$ nicht leisten können (Eigenschaften von Radien, Beziehung zwischen Radius und Umfang etc.), können Sie das Ganze nur glauben, aber nicht verstehen. Wenn Sie aber diese Konzepte alle besitzen, richtig eingesetzt haben und dem Ablauf der Argumentation gefolgt sind, haben Sie wahrscheinlich das Staunen erlebt, das aus dem Verstehen der Ableitung und der daraus gezogenen Schlußfolgerung entstanden ist.

Verstehen$_3$ = Zurückführen auf allgemeinere Prinzipien (Inversion der Deduktion)

Prinzipien sind Begriffe mit Regeln ihrer Verknüpfung. Diese sind allerdings nicht immer so explizit wie in unserem Fall. Manche Menschen sind zufrieden mit bestimmten Erfahrungstypen und erklären (und verstehen) Phänomene dadurch, dass sie glauben, sie in diese Erfahrungstypen einbauen zu können. Beispiel: Wenn jemand erzählt, dass er mit einem gebrochenen Bein auf den Helikopter warten musste und die heftigen Schmerzen dadurch ertragbar machen konnte, dass er an etwas anderes dachte, könnten wir das deshalb verstehen, weil wir uns an den Erfahrungstyp Zahnarztbesuch erinnern.

Nachtrag: Der Abstand des Seils ist auch 1.60 m, wenn die Erdkugel nur so groß wie ein Apfel gedacht wird. Verstehen Sie das? Beachten Sie die Formel VIII!

Nochmals: Verstanden?

4.1.4 Wirkung und Ursachen

Beispiel 5:

> *Können Sie ein Fünfrappenstück, das auf einem Tisch neben einem Glas liegt, ohne Berührung und Tischbewegung in das Glas hineinblasen? Es geht (ich zeige es jeweils in meiner Vorlesung). – Es ist aber möglich, daß einige diese Demonstration zwar sehen, aber den Vorgang doch nicht verstehen. Was müßte passieren, damit sie ‹verstehen›?*

Die Erklärung des Vorgangs beruht auf dem Bernoulli-Prinzip: Der Unterdruck über der Münze hebt diese an; die Strömung befördert sie ins Glas hinein. Das ist das gleiche Prinzip, nach dem nach oben konvexe Flugzeugflügel Auftrieb erhalten. Versuchen Sie das Experiment selbst! Wer das Bernoulli-Prinzip kennt, dürfte jetzt das Gefühl haben, den Vorgang verstanden zu haben. Das ist eine weitere Fazette des Verstehensbegriffs:

Man könnte allenfalls Verstehen4 auf Verstehen3 oder gar auf Verstehen2 zurückführen, weil alle Ursachen schließlich auf dem Hintergrund von Begriffen erfaßt werden resp. konkrete Wirkungsereignisse in eine bestimmte Kategorie von Wirkungsereignissen eingeordnet werden können, aber Verstehen4 ist doch etwas spezifischer, denn es beinhaltet nicht nur das Erfassen der grundsätzlichen logischen Deduzierbarkeit, sondern auch das Erfassen der konkreten, aktuellen und materiellen Realisierung einer solchen in Form einer Wenn-dann-Beziehung.[1]

Verstehen4 ist das typische naturwissenschaftliche Verstehen, per definitionem auch das der Experimentalpsychologie, nicht aber zwingend auch das jeder empirischen Psychologie. Seit Dilthey und Spranger (1950) ist die Unterscheidung zwischen (naturwissenschaftlichem) Erklären und (geisteswissenschaftlichem) Verstehen beliebt geworden. Ich möchte allerdings mehr als nur zwei Arten des Verstehens oder Wege zum Erlebnis des Verstehens unterscheiden (darum dieses Kapitel) und überhaupt die Begriffe anders unterscheiden. Erklären umfaßt die Prozesse des Herstellens von Zusammenhängen, die das Erlebnis des Verstehens ermöglichen. Erklären kann intrasubjektiv oder intersubjektiv (via Kommunikation) geschehen. Aufgrund einer wirklich verstandenen Erklärung kann man verstehen.

Verstehen4 ist in den letzten Jahren von manchen Wissenschaftern als unzureichend, ja als gefährlich vereinfachend zurückgewiesen worden (vgl. z.B. Capra, 1982). Der Vorwurf der Vereinfachung besteht darin, daß solches Verstehen oft nur ‹monokausal› und ‹linear› sei. Tatsächlich sind die meisten Phänomene unserer Welt, insbesondere jene, in die Lebewesen einbezogen sind, multikausal determiniert, d.h. gleichzeitig durch mehrere Ursachen und deren gegenseitige Interaktionen bedingt. Und überdies haben Ursachen meistens mehrere Wirkungen, ja Wirkungsketten, und sind teilweise wieder rückgekoppelt, wodurch die Ursache bald durch ihre eigenen Wirkungen verändert wird. Typisch ist das im Bereich der menschlichen Entwicklung (vgl. Flammer, 1996).

Mir scheint, daß diese Kritik nicht in Frage stellt, *daß* es Ursache-Wirkungs-Relationen gibt und daß der menschliche Geist solche erfassen kann. Aber sie weist auf die Gefahr hin, sich mit dem Verstehen solcher ‹Beziehungsatome› zufrieden zu geben. Verstehen4 ist bedeutsam und liegt an

---

1   Als ob Valentin sich über die Gefahr von ungerechtfertigten Verkürzungen auf den Verstehensbegriff4 hätte mockieren wollen, verwahrte er sich in einem anderen seiner Stücke («Radlerpech»; Valentin, 1983b, 90-93) gegen den polizeilichen Vorwurf, er hätte nicht geläutet, mit dem Hinweis darauf, daß er ja eine Glocke an seinem Fahrrad hat. Die Existenz der Glocke ist eine notwendige, aber keine hinreichende Bedingung für das Läuten.

der Basis der ganzen technologischen Entwicklung seit der Renaissance, aber Verstehen4 ist nicht das einzige oder letzte oder höchste Verstehen.

Die Konzentration auf ‹Beziehungsatome› birgt noch eine andere Gefahr, nämlich die der willkürlichen Interpunktion. Die Realität stellt sich je nach dem anders dar, wo man den Anfang und das Ende des betrachteten Ausschnitts zieht (Huhn-und-Ei-Problem, Wettrüsten, Schuldfrage im Sketch «Radlerpech» von Valentin, 1983b).

4.1.5 Verhalten und Auslöser, Verhalten und Motive

Beispiel 6:

> *Rolf hat sich ganz kürzlich von seiner Freundin Anita getrennt. Wie er nun bei einem befreundeten Paar zu Besuch ist, läutet es an der Tür. Die Frau des Hauses grüßt hörbar: «Ah, Anita, du bist es?» Rolf errötet und wird nervös, obwohl er sich nichts anmerken lassen möchte.*

Verständlich, nicht wahr? Die Vorstellung von Anita ist Rolf zu einem Auslöser gegenseitig widerstrebender Gefühle geworden, zu einem CS (= konditionierten Reiz).

Verstehen5 = Automatismen und Gefühle auf ihre Auslöser zurückführen

Unter Automatismen verstehe ich die große Klasse der unkontrolliert ablaufenden Prozesse an Lebewesen. Solches Erklären resp. das Verstehen aufgrund solchen Erklärens ist eines der Anliegen der Psychologie.

Natürlich machen Automatismen nicht das ganze Verhaltensrepertoire des Menschen aus. Es gibt eben auch kontrollierte Prozesse (wir sprechen dann von Handlungen), die der Planung, Gestaltung und Verantwortung von Menschen unterliegen.

4.1.6 Handlung und Ziel

Beispiel 7:

> *Hans ist seit zehn Jahren glücklich mit Irene verheiratet. Eines Morgens stellt er fest, daß Irene weggelaufen ist und in einem Brief erklärt, sie sei weggegangen. Hans versteht das nicht.*

Was müßte Hans wissen, um den Vorgang verstehen zu können? Obwohl Hans sich die Warum-Frage stellt, wäre er nicht mit der Angabe von Wirkursachen zufrieden (Verstehen4), denn das Weglaufen Irenes ist ja nicht nur ein mechanischer Vorgang, sondern vor allem ein psychologischer. Aber auch ein unkontrolliertes, reflexhaftes oder nur impulsives Verhalten, für das er den Auslöser suchen müßte (Verstehen5), will für Hans nicht in Frage kommen. Als so unbeherrscht kennt er seine Frau nicht. Sie muß doch ein Ziel, ein Anliegen gehabt haben. Wenn er ihr Ziel kennt, versteht er vielleicht die Handlung, auch wenn er das Ziel nicht sicher gut findet.

Und im Valentin-Beispiel: Warum hat der Valentin Steine auf dem Rad? Weil er meint, damit besser gegen den Wind anzukommen. Wir müssen diese Meinung nicht teilen, aber wir können verstehen, daß er so handelt, wenn er schon diese Meinung hat.

Verstehen6 = Handlungen auf Ziele zurückführen

4.1.7 Ziele und ‹Weltanschauung›

Nehmen wir an, Irene habe Hans mitgeteilt, sie habe einmal ganz allein eine Reise in die weite Welt unternehmen wollen. Das wäre eine Erklärung des Weggehens (Zuordnung des unmittelbaren, instrumentellen Ziels unter ein übergeordnetes Ziel), aber noch nicht des heimlichen Weggehens. Nachdem Hans den Zusammenhang zwischen dem unmittelbaren Ziel, nämlich eine Reise zu unternehmen, und der Handlung versteht (Verstehen6), versteht er immer noch das Ziel als solches nicht. Wie kommt Irene auf dieses Ziel? Vielleicht hat sie ihr Leben subjektiv neu interpretiert und ist zur Überzeugung gelangt, daß sie zu unreflektiert tut, was ihr Mann von ihr erwartet, daß ihr Leben weniger Variation enthält, als es könnte und als ihr doch lieb wäre. Diese Interpretation und das noch allgemeinere Ziel, aus ihrem Leben etwas Befriedigendes zu machen, hat sie dann zum speziellen Ziel des heimlichen Weglaufens gebracht. Diese Folge ist nicht zwingend, aber nachvollziehbar, auch für Hans, selbst wenn er die Prämissen der Schlußfolgerung nicht teilt.

Verstehen7 = Ziele auf Interpretationen, Wahrnehmungen, Gefühle und Wertprioritäten zurückführen

Die Verstehenstypen 4 und 7 unterscheiden sich dadurch, daß Verstehen4 eine (mechanische) *Ursache* akzeptiert und Verstehen7 einen (psychologischen) *Grund*.

4.1.8 ‹Weltanschauungen›

Wenn Hans mit seiner Analyse so weit kommt, hat er schon viel verstanden. Aber er mag noch immer nicht verstehen, warum Irene ihr Leben so sieht und interpretiert. Weitere Analysen bringen ihn vielleicht auf konkrete Tatbestände (seine Arbeit, sein autoritär-fürsorgliches Verhalten etc.), die man so interpretieren kann. So ist Hans einen Schritt weiter in seinem Verstehen. Vielleicht fragt er sich unterdessen sogar, wie er selbst denn zu seinem autoritär-fürsorglichen Verhalten kam; vielleicht findet er auch dafür Gründe: sein Verstehen breitet sich aus...

Verstehen$_8$ = Wahrnehmungen, Interpretationen und Gefühle auf Tatbestände zurückführen

---

Damit schließt sich gewissermaßen ein Kreis: Psychologisches Verstehen heißt u.a. auch verstehen, warum jemand die Welt so interpretiert, wie er oder sie es tut. Nicht die Tatsache, daß im Stadttheater an einem bestimmten Termin Shakespeares Hamlet gespielt wird, verursacht den Theaterbesuch von Herrn Müller, sondern eine ganze Kette von Kommunikations-, Interpretations-, Bewertungs- und Entscheidungsvorgängen führen von der Tatsache zur bestimmten Handlung.

Das Verstehen psychologischer Vorgänge beruht offensichtlich auf der Eruierung verschiedenartiger Verbindungen. Stellen wir sie nochmal kurz zusammen:

– Wahrgenommene Stimuli begründen Reflexe, Automatismen und konditioniertes Verhalten (Verstehen$_5$)

– Zustände und Ereignisse begründen Wahrnehmungen und Interpretationen (Verstehen$_8$)

– Interpretationen, Gefühle und allgemeine Wertpräferenzen begründen Ziele (Verstehen$_7$)

– Ziele begründen Handlungen (Verstehen$_6$).[1]

---

1   Von besonderem Interesse scheint mir die Typologie von kausalen Verbindungen zu sein, die Schank & Abelson (1977) für ihre textverstehenden Programme verwendeten. Sie umfaßt nicht nur die psychologischen, kommt aber mit fünf Typen aus:

   r   actions result in changes Beispiel: PROPEL führt dazu, daß ein Stein seinen Ort verändert.

   E   states enable actions. Beispiel: PHYSICAL STATE 9 ermöglicht mein Werfen.

Das ist noch relativ rudimentär und könnte weiter analysiert werden. Eigentlich engagiert eine solche Liste die ganze Psychologie, und ich bin überrascht, solche Typologien von allgemeinen psychologischen Relationen nicht häufiger in der Fachliteratur zu finden. Vielleicht ist der Auflösungsgrad für die meisten Psychologinnen und Psychologen zu grob; sie interessieren sich für Spezifischeres, z.B. für das Verhältnis zwischen Frustration und Aggression oder das Verhältnis zwischen Beobachtung und Verhalten. Ausnahmen sind etwa Piaget (1926; 1937: die Entwicklung der finalen vs.

---

d   states disable actions. Beispiel: PHYSICAL STATE 0 verunmöglicht mein Atmen.

I   states (or acts) can initiate mental states. Beispiel: MOVE eines Freundes kann traurig machen.

R   mental states are reasons for actions. Beispiel: Angst kann zu einer Entscheidung führen.

Die großgeschriebenen Wörter sind sog. primitive acts nach Schank & Abelson und bedeuten folgendes:

PROPEL = the application of a physical force to an object.

PHYSICAL STATE = Gesundheit und Kondition (10 = maximal, 0 = minimal)

MOVE = Die Ortsveränderung eines lebenden Körperteils oder Körpers.

Das folgende Beispiel aus Schank und Abelson (1977, 29) stellt die Analyse einer Szene mit diesen fünf Verbindungstypen dar. Ihre Übersetzung in Umgangssprache sei dem Leser und der Leserin überlassen (weitere solche Analysen in deutscher Sprache findet man in Wettler, 1980):

	(1) John thirsty
1 IR 2:	(2) John DO
2 r 3:	(3) Beer open
3 E 4:	(4) ingest
3 E:13:	(13) s. unten
	(5) John ptrans John to den
5 r 6:	(6) John loc (in room)
6 E 7:	(7) John mtrans (chair be)
7 IR 8:	(8) John ptrans John to chair
8 rE 9	(9) John move John to (in chair)
9 r 10	(10) Chair state change
10 E 13:	(13) s. unten
10 r 15:	(15) s. unten
10 E 11:	(11) Gravity propel John to floor
11 r 12:	(12) John loc (on floor)
3, 10 (s. oben)	(13) Gravity propel beer to (on chair)
13 r 14:	(14) Chair wet
14 I 18:	(18) s. unten
10 (s. oben)	(15) noise
15 E 16:	(16) Wife mtrans noise to cp (wife)
16 IR 17:	(17) Wife ptrans wife to den
17 rE 18:	(18) Wife mtrans ‹chair wet› to cp (wife)
18 R 19:	(19) Wife angry

kausalen Erklärung) oder die Attributionspsychologie in der Tradition Heiders (1944; 1958) und Weiners (1980); s. Herkner (1980) und Flammer (1990).

4.1.9 Äußerung und Äußerungsabsicht (Sprechakt)

Das Verstehen in einer kommunikativen Situation verlangt noch weitere Fazetten.

Beispiel 8:
> *A sagt zu B, der neben dem Fenster sitzt: «Es ist warm da drinnen!» B steht auf und öffnet das Fenster; A fühlt sich verstanden.*

Tatsächlich hat B mehr verstanden als den bloßen Wortlaut. Sonst hätte B vielleicht geantwortet: «Ja.» Was aber zu verstehen war, ist, daß A gerne kühlere Luft hätte und möchte, daß B das durch das Öffnen des Fensters so einrichtet.

$Verstehen_9$ = Eine Aussage einer Sprechintention zuordnen

Viele fassen das Sprechen als eine Handlung auf. Damit implizieren sie, daß dem Sprechen immer auch ein Ziel zu- resp. vorgeordnet ist. Die Sprechakttheorie (= Sprechhandlungstheorie) von Austin (1962) und von Searle (1969) thematisiert gerade diese möglichen Intentionen oder Absichten von Sprechern. Wir werden in den folgenden Kapiteln sehen, daß auch die Menschen im Alltag diese Auffassung vertreten und sprechenden Menschen immer eine Absicht zuordnen resp. nach einer solchen suchen, wenn sie sie nicht finden.

Eigentlich entspricht das Verstehen9 dem Verstehen6, weil es auch eine Handlung einem Ziel zuordnet. Ich habe es separat genommen, weil dem Sprechhandeln in unserem Kontext eine besondere Funktion zukommt (Kapitel 6).

4.1.10 Empathie, Identifikation

Schließlich gibt es noch ein Verstehen, das zwar die besprochenen psychologischen Verstehensbegriffe 6, 7 und 8 einschließt, aber doch auf eine spezielle, direkte Art funktioniert. Es ist das mehr oder weniger spontane Erkennen des Gefühls eines Partners aus der Vertrautheit mit wesentlichen Teilen seines Lebens, aber auch aus der Erfahrung vieler Parallelen zwischen dem eigenen Leben und dem des Partners (Trommsdorff & John, 1992). Diese Vergleichbarkeit des Eigenen mit dem Fremden war schon dem römischen Dichter Terenz aufgefallen («homo sum; humani nil a me alienum puto» = «ein Mensch bin ich, und nichts Menschliches ist mir fremd»; Kauer, Lindsay & Skutsch, 1926[1]). Solches Verstehen dürfte oft mit Identifikation zu tun haben, ohne daß deswegen Du und Ich nicht mehr unterschieden würden.

Dieses Verstehen wird heute vor allem in der sog. humanistischen Psychologie betont, etwa bei Rogers, der dafür auch den Terminus der Empathie geprägt hat. Er meint damit «die Fähigkeit, den anderen und seine Welt mit seinen Augen zu sehen» (Rogers, 1961, dt. 1982, 51) oder:

Die private Welt des Klienten verspüren, als wäre sie die eigene, ohne jedoch diese ‹Als-Ob›-Qualität außer acht zu lassen... Den Ärger, die Angst oder die Verwirrung des Klienten zu spüren, ohne daß dabei der eigene Ärger, die eigene Angst oder Verwirrung hineingezogen werden... Wenn die Welt des Klienten dem Therapeuten so klar ist und er sich darin frei bewegen kann, dann kann er sowohl sein Verständnis für die Dinge mitteilen, die der Klient genau kennt, wie auch die Bedeutungen von Klientenerfahrung nennen, die diesem kaum bewußt sind (Rogers, 1961, dt. 1982, 277-278).

Um es auf die einfache Formel unserer Darstellung zu bringen, könnte man dieses Verstehen etwa so kennzeichnen:

$Verstehen_{10}$ = Erkennen von Gefühlen aus der Vertrautheit mit der gesamten Lebenssituation und aus der Analogie zu eigenen Erfahrungen.

Im praktischen Versuch, jemanden zum besseren Verstehen anderer zu führen, hat sich das sogenannte Rollenspiel recht gut bewährt (Shaftel & Shaftel, 1973). Das weist darauf hin, daß Verstehen durchaus zu tun hat mit dem Vertrautwerden mit der Welt des und der anderen, und damit, seine und ihre Welt ‹von innen›, von seinem und ihrem Standort aus zu sehen. Das Ergebnis des Rollenspiels sind weniger rationale Ableitungen oder Erklärungen als eben das spontane Nachvollziehenkönnen des Handelns anderer, ihrer Gefühle und ihrer Anliegen.

Ich betrachte dieses $Verstehen_{10}$ als identisch mit dem engen Begriff des Verstehens, den die sog. verstehende Psychologie von Dilthey und Spranger in Absetzung von der (naturwissenschaftlich) erklärenden Psychologie meinte.

Verstehen im hermeneutischen Sinn kann mit $Verstehen_{10}$ ebenfalls deckungsgleich sein, muß aber nicht. Das Besondere der *Hermeneutik* besteht im sukzessiven Erfassen von Ereignissen, insbesondere von Texten, im Kontext

---

1   Vers 77 aus «Heauton Timorumenos» (deutsch «Der sich selbst Bestrafende / Quälende»); Angaben von H.G. Nesselrath.

anderer Ereignisse, wieder insbesondere von Texten. Wer etwa Goethes Faust verstehen möchte, muß viel verstehen und wird nie fertig sein mit dem Näherungsprozeß (vgl. Rusterholz, 1973a,b, 1979; Staiger 1982). Es geht dann – je nach hermeneutischer Schule – gleichzeitig um das Werk und seine vielen Fazetten, um Goethes Motive und Anliegen, die Welt um die Jahrhundertwende 18./19. Jh., die damalige Moral, ästhetische Normen, um den Stand der Wissenschaften und ihren Betrieb, um Goethes Perzeption dieser objektiven Umstände etc. Das alles erschließt sich nicht unabhängig von einander und nicht auf einmal, vielmehr versucht der Wissenschafter oder die Wissenschafterin ‹hineinzuwachsen›. Man versteht einen Teil, von dort aus einen weiteren, was Rückschlüsse haben kann auf das vorherige Verstehen etc.

Im klassischen Sinn ist Hermeneutik eine philologisch-historische Methode, also ein Verstehen von und durch historische Textdokumente. In diesem Sinn als wissenschaftliche Methode finden wir Hermeneutik in der Psychologie kaum mehr, aber wir finden drei verwandte Dinge, nämlich (1) auf der Ebene der Wissenschaft den genetischen und den bio-evolutionären Zugang zu den Phänomenen (Piaget, dialektische Psychologie, Ethologie; Flammer, 1996), (2) auf der Ebene des konkreten ‹Alltagsmenschen› die Interpretation der Wahrnehmung, etwa durch Assimilation und Akkommodation (Piaget, 1947; Neisser, 1976) und (3) in der modernen Biographieforschung. Der elaborierteste Ansatz in der Psychologie besteht vielleicht in der sog. objektiven Hermeneutik von Oevermann, Allert, Konau und Kramabeck (1979; vgl. auch von Steiger, 1987).

4.2 Das Gemeinsame aller Verstehensbegriffe

Verstehen setzt immer Wissen voraus, und zwar solches, das mit der neuen Information in eine nicht-arbiträre Beziehung gesetzt werden kann. Alle der genannten Verstehensbegriffe implizieren eine Art von *Einordnung von Neuem in (bekanntes) Altes*, wobei das Alte typischerweise allgemeiner ist als das Neue. Verstehen ist unter diesem Gesichtspunkt ‹Rekonstruktion via Deduktion›.

Natürlich muß zuerst Allgemeines erworben sein. Der Erwerb eines allgemeineren Begriffs oder seine hypothetische Konstruktion ist noch nicht Verstehen; erst wenn sich hernach die schon bekannten Einzelfälle oder die spezifischeren Begriffe einordnen lassen, hat man das Gefühl des Verstehens. Auch die Induktion als solche bezeichne ich nicht als Verstehen, erst die Erfahrung ihrer Bewährung in der nachmaligen Deduktion.

Überhaupt haftet dem Konzept des Verstehens eine wichtige subjektive Komponente an, nämlich eine Befriedigung oder Freude des Passens, des

Aufgehens, des Lösens einer Spannung, letztlich einer Einsicht. Diese subjektive Komponente hat der Gestaltpsychologe Karl Bühler (1934) als Aha-Erlebnis bezeichnet. Den Umstand, daß Verstehen einigermaßen plötzlich vollendet ist, haben die Gestaltpsychologen mit dem Schließen einer Gestalt erklärt. Dieses Gefühl des Einschnappens rechtfertigt in gewisser Beziehung die oben genannte Floskelfrage: «Verstanden?» Man weiß tatsächlich selbst, ob man etwas (falsch oder richtig) verstanden hat.

Verstehen kann man auch als die Folge einer erfolgreichen Erklärung auffassen. Wenn mir jemand Zusammenhänge aufzeigt und so ein Phänomen oder eine Behauptung erklärt und ich plötzlich ‹durchsehe›, fühle ich, daß ich verstanden habe. Das Gleiche gilt, wenn ich durch eigenes Nachdenken oder Nachsehen eine Erklärung zustandebringe.

Die Verstehensbegriffe 1 bis 4 sind nicht spezifisch für psychologische Sachverhalte, aber auf psychologische Sachverhalte ebenfalls anwendbar. Die Verstehensbegriffe 5 bis 10 hingegen sind speziell auf psychologische Gegebenheiten hin ausgelegt.

Natürlich entsprechen auch allen zehn Verstehensbegriffen Realitäten im Gespräch; spezifisch auf die soziale Kommunikation ausgerichtet sind aber nur Verstehen$_9$ und Verstehen$_{10}$. Daß nicht nur das Verstehen ein Anliegen der zuhörenden Person ist, sondern auch das Verstandenwerden ein Anliegen der mitteilenden Person, zeigen die beiden letzten Verstehensbegriffe deutlich. Einen Sprechakt zu verstehen (und das Sprechziel allenfalls zum eigenen zu machen), heißt, die Partnerperson mit ihren Zielen und Anliegen ernst nehmen, ihr Befriedigung verschaffen.

Von besonderem Reiz ist die psychologische Relevanz des letzten Verstehensbegriffes. Wir brauchen gar nicht dafür zu argumentieren, daß Menschen sich gerne verstanden fühlen (jedenfalls von gewissen anderen Menschen). *Warum* aber werden sie gerne verstanden? Verständnis schafft Anschluß und beseitigt Isolation. Und das bringt Verbindung und Verbindlichkeit ein, sichert Hilfe und Unterstützung, wenn sie nötig werden, garantiert mit großer Wahrscheinlichkeit Anerkennung und Wertschätzung.

Zurück zu den Gemeinsamkeiten. In Kapitel 1 wurde ausgeführt, daß die Information ‹für mich› typischerweise deshalb geringer ist als die Information ‹an sich›, weil die Empfängerperson oft einen Teil der Information schon besitzt oder weil sie über Wissen verfügt, in das das Neue eingeordnet, integriert werden kann, wodurch es ‹strukturell› nicht mehr neu ist. Das eben leistet das Verstehen. Und weil entsprechendes Vorwissen häufig voraus auch grad schon aktiviert worden ist (Kapitel 3: Erwartungen), verlaufen die Verstehensprozesse meistens sehr rasch ab. Verstehensprozesse werden also durch tatsächliches relevantes Vorwissen, insbesondere durch seine Voraktivierung im geeigneten Moment gefördert (vgl. Flammer & Perrig, 1980).

Daß Verstehen in der Einordnung von Neuem in Altes besteht, hat auch eine Parallele in der selbstverständlichen Erwartung von Gesprächsteilnehmern, daß bei einer sprachlichen Darstellung eines Sachverhalts das eben Gehörte meistens als Altes dient, in welches das Neue eingeordnet werden kann (Kohärenzerwartung). Clark und Haviland (1977) sprachen in diesem Sinn von einem *Given-New-Contract* zwischen Gesprächsteilnehmern.

Die Einordnung eines Ereignisses in einen bekannten Begriff baut Information ab und Wissen auf. Wenn die verstehende Person realisiert, daß eine bestimmte Pflanze eine Schlüsselblume ist, dann weiß sie unmittelbar auch, daß sie aus mehreren Blüten besteht, einen Stil hat (*denotative* Bedeutungen). Des weiteren erinnert sie sich vielleicht daran, daß ihr Vater solche gerne in den Mund gesteckt hat, sodann daran, wie angenehm die ersten Frühlingsspaziergänge an einem früheren Wohnort waren usw. (*konnotative* Assoziationen).

Die denotativen und die konnotativen Bedeutungen eines Begriffsnamens zu verwechseln, ist eine häufige Ursache von Mißverständnissen, die bis zu Beziehungsstörungen führen können. So hört z.B. der Schutzmann in Valentins «Radlerpech» (1983b) aus dem Hinweis, daß die Frau allein auf der Straße gegangen sei, die Konnotation heraus, daß das (in seinem Sinn) gelegentlich «besondere Frauen» seien, macht diese Konnotation zu einer Denotation und formuliert das Ergebnis als Witz: «Wenn Sie schon einmal allein auf der Straße gehn, dann sind Sie keine ganz anständige Frau.»

5. Verstehen II: Schlußfolgern, Vermuten, Verstehensmanagement

Dieses Kapitel ist das zweite zum Thema Verstehen. Es weitet das erste aus und zeigt, daß im Gespräch immer viel mehr zu hören ist, als was explizit gesagt wird (das nächste Kapitel wird dazu noch mehr bieten). Gleichzeitig gibt dieses Kapitel eine kleine Einführung in wissenschaftliche Systeme des Schlußfolgerns.

5.1 Zwischen den Zeilen lesen; zwischen den Sätzen hören

Ein erfundenes Telefongespräch:

Bruder: «*Ich sprach heute Mutter am Telefon; sie hat letzte Nacht gut geschlafen.*»

Wenn die Schwester weiß, daß Mutter in den vorherigen Nächten nicht gut geschlafen hat, dann versteht sie, was ‹gut› hier bedeutet.

Schwester: «*Da bin ich aber froh.*»
Die Schwester bestätigt, daß sie verstanden hat.

Bruder: «*Aber kaum geht es ihr besser, erfährt sie von einem projektierten Neubau am Sandrain; sie will einen Rechtsanwalt aufsuchen.*»
Der Bruder geht davon aus, daß die Schwester weiß, wo der Sandrain liegt. Wir als ‹Mithörerinnen› und ‹Mithörer› wissen das nicht, schließen aber aus dem Gespräch, daß der Sandrain wahrscheinlich nahe bei Mutters Haus liegt oder sonst an einem Ort, der ihr wertvoll ist. Wenn sie einen Rechtsanwalt aufsuchen will, heißt das für uns (und für die Schwester), daß sie das Bauvorhaben ärgert, daß sie es verhindern oder modifizieren möchte. Das muß wohl motiviert sein; vielleicht verdeckt der Neubau ihre Aussicht auf die Alpen. Warum läßt sich das aus dem Rechtsanwalthinweis erschließen? Rechtsanwälte sind dazu da, Rechte von Klienten durchzusetzen. Sie tun es meistens effizienter als Laien. Der Hinweis auf den Rechtsanwalt läßt uns auch nach dem konkreten Recht, das durchzusetzen ist, suchen. Wir haben eine Hypothese, auf die wir voläufig mehr oder weniger vertrauen. Sie muß nicht unbedingt stimmen, aber wir wären doch überrascht, im weiteren Verlauf des Gesprächs zu erfahren, daß diese Mutter zum Rechtsanwalt ging, weil ihr verstorbener Mann Rechtsanwalt war und diese Berufsorganisation in ihrer Stadt die Gewohnheit hätte, jeweils auf ausgesteckten Bauplätzen einen Grill-Abend zu organisieren. Das vermuten wir nicht, und in dieser Richtung erwarten wir keine bestätigende oder elaborierende Information, obwohl das natürlich logisch nicht unmöglich wäre.

Schwester: «Das sollten wir erst mal besprechen.»
Die Schwester mag damit ihrem Bruder in durchaus verständlicher Weise mitteilen, daß sie fürchtet, die Mutter könnte hier eine Entscheidung treffen, die ihnen und allenfalls auch der Mutter hernach doch nicht gut erschiene. Die Anwaltskosten könnten zum Beispiel unverhältnismäßig hoch ausfallen; der gewählte Anwalt könnte kein geeigneter sein etc. Den ersten Teil mag der Bruder verläßlich gut erschließen, den zweiten vielleicht nicht. Darum fragt er zum ersten zurück:

Bruder: «Glaubst Du, daß das soviel kostet?»

   etc.

5.2 Begriffe: Verstehen, Inferenz, Erwartung, Aufmerksamkeit

Wer nicht aus Andeutungen schlußfolgern kann, wer nicht aus einer Aussage mehrere machen kann, wer nicht aus Information Wissen konstruieren kann, versteht nicht viel. Nach meiner Begriffsfassung schließt Verstehen meistens Inferenzen ein. *Verstehen* heißt, Botschaften auf Konzepte zu beziehen, nicht-arbiträre Zusammenhänge zu bestehendem Wissen festzustellen und sich an keinen schwerwiegenden Widersprüchen zwischen neuem und altem Wissen oder überhaupt zwischen Teilen von Wissen zu stoßen. *Inferieren* oder schlußfolgern heißt, wo nötig Zwischenglieder zwischen altem und neuem Wissen zu finden oder zu konstruieren, damit Verstehen möglich wird.[1] Inferieren kann mehr oder weniger verläßlich sein. Manche Inferenz ist nur eine Hypothese, die die verstehende Person gerne überprüfen möchte.

Inferenzen leiten auch Erwartungen. Wenn die Inferenzen sehr verläßlich erscheinen und künftige Ereignisse betreffen, dann ist die entsprechende Erwartung stark. Wenn die Person an den eigenen Inferenzen zweifelt, dann mag die Aufmerksamkeit auf das kritische Ereignis der Zukunft sehr stark sein, aber nicht die Erwartung, daß es eintritt. Manchmal sind die möglichen Inferenzen über zukünftige Ereignisse so schwach oder so kritisch oder auch so zahlreich und offen, daß die Aufmerksamkeit auf eine ganze Klasse von Ereignissen sehr stark, aber keine Einzelerwartung wirklich ausgeprägt ist.

Zusammenfassend:

Verstehen i.e.S. (Kapitel 4)	=	Zusammenhang oder Zusammenhänge erkennen; Neues in Altes nichtbeliebig einordnen.
Inferieren	=	Notwendige Zwischenglieder für Zusammenhänge konstruieren (= Verstehen i.w.S.).
Elaborieren	=	Fakultative Zwischenglieder für Zusammenhänge konstruieren.
Erwarten	=	ein bestimmtes Ereignis der Zukunft für wahrscheinlich halten, einkalkulieren.
Aufmerken	=	die Wahrnehmungsbereitschaft auf eine bestimmte Ereignisklasse richten.

---

1   Ich unterscheide Inferieren (= Erweiterung um Wissen, das für das Verständnis im Kontext notwendig ist) und Elaborieren (= Erweiterung um Wissen, das für das Verständnis im Kontext nicht notwendig ist, dieses aber doch bereichert).

5.3 Die Logik der Inferenz

Inferenzen basieren immer auf Wissen. Das Wissen, das uns hier interessiert, besteht in keinem Fall aus isolierten ‹Einzeleintragungen›.[1] Jedes ‹Wissenselement› ist verbunden mit einigen anderen, und was wir als solches Wissenselement überhaupt zu benennen vermögen, ist bereits ein zusammengesetztes Element. Das eröffnet die grundsätzliche Möglichkeit, daß die Aktualisierung auch nur des kleinsten Teils unseres Wissens den Weg zu weiteren Teilen öffnet. Man spricht aus diesem Grund heute in der Gedächtnispsychologie von Aktivierungsausbreitung (spread of activation; vgl. Anderson, 1983; Flammer & Morger, 1985; Kahneman & Miller, 1986; McKoon & Ratcliff, 1981; Morger, 1990).

Die Kognitionspsychologinnen und -psychologen nehmen an, daß die Bewußtwerdung eines Gedächtnis- oder Wissenselements von einer neurologischen ‹Aktivierung› der betreffenden Eintragung begleitet wird (vgl. das ‹Feuern› von Nervenzellen), und daß diese Aktivierung über Verbindungsglieder (Assoziationen) mit abnehmender Intensität auf weitere Elemente des Wissensnetzwerkes ausstrahlt, wodurch auch diese ins Bewußtsein drängen. Ich möchte weiter annehmen, daß das Subjekt entsprechend den aktuellen Plänen, Hoffnungen und Befürchtungen neue Elemente selektiv ins Bewußtsein aufnimmt und ihnen dadurch einen neuen ‹Aktivierungszuschuß› verleiht, der sich seinerseits ausbreitet.

Nach meiner Vorstellung folgt demnach die Logik der Inferenz zwei Prinzipien, nämlich dem des *Angebots durch Aktivierungsausbreitung* und dem der *Auswahl durch das planend denkende und strebende Subjekt*. Dabei folgt dieses planende Denken vermutlich ebenfalls gedächtnismäßig niedergelegten Strukturen, geleitet von Zielen und Interessen (vgl. Flammer, 1987; 1990, 242-296). Dadurch wird es möglich, daß Inferenzen sehr rasch und weitgehend automatisiert ablaufen. Und damit werden Inferenzen auch relativ gut vorhersagbar.

5.4 Anlässe für Inferenzen

Inferenzen sind für das Verstehen im Gespräch streng genommen *immer* nötig. Weil keine Mitteilung ‹vollständig› ist, müssen immer Inferenzen gezogen werden, damit verstanden, d.h. einigermaßen widerspruchsfrei Neues in Altes eingebaut werden kann.

---

1   Vielleicht gibt es in unserm Gedächtnis überhaupt isolierte Elemente nur als sehr, sehr seltene Spezialfälle: ein Traumfetzen, ein erinnertes Vorstellungsbild, dessen Entstehung und Zusammenhänge einstweilen nicht eruierbar sind.

5.4.1 Erwartungen

Inferenzen generieren Erwartungen, sicher (vgl. 5.2), Erwartungen stossen aber auch Inferenzen an, meistens automatisch und nicht bewußt. Spezielle Anlässe für Inferenzen sind dann gegeben, wenn Erwartungen nicht auf Anhieb aufgehen. Das gilt z.B. für die Erwartungen, die aus den Kooperationsregeln von Grice (1975) entstehen (vgl. 3.4). Wenn z.B. jemand eine Äußerung macht, die keinen Zusammenhang mit dem Vorhergehenden erkennen läßt und auch nicht als Themenwechsel angezeigt ist, sucht die verstehende Person Zusammenhänge, indem sie Implikationen und konnotative Anschlüsse produziert. Wenn beispielsweise die Rede von CO_2 ist und jemand einwirft, das Parlament sei korrumpiert, könnte man zuerst meinen, da sei das Thema gewechselt worden. Die Person, die diese Äußerung gemacht hat, wollte aber vielleicht sagen, die fälligen Reduktionsmaßnahmen gingen gegen die Interessen von gewissen Gruppen, denen gewisse Parlamentarier verpflichtet seien und die die Maßnahmen deshalb als untauglich ablehnten.

5.4.2 Widersprüche

Ein weiterer typischer Anlaß für außerordentliche Inferenzen entsteht aus expliziten Widersprüchen und aus Widersprüchen zwischen verschiedenen Kommunikationskanälen (vgl. Kapitel 1 und 2). Wenn z.B. jemand mit verkrampfter Miene betont, es gehe ihm oder ihr gut, sind wir geneigt, die Mitteilung nicht wörtlich zu nehmen, sondern als einen Versuch, (sich oder die Partnerperson) über Schwierigkeiten hinwegzutäuschen.

Lightfoot und Bullock (1990) haben ein logisches System der Möglichkeiten für die Lösung von kommunikativen Widersprüchen vorgeschlagen und auf seine entwicklungspsychologische Relevanz geprüft. Sie gingen von der (experimentellen) Situation aus, daß jemand mit einem freundlich lächelnden Gesicht sagt, eine Speise schmecke sehr schlecht, oder mit abweisend runzelnder Stirn sagt, daß er oder sie sich über ein eben erhaltenes Geschenk freut. Der Zuhörer oder die Zuhörerin kann diesen Widerspruch Lightfoot und Bullock auf folgende Weisen auflösen:

| A. | Inhalts-transformation | A1. Auslassung (eine Botschaft, z.B. Stirnrunzeln, wird ignoriert) |
| | | A2. Entstellung (eine Botschaft wird so verändert, daß sie zur anderen nicht mehr im Widerspruch steht, z.B. ein freudiges Augenbrauenheben anstelle des Stirnrunzelns sehen) |

B.	Referenz- transformation	B1. Kein Referent (Ignorieren, wovon die Rede ist und wozu sich das Stirnrunzeln beziehen könnte)
		B2. Einziger Referent (nur eine Botschaft wird auf den Kontext bezogen, z.B. nur die Aussage über Freude wird auf das Geschenk bezogen)
		B3. Verschiedene Referenten (jede Botschaft wird auf einen anderen Kontext bezogen, z.B. Aussage auf Geschenk und Stirnrunzeln auf einen Ärger über die Katze)
C.	Konstellations- transformation	C1. Sequentiell (eine Botschaft folgt auf die andere, d.h. ist nicht simultan, z.B. zuerst Ärger, dann Freude)
		C2. Teil-Ganzes (eine Botschaft bezieht sich nur auf einen Teil, die andere auf das Ganze, z.B. hat Freude am Geschenk, liebt aber das geschenkte Buch nicht)

Es macht den Eindruck, dass die Widerspruchslösungen A einfacher zu handhaben sind als B und diese einfacher als C. Jedenfalls haben die Autoren bei Kindern mit zunehmendem Alter eine kontinuierliche Verschiebung von A über B auf C gefunden.

5.5 Wegweiser für Inferenzen

Im folgenden gebe ich einen skizzenhaften Überblick über Wissensstrukturen, die als Wegweiser für das Schlußfolgern in Frage kommen. Für unseren Kontext möchte ich Inferenzen im Dienste des Verstehens eines mitgeteilten Sachverhalts und Inferenzen im Dienste des Verstehens eines Mitteilungsprozesses unterscheiden.

5.5.1 Inferenzen beim Verstehen eines mitgeteilten Sachverhalts

Die besprochenen Wissensstrukturen sind nach abnehmendem Auflösungsgrad geordnet. Die später genannten sind typischerweise den je früher genannten übergeordnet; sie inkorporieren die früher genannten.

5.5.1.1 Aggregation von Ereignissen

Das elementarste Vehikel der Inferenzen sehe ich in der einfachen Verbindung von erinnerten Ereignissen. Wer einmal zu seiner Überraschung in einem landwirtschaftlichen Ladewagen eine Giraffe gesehen hätte, würde sich beim Anblick eines zweiten solchen Gefährts leicht wieder an die Giraffe erinnern. Wer einen Flugzeugabsturz überstanden hat, könnte sich daran erinnern, so oft jemand von einer Flugerfahrung spricht. Das Lernen solcher Assoziationen läßt sich z.B. als *klassisches* und als *instrumentelles Konditionieren* erklären (Lefrançois, 1994).

Inferenzen auf der Basis von solchen elementaren Zusammenhangserfahrungen sind bestimmt häufig, aber auch oft irreführend. Vermutlich aber werden die irreführenden im weiteren rasch widerlegt. Beispiele: «Da braute sich ein Gewitter zusammen...» Ein Zuhörer oder eine Zuhörerin mit einer bestimmten Erfahrung könnte nun gleich die Mitteilung einer Feuersbrunst erwarten. Oder: Wenn jemand auf dem Buchenhubel einmal Morcheln gefunden hat und nun vernimmt, daß jemand von einem herrlichen Spaziergang auf den Buchenhubel sehr glücklich zurückkam, dann könnte ihm oder ihr die Inferenz, daß er Morcheln gefunden hat, wenigstens als Hypothese naheliegen.

5.5.1.2 Eigenschaften von Begriffen

Es ist typisch für menschliches Erleben, daß sich gleiche oder fast gleiche Erfahrungen wiederholen, daß gleiche oder gleichartige Ereignisse, Gegenstände oder Personen einem mehrfach begegnen. Dadurch entsteht das, was man in der Psychologie wie in der Logik Begriff (concept) nennt.

Die Psychologie des Begriffs, der Begriffsbildung, der Begriffsanwendung stellt einen großen Teil der Denkpsychologie dar. Ich gebe hier nur einige Hinweise. Es ist zweckmäßig, drei Arten von Begriffen zu unterscheiden, nämlich Assimilationsschemata sensu Piaget, Klassen und unscharfe Mengen (sog. fuzzy sets = nach Prototypen definierte Begriffe).

Assimilationsschemata subsumieren verschiedene ‹Gegenstände› und machen sie dadurch ‹gleichartig›. Beispiel: Bestimmte akustische Muster klingen wie Telefonanrufe, und entsprechend reagiert man darauf.

Klassen sind entweder nach definierenden Merkmalen oder nach der Aufzählung ihrer Exemplare definiert; im ersten Fall nennt man die Definition intensional (z.B. Welpe = «junger» «Hund»), im zweiten Fall extensional (Vokale = {a,e,i,o,u}).[1]

Die unscharfe Menge ist mental wahrscheinlich durch einen *Prototypen* (= typischstes Exemplar) repräsentiert; alles was einem Prototypen ähnlicher als irgend einem anderen ist, gehört zur entsprechenden Menge, zum entsprechenden Begriff.

Für das Verständnis von Inferenzen ist nun wichtig, daß alles, was für einen Begriff gilt, für alle seine Exemplare gilt. Wenn jemand gerne «Schank und Abelson (1977)» lesen würde und weiß, daß das ein Buch ist, kann er oder sie inferieren, daß es wie andere Bücher in einer Buchhandlung gekauft werden kann. Als ein anderes Beispiel betrachten wir die Aussage «Hans ergriff den Milchkrug und wollte Milch eingießen, da brach der Henkel. Die ganze Familie trank dann zu diesem Frühstück Tee.» Da wir wissen, wie Milchkrüge aussehen und wie man sie hält, ergeben sich aus diesem Satz leicht das Zwischenglied «es brach jener Teil des Milchkruges, den Hans in der Hand hielt» sowie die Extrapolation «wahrscheinlich ist dann der Krug auf den Tisch gefallen, zerschlagen, Milch ausgeschüttet, Verlegenheit entstanden...» Diese Extrapolationen sind bereit, als Zwischenglieder zur weiteren Aussage zum Teetrinken zu dienen, wodurch das Verstehen des ganzen Aussagenzusammenhangs möglich wird.

Inferenzprozesse dieser Art stehen im Dienst des Verstehens2: Einordnen von Ereignissen in bekannte Begriffe (vgl. Kapitel 4). Über Inferenzen aus dem Begriffswissen werden solche Einordnungen möglich.

Die Inferenzen, die aufgrund von begrifflichem Wissen stattfinden, sind sehr häufig und in der mündlichen Kommunikation allgegenwärtig. Sie sind problemlos, solange die Begriffe bekannt sind, resp. solange alle Gesprächsteilnehmerinnen und -teilnehmer die gleichen Begriffe haben und die verwendeten Etiketten oder Wörter den gleichen Begriffen zuordnen.

5.5.1.3   Abläufe und Rollen in Scripts

In den letzten Jahren versuchte die Psychologie, auch kognitive Strukturen zu erfassen, deren Komplexitätsgrad höher liegt als der von sog. Begriffen. In unserem Zusammenhang bediene ich mich des Systematikvorschlags, den

---

1   Die Merkmale (hier «jung», «Hund») sind allerdings logisch ihrerseits Begriffe, ebenso wie die Exemplare («ja», «b» etc.) schließlich wieder wie Begriffe zu fassen sind. – Obwohl Klassen-Begriffe die exaktesten sind (weil sie die Welt diskret oder digitalisiert darstellen) und darum von den Wissenschaftern und in der Schule überhaupt bevorzugt werden, beruhen sie psychologisch wahrscheinlich auf Begriffen, die anders definiert sein müssen, etwa als Assimilationsschemata oder als Prototypen.

Schank und Abelson (1977) mit ihrem automatischen Verstehenssystem entwickelt haben. Es handelt sich dabei um die Ebenen der Scripts, der Pläne, der Ziele und der Themen.

Ein Script ist ein Wissenskomplex, der einem stereotypen Ablauf von Ereignissen entspricht. Kulturelle Voraussetzungen haben dazu geführt, daß die meisten Menschen einer bestimmten Kultur bestimmte Verrichtungen in praktisch gleicher Weise ausführen, z.B. Geld auf der Bank holen, eine Flugreise antreten, ins Restaurant essen gehen, Abendtoilette machen (vgl. Barker, 1948, der die gleiche Idee unter Einbezug der situativen und materiellen Voraussetzungen als behavior setting beschrieb). Diese Scripts sind dem Individuum für seine Handlungsplanung, aber auch für sein Verständnis dessen, was abläuft, verfügbar; das Individuum ‹kennt› diese Scripts.[1]

Wir wollen das an einem berühmt gewordenen Beispiel, nämlich dem RESTAURANT-Script, ein bißchen näher ansehen. Das Script-Wissen ist in diesem Fall auf eine ganz bestimmte Art organisiert:

Script-Name: Restaurant

Spezifikation: Speiserestaurant

Ingredienzien: Tisch, Speisekarte, Gerichte, Geld, Rechnung

Rollen: Gast, Kellner, Koch, Kassierer, Besitzer

Eingangsbedingungen:

    Gast ist hungrig

    Gast hat Geld

    Restaurant bietet Mahlzeiten an

Resultate:

    Gast hat weniger Geld

    Besitzer hat mehr Geld

    Gast ist nicht hungrig

    Gast ist zufrieden

    Restaurateur ist zufrieden

Zeitlicher Ablauf der Szenen:

    1. Betreten des Gasthauses

    2. Bestellung

    3. Warten

    4. Auftragen

    5. Essen

    6. Bezahlen

    7. Ausgang

---

1   Schank & Abelson (1977, 41) definierten so: «A script is a structure that describes appropriate sequences of events in a particular context... A script is made up of slots and requirements about what can fill those slots. The script is an interconnected whole, and what is in one slot affects what can be in another.»

Dazu kommen Schlüsselwörter zum Abrufen aus dem Gedächtnis, z.B. «Restaurant», «essen gehen».

Scripts erleichtern das Leben, zum Beispiel dadurch, daß ich im Restaurant auf viele Dinge nicht achten muß (da fährt mich kein Auto an, da muß ich keine Prüfungsfragen beantworten etc.), oder dadurch, daß ich ziemlich gut vorhersagen kann, was kommt (ich werde von einem Kellner gefragt werden, was ich essen will; ich werde bezahlen müssen), oder dadurch, daß andere Leute (Rollenträger) mir zu besonderen Diensten sind (da bringt mir jemand auf meinen Wunsch zu essen, da kann ich um eine Zeitung fragen), oder dadurch, daß ich vieles weiß, was ich gar nicht sehe und mir niemand sagt (da ist ein Koch, da gibt es Speisekarten, da gibt es verschiedene Sorten Wein, da sind auch andere Gäste, die essen oder trinken, da finde ich eine Toilette).

Scripts sind in zweierlei Hinsicht inferenzrelevant:

(1) Sie führen Gegenstände oder Personen ein, auch wenn sie nicht genannt werden. Wenn ich erfahre, daß Hans ins Restaurant ging und ‹es› ihm nicht schmeckte, dann inferiere ich problemlos, daß er eine Mahlzeit aß, die ihm nicht mundete.

(2) Scripts enthalten slots oder Leerstellen, in die gewisse Füller passen, aber nicht irgendwelche. Ich erhalte z.B. Essinstrumente, etwa Gabel und Messer, aber nicht Hammer und Schraubenzieher. Viele Leerstellen sind schon gefüllt, aber nicht beliebig (auf der Speisekarte kann man zum Beispiel ‹Tournedos› lesen, aber kaum ‹Tour de Suisse›; der Preis kann z.B. zwischen Fr. 10 und Fr. 100 alles sein, aber kaum Fr. 1000). Das heißt: Selbst wenn die Leerstellen nicht gefüllt sind, habe ich eine Ahnung davon, was da etwa drin sein könnte (begriffliches Wissen!), und wenn ich von gewissen Gegenständen höre, kann ich leicht ausmachen, welche Slots sie füllen und welche Funktion sie im Ganzen folglich haben. Andererseits: Wenn ich erfahre, daß der Gast nur noch wenig Geld bei sich hatte und sich nach dem Restaurant-Besuch kein Taxi mehr leisten konnte, verstehen wir das nur, weil wir die Zwischenglieder inferieren können: Im Restaurant mußte er eben seine Zeche bezahlen, und das mochte fast seine ganze Barschaft gekostet haben.

Mit welcher Leichtigkeit wir mit Scripts umgehen, zeigt sich vor allem, wenn sie verletzt werden. Darum gebe ich einige Beispiele (frei übersetzt nach Schank & Abselson), in denen die selbstverständlichen Inferenzen zu Verstehens-Kollisionen führen.

«George, der Abfuhrarbeiter, holte einen Abfallkübel nach dem anderen und schüttete seinen Inhalt in den Containerwagen.»

«Larry, der Notar, holte einen Abfallkübel nach dem anderen und schüttete seinen Inhalt in den Containerwagen» (unpassender Leerstellenfüller: Notar).

«John kam bei einem Verkehrsunfall ums Leben. Dr. Schmid sagte, er habe wirklich nichts mehr machen können.»

«John kam bei einem Verkehrsunfall ums Leben. Fredi sagte, er habe wirklich nichts mehr machen können» (unklarer Rollen-Leerstellenfüller).

«Der Kellner rief die Bestellung an den ankommenden Gast weiter, der die Bratwurst präparierte und dem wartenden Pferd vorsetzte» (unzulässiger Leerstellenfüller: Pferd).

Gast: «Hamburger, Pommes frites und einen Kuß, bitte!» – Kellnerin: «Hauen Sie ab!»

Gast: «Hamburger und Pommes frites, bitte!» – Kellnerin: «Hauen Sie ab!» (unzulässiger Leerstellenfüller: Kellnerin-Antwort).

Scripts gestatten also laufend viele Inferenzen und führen zu Erwartungen. Werden diese Erwartungen erfüllt, läuft der Aufnahmeprozeß sehr leicht und rasch ab; ergeben sich Ereignisse, die außerhalb des Erwartungshorizonts liegen, dann stockt der Verstehensprozeß, bis für das Neue irgend eine Art von Integration gefunden worden ist. So konnte Perrig (1982) zeigen, daß der Leseprozeß vorhersagbar verlangsamt wird, wenn script-widrige Ereignisse in den Text eingestreut werden.

Inferenzen auf der Basis von Skriptwissen dienen mehreren Formen des Verstehens, insbesondere Verstehen$_4$ und folgende.

5.5.1.4 Pläne in Funktion von Zielen

Für Schank und Abelson (1977) kommen Pläne ins Spiel, wenn keine Scripts vorhanden sind, die den Dienst tun können. Wenn die verstehende Person dennoch ungefähr weiß, welches Ziel der Protagonist verfolgt, kann sie einigermaßen ausrechnen, wie er dazu zu kommen trachtet, d.h. was für einen Plan er hat. Erwartungen auf der Basis solchen weniger standardisierten Wissens sind zwar weniger präzis, aber sie gestatten doch eine beträchtliche Einschränkung der Aufmerksamkeit und ziemlich sichere Inferenzen.

Beispiel: «John wußte, daß der chirurgische Eingriff bei seiner Frau sehr teuer ausfallen würde. Aber da war noch der alte Onkel Harry. John griff nach dem Telefonbuch...»

Verstehen Sie? Vermutlich schon. Wollen wir die Inferenzen einmal ausdetaillieren: Aus dem ersten Satz ist erschließbar, daß John nicht sehr reich oder dann aber geizig sein könnte. Ein (inferiertes) Ziel dürfte sein, zu

Geld zu kommen. Da kann man allerhand tun: Borgen, betteln, stehlen, Überstunden machen, Eigentum verkaufen, Geld fälschen etc. Was soll da der alte Onkel Harry? Konnotationen: Erbschaft, reich, kinderlos. Das könnte in den Plan des Bettelns, Borgens oder Ausleihens passen. John greift nach dem Telefonbuch. An sich könnte das zu sehr vielen Zwecken geschehen, etwa: eine Fliege verscheuchen, auf dem Tisch Ordnung machen, eine Telefonnummer suchen und jemanden anrufen, die Postleitzahl einer Ortschaft suchen etc. Die zweitletzte Vermutung paßt am besten zu den verbliebenen möglichen Plänen: Wahrscheinlich will John das Geld borgen oder geschenkt erhalten. Immerhin: Es ist nicht ganz ausgeschlossen, daß er nur herausfinden will, ob der Onkel zu Hause ist, um den besten Zeitpunkt für einen Einbruch festzustellen. Und eine nochmals andere Inferenzkette wäre entstanden, hätten wir als Johns übergeordnetes Ziel das verstanden, die Operation zu umgehen. Vielleicht wäre dann Onkel Harry zu einem geworden, der mit Handauflegen heilen kann, usw.

Weitere Beispiele, kurz und selbstredend:

- John wollte Geld erben. Er ging Arsenik einkaufen.
- Maria wollte ein Steak in Tranchen schneiden. Sie rief Hans in die Küche.
- Robert war hungrig. Er zog den Michelin-Führer aus der Tasche (sicher wollte er nicht den Michelin-Führer aufessen).

Diese Art von Inferenzen steht im Dienst des Verstehens[6]: Handlungen auf Ziele zurückführen, nur müssen die Ziele hier erst inferiert werden.

5.5.1.5   Ziele im Dienst von Themen

Manchmal ist auch das aktuelle Ziel dem Beobachter oder dem Empfänger der Nachricht nicht bekannt. Dann kann er auch keine Pläne inferieren, es sei denn, es gelinge ihm mit einiger Verläßlichkeit, zuerst die Ziele zu inferieren. Das läßt sich tatsächlich aus der Kenntnis von generellen oder Oberzielen machen. Schank und Abelson (1977) nennen sie ‹Themen›.

Themen dienen dazu, Ziele abzuleiten. Gemeint sind die großen Lebensthemen, in denen die meisten Menschen sich nach vergleichbaren Werten orientieren, etwa *Unfall, Liebe, Bedrohung, Kontrolle, Urlaub, Reichtum, Natur* etc.

Schank und Abelson (1977, 102-104) gaben ein hübsches Beispiel dafür, wie leicht sich immer neue Ziele eines Protagonisten aus der Kenntnis seiner allgemeinen Ziele oder Themen und einzelnen, noch so fragmentarischen Verhaltensangaben inferieren lassen. Der Text ist folgender:

Professor Stifle kam neu in die Stadt und suchte sich ein Haus [H0, G0]. Er hoffte, eines im alten Kolonialstil im Nordparkquartier für weniger als 60'000$ zu finden [G1]. Er fragte sich herum nach einem guten Liegenschaftenhändler und wurde an die Firma Hustle & Co. verwiesen. Herr Hustle sagte ihm, im Nordparkquartier sei nichts unter 75'000$ zu haben, weshalb Stifle ihn bat, sich im Südparkquartier umzusehen [G2]. Bald darauf erzählte einer der neuen Kollegen Stifle, es sei im Ahornquartier ein gutes Haus zu kaufen. Stifle gefiel das Haus [G3], aber bevor er noch die Hypothekenfrage ab-klären konnte, erhielt er einen Anruf, daß seine Mutter ernsthaft erkrankt sei [H1]; so verließ er die Stadt. Als er zurückkam, war das Haus im Ahornquartier verkauft. Stifle beschloß, sich im Zentrum der Stadt eine Wohnung zu nehmen [G4]. Sogleich kaufte er einen Hund [G5]und zog die Familie nach [H0].

Die Leserin oder der Leser mag die Zielwechsel selbst nachvollziehen, evtl. mithilfe der Graphik, die ich nach einer Darstellung unserer Autoren nachgezeichnet habe (Figur 5-1).

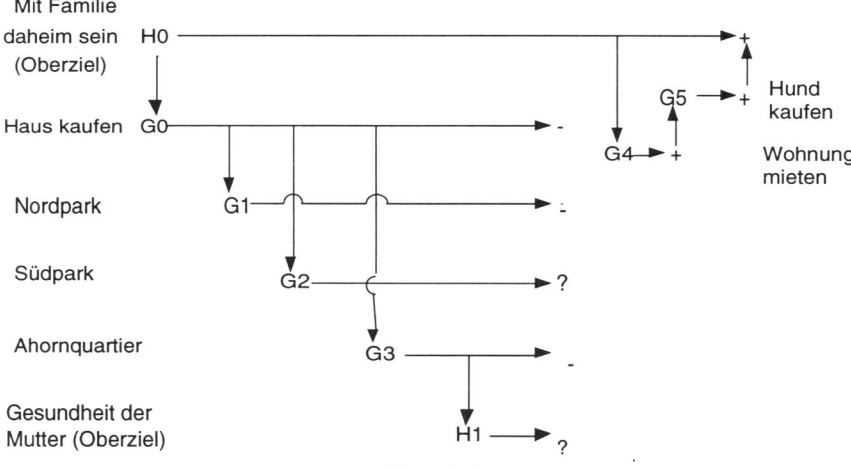

Figur 5-1

Zielwechsel-Darstellung (goal fate graph) nach Schank und Abelson (1977, 105)
[G = Ziele, H = Themen]

Weitere, einfache Beispiele aus Schank und Abelson (1977) sollen zeigen, wie selbstverständlich gewisse Themen sind und wie leicht sie die Inferenz von konkreten Zielen zulassen:

- «John und Mary nehmen zusammen das Frühstück ein. Da dringt ein Mann ein und bedroht Mary.» – Was wird John versuchen?
- «Frank ist Gerds Professor. Frank mag Gerd sehr gut. Gerd macht eine Dummheit und riskiert von der Universitätsleitung hinausgeworfen zu werden.» – Was wird Frank versuchen?
- «Ernie ist Bills Chef. Wie Ernie in Bills Bureau kommt, findet er Bill schlafend.» – Was wird Ernie zu tun versuchen?

Auf der Basis der sog. Themen lassen sich darum die Störungen, die wir in einigen Script-Beispielen sahen, in einem zweiten Anlauf doch klären, z.B. in folgendem:

– Gast: «Hamburger, Pommes frites und einen Kuß, bitte!» Kellnerin: «Hauen Sie ab!»

Inferenzen dieser Art dienen typischerweise dem Verstehen7, d.h. hier werden Inferenzen aufgebaut, die gestatten, Handlungsmotive zu verstehen. Prozesse des Verstehens II (= Inferenzen) dienen prinzipiell den Prozessen des Verstehens I (= Passung von Neuem und Altem).

5.5.2 Inferenzen beim Verstehen eines Mitteilungsprozesses

Das wörtlich Gesagte zu verstehen, reicht im Gespräch meistens nicht aus, wie aus den Ausführungen der Kapitel 2 und 3 leicht erschlossen werden kann. Der Prozeß und die Umstände der konkreten Mitteilung einer Nachricht sind dabei ebenfalls wahrzunehmen und zum Zweck des Verstehens mit Inferenzen anzureichern. Dies zu thematisieren, gehe ich die bereits eingeführten kommunikationstheoretischen Elemente nochmals durch (eine nächste Ausweitung erfolgt in Kapitel 6), nämlich:

– Wissen über die Partnerperson
– Kommunikationskonventionen
– Informationskanäle
– Nachrichtenreferenzen
– Nachrichtenebenen

5.5.2.1 Wissen über die Partnerperson

Wenn ich mit einer unbekannten Person spreche, nehme ich dennoch sehr viel über sie an, weil sie ein Mensch ist, und z.B. weil sie erwachsen ist, weiblich, französisch spricht etc. Und kaum hat das Gespräch angefangen, kumuliere ich sehr viel spezifisches Wissen über sie auf, darüber was sie weiß und was sie anscheinend nicht weiß, was sie mag, welchen Themen sie ausweicht etc. und inferiere auch auf dieser Basis weiteres Wissen.[1]

---

1   Kaiser (1987) hat mit der Simulation einer relativ (nur relativ) einfachen Dialogaufgabe gezeigt, in welchem Ausmaß und wie differenziert ein Kommunikationsteilnehmer sich ein Wissen über das Wissen der Partnerperson aufbauen muß: was er bisher gesagt hat, was sie gefragt hat, ob er die Frage beantworten konnte oder nicht, welche Termini sie versteht und welche nicht etc. etc.

Anhand solchen Wissens läßt sich eingrenzen, was die Partnerperson mit einer Äußerung überhaupt gemeint haben kann und was nicht. Wenn ein Elternpaar seinen Sohn von einer Reise zurück erwartet, das Telefon klingelt, die Frau antwortet und dann gleich zum Mann hinüber ruft: «Er ist angekommen», dann entnimmt er aus dieser Äußerung etwas ganz anderes, als wenn er weiß, dass seine Frau einen Expressbrief erwartet, mit dem Postamt telephoniert und dann zu ihm sagt: «Er ist angekommen».

Falscheinschätzung, Unter- und Überschätzung des Wissens von Partnern kann zu schweren, mitunter auch peinlichen Mißverständnissen führen. Besonders Überschätzung ist häufig peinlich. Beispiel: In einer Gruppe macht A einen Witz über sitzengelassene Liebhaber. Daraufhin verläßt B die Gruppe mit zornigem Blick auf A. Erst dadurch erhält A eine Ahnung von etwas, das er/sie gar nicht wußte, was ihm/ihr B aber zu wissen zutraute. B hatte voraus Wissen bei A inferiert, und A inferiert erst jetzt, was B ihm vorher attribuiert hatte.

Diesen umgekehrten Schluß von der ‹Interpretation› auf das Wissen verwenden gelegentlich Erzieher, aber auch Richter, als gefährliche Waffe. Privatdozent Schölkopf in Hermann Burger (1982; Ausgabe 1984, 30-31) erinnert sich an eine solche Szene:

Ein Nachbarsbub, mit dem mir der Umgang verboten war, ohne elterliche Begründung, einfach so, hatte mich in die Dunkelheit des achteckigen Laubsägepavillons im Park am Schloßgraben gezogen, wir hatten voreinander die Hosen runtergelassen, und Jeanpierre belehrte mich, die drei schönsten Dinge im Leben seien das Fudi, das Schnäbelchen und der Bauchnabel. Die Mutter hatte, als ich wieder einmal wie ein Sträfling eine geschlagene Stunde vor den erkalteten Grießtötschli saß, gefragt, was wir im Gartenhaus getrieben hätten. Ich schwieg. Habt ihr euch denn nicht nackt ausgezogen? Schweigen. Siehst du, der liebe Gott beobachtet alles, und er hat es mir sofort gemeldet.

Der Volksmund macht sich über Überschätzungen des Partnerwissens immer wieder lustig, etwa mit dem Sprichwort: «Qui s'excuse, s'accuse» oder mit Witzen wie dem folgenden: „Ein Klient kommt mit Gattophobie (= panischer Angst vor Katzen) in die Klinik. Der Psychologe findet bald heraus, dass das damit zu tun hat, dass der Klient meint, er sei eine Maus. Die Psychotherapie ist bald erfolgreich: Der Patient ist von seinem Wahn befreit und wird entlassen. Worauf nach wenigen Stunden er ausser Atem wieder zurückkehrt; er ist vor einer Katze geflohen. Psychologe: "Aber Sie wissen doch jetzt, dass Sie keine Maus sind." Patient: "Ja, aber weiß das denn die Katze jetzt auch?"

Eine spezielle Situation, in der über den Gesprächsverlauf besonders genau Buchführung gehalten und daraus gewichtige Inferenzen gezogen werden müssen, stellt die mündliche Prüfung dar. Darum dürfte auch verständlich sein, warum Gruppenexamina von den Examinatoren meistens nicht gerne abgenommen werden: Sie verlangen (zu) viel mentale Rekonstruktion des

Partnerwissens; dadurch wird das Examinieren sehr anstrengend resp. verliert es an Verläßlichkeit.

5.5.2.2 Kommunikationskonventionen

Kommunikationskonventionen erleichtern die Kommunikation u.a. dadurch, daß jeder Partner seine Erwartungen ausrichten und ganze Klassen von Ereignissen aus seiner Aufmerksamkeit entlassen kann (vgl. Kapitel 3). Das führt nun aber noch weiter: Wenn ich von meinem Partner annehme, daß er sich an solche Konventionen hält, muß ich für meine Inferenzen weniger weit suchen als wenn ich diese Annahme nicht machen kann. Wenn z.B. jemand zweimal nacheinander das Gleiche sagt und wenn angenommen werden darf, daß er annimmt, daß sein Partner ihn beim ersten Mal wenigstens akustisch und der Sprachoberfläche nach verstanden hat, dann hat sein Partner Anlaß, diese Aussage als eine besondere zu nehmen und mehr ‹dahinter› zu vermuten. Denn es gilt die Konvention, informativ zu sein (vgl. auch 3.4.3).

Konventionen des Nachrichtenaufbaus ermöglichen oft interessante Schlußfolgerungen. Wer z.B. ‹mit der Tür ins Haus fällt›, muß etwas Besonderes zu sagen haben – oder dann ein unkonventioneller, evtl. schlechter Kommunikant sein.[1]

5.5.2.3 Informationskanäle

Wir haben uns schon damit befaßt, daß meistens verschiedene Kommunikationskanäle entweder das Gleiche oder doch Komplementäres vermitteln (Kapitel 1 und 2). Wenn jemand nun eine harmlose Mitteilung macht und dabei errötet, dann ist die Mitteilung offensichtlich doch nicht harmlos; der Zuhörer hat Anlaß, Inferenzen zu suchen und allenfalls zu prüfen. Wenn

---

[1] Solche Konventionen sind in den letzten Jahren vor allem in der schriftlichen Kommunikation erforscht worden (sog. Textgrammatiken, Textsortenforschung [vgl. van Dijk, 1978, dt. 1980, 128-159]). In unserer eigenen Arbeit zur Wirkung von Textgrammatiken sind wir in Diskussion gelangt mit Literaturtheoretikern. Diese fanden dann bald, daß unsere stereotypen Formen (Märchen, Geschichten, Polizeiaufrufe nach Fahrerflucht etc.) gerade nicht das sind, was sie in den modernen literarischen Texten finden. Und gerade weil sie nicht so normiert seien, seien diese literarisch ansprechend. Die weitere Diskussion hat dann ergeben, daß literarische Stilmittel häufig in der Durchkreuzung von Lesererwartungen, in der Durchbrechung von Normen bestehen, die aber ihre Wirkung nicht hätten, wenn es die Erwartungen und die Normen nicht gäbe. Total normfreie Texte sind chaotisch; die gezielte und dosierte Verletzung von Normen setzt für ihre Wirkung die Normen beim Leser voraus.

jemand in einer ‹Wahrheitssituation› errötet, drängt sich wenigstens die Vermutung auf, daß er lügt (was bekanntlich ungünstig ist für Leute, die gerade in solchen Augenblicken Angst haben zu erröten, auch wenn sie die Wahrheit sagen...; vgl. Kapitel 2).

5.5.2.4 Nachrichtenreferenzen

Unter Nachrichtenreferenzen verstehe Bezugspunkte oder Aspekte, auf die sich die Nachricht bezieht. Jede Nachricht hat mehrere Referenzen. Im nächsten Kapitel werde ich für jede Nachricht fünf darstellen, nämlich je eine zur mitgeteilten Sache, zur sprechenden Person, zur angesprochenen Person, zur Beziehung und zum Anliegen der Person. Entsprechend sind zu jeder Mitteilung Inferenzen zu allen fünf Referenzen möglich. Das tut man natürlich normalerweise nicht bewußt.

Beispiele: Wenn mir jemand eine relativ intime Mitteilung macht, dann ziehe ich daraus auch Schlußfolgerungen betreffend sein oder ihr Beziehungsangebot, wenn auch oft provisorisch und vielleicht mit Mißtrauen. Oder: Die bekannte Aussage «Es ist kalt da drinnen» heißt für die dem offenen Fenster am nächsten sitzende Person, daß die erste möchte, daß diese das Fenster schließt (Anliegen-Aspekt).

Ein hübsches Beispiel eines Mißverständnisses auf der Basis von ‹zuvorkommenden› Inferenzen gibt Clark (1978, 243):

Eines Abends, als Margret und Jérôme gemütlich Feierabend hielten, klingelte das Telefon, und Margret antwortete. «Es ist Georg», sagte sie nach einer kurzen Weile, «sie geben am Samstagabend eine Party und laden auch uns ein. Bist Du interessiert?»
Was soll ich sagen?, fragte sich Jérôme. So wie Margrit fragte, möchte sie wahrscheinlich nicht sehr gerne gehen. Ich selbst würde sehr gerne gehen, aber ich will sie nicht zu einer Party schleppen, zu der sie nicht gerne geht. Ich lasse sie entscheiden. «Ja, schon, aber eigentlich bleibe ich auch gerne hier, mir ist es gleich.»
Seine Antwort ist so neutral, dachte Margret, ich glaube nicht, daß er gerne gehen möchte, und ich möchte ihn auf jeden Fall nicht zwingen, sonst wäre er nachher den ganzen Sonntag sauer.
«Ok, dann entschuldige ich uns», sagte sie, und nach einem kurzen Gespräch verabschiedete sie sich, legte den Hörer auf und setzte sich wieder zu Jérôme.
«Das scheint sehr lustig zu werden bei Georg», sagte sie nach einer Weile. «Schade, daß Du keine Lust hattest.»
«Ich, keine Lust? Du sagtest doch, daß Du nicht gehen möchtest. Ich überließ die Entscheidung Dir.»

Dieses Beispiel legt nach meiner Lesart eine normative Konsequenz nahe, die bei Clark nicht erwähnt wird: Menschen in der Kommunikationssituation sollten ihre Wünsche und Vorlieben selbst zur Kenntnis geben und nicht erwarten, daß sie von den anderen erraten werden. Erst wenn sie einmal bekannt sind, ist die Aushandlung ihrer Befriedigung wirklich möglich. Dann haben auch Großzügigkeit und Verzicht einen Platz. Die Berücksichtigung von geheimen Ansprüchen zu erwarten, ist nicht fair.

5.6 Verstehen prüfen und sichern

Einander zu verstehen, ist offensichtlich keine einfache Sache. Nicht nur kommt es leicht zu Nicht-Verstehen, sondern auch noch zum Mißverstehen, im schlimmen Fall gar zu unbemerktem Mißverstehen. Wie läßt sich Verstehen denn irgendwie absichern? Es gibt verschiedene Methoden, die wir dazu anwenden.

5.6.1 Verstehenssicherung durch die angesprochene Person

Vieles davon tun wir automatisch, anderes läßt sich bewußt einsetzen, zum Beispiel:

- *Rückfragen*. Diese können entweder nach einer (wörtlichen oder nichtwörtlichen) Wiederholung fragen oder nach nicht ausgesprochenen Zusammenhängen oder Schlußfolgerungen.
- *Wiederholen*. Wenn man unsicher ist, ob man noch richtig mitkommt, kann man das Gehörte selbst wiederholen, meistens nicht im Wortlaut, sondern *paraphrasiert* oder in *Zusammenfassung*.
- *Schlußfolgerungen zur Prüfung anbieten*. «Heißt das denn, daß...?» «Dann kommt mir vor, daß...» «Das muß für Dich unangenehm sein; ich denke...»

5.6.2 Verstehenssicherung durch die mitteilende Person

Beispiele:
- *Rückfragen*. Tönt simpel, ist aber nicht problemlos. Viele haben die Gewohnheit, am Ende einer Aussage die Bemerkung anzuhängen: «verstehen Sie?» («verschtosch?») und erwarten entweder ein Ja oder keine Antwort, jedenfalls nicht ein Nein.
Wenn man nicht nach der Manier eines Lehrers Prüffragen stellt, muß man schon etwas mehr ausholen, z.B.: «Ich weiß nicht, ob ich verständlich bin; kannst Du das nachvollziehen?» (Jedenfalls kann man nicht fragen: «Was meinst Du, daß ich gesagt habe?»). Norbert Wiener soll einmal gesagt ha-

ben: «Ich muß erst die Antwort hören, um zu wissen, was ich gesagt habe»
(Saul, 1995, 39).

– *Verhalten der Partnerperson beobachten.* Wer auf eine traurige Mitteilung
  hin lacht, hat wahrscheinlich nicht verstanden etc.
– *Konsistenz im weiteren Gespräch prüfen.* Entsprechend den Kooperations-
  prinzipien bleibt man auch beim Sprecherwechsel beim Thema, sofern
  man nicht einen Wechsel anzeigt. Unmotivierter Themenwechsel kann
  Miß- oder Nichtverstehen anzeigen. Weniger klar ist dann, daß man so
  ein Mißverständnis als solches anspricht oder ob man die unpassende
  Äußerung als des anderen Meinung aufnimmt, mit der man nicht übereinstimmt und gegen die man sich wehrt. So entstehen leicht unnötige Streit-
  gespräche.

6. Verstehen III: Dimensionen der Kommunikation

In einer Kommunikationssituation wird immer (a) vieles (b) gleichzeitig, (c) auf verschiedene Arten und (d) zu verschiedenen Gegenständen oder Aspekten des gleichen Gegenstandes mitgeteilt. Und es gibt auch nicht eine einzige Dimension, auf der sich das alles auflisten und unterscheiden ließe. Ich unterscheide und bespreche hier die folgenden Dimensionen:

- Informationskanäle und damit verbunden: Informationsformate, nämlich verbale und nonverbale. Man könnte auch von Kommunikationsmedien sprechen.
- Referenzen oder Aspekte des Kommunizierten: die Sache selbst, der Sprecher und seine Absichten, die Beziehung zwischen Sprecher und Partner etc.
- Logische Kommunikationsebenen: Kommunikation und Metakommunikation.

6.1 Informationskanäle und die Beziehungen zwischen verschiedenen Botschaften

Informationskanäle sind die Medien, über die Information vermittelt wird. Ich teile sie ein nach den Formaten der so übermittelten Information, nämlich in verbale (Sprechen, Schreiben, Tippen), paraverbale (Tonlage, Pausen, Lautstärke etc.) und nonverbale (Gesten, Haltung, Bewegungen etc.). Über die verschiedenen Klassen von Kommunikationskanälen handelt das Kapitel 2. Hier folgen einige ergänzende Hinweise.

Weil die verbale Kommunikation begrifflich und mehr oder weniger digitalisiert ist, ist sie sowohl präzis als auch leicht manipulierbar. Die Dinge beim Namen zu nennen, ist oft hilfreich, verpflichtet aber auch, weil danach oft wenig Interpretationsspielraum möglich ist. Menschen verwenden auch darum gerne die paraverbalen und die nonverbalen Kanäle, sprechen also oft nur indirekt und in Andeutungen aus, was sie meinen. Der gegenwärtige westliche Zeitgeist verlangt aber, daß wir wenn immer möglich ‹Klartext› reden, insbesondere wenn es um die Mitteilung persönlicher Wünsche geht. Wenn wir dazu nicht oder noch nicht den Mut haben, warten wir oft noch etwas zu und sprechen zuerst über Belangloses (das Wetter, politische Ereignisse, etc.). Mit solchem small-talk ‹tasten› wir uns gegenseitig ‹ab›. Das ist sehr wichtig, und das ist es, was Kinder nicht gut können.[1]

Die Botschaften, die über die einzelnen Kanäle laufen, können zueinander in verschiedenen Beziehungen stehen; sie können parallel, komplementär oder widersprüchlich sein.

---

[1] Darum verstecken sie sich gerne, wenn unbekannte oder lange nicht mehr gesehene Gäste ankommen. Sie hören sie aber, schauen ihnen von weitem zu und kommen langsam näher. Unverständige Eltern verlangen, daß die Kinder gleich herkommen, die Hand geben und auf Fragen artig Antwort geben. Das können die Kinder schon, aber nicht sofort!

6.1.1 Parallelität

Im Fall der Parallelität wird die gleiche Botschaft über mehr als einen Kanal übermittelt. Dadurch entsteht Redundanz, und das bedeutet Sicherung gegen Mißverständnisse. Beispiel: A ruft auf größere Distanz B zu sich («Komm doch zu mir herüber») und zeigt gleichzeitig die entsprechende Handgebärde. Parallelität kann auch eine Betonungswirkung haben; dafür werden vor allem prosodische Mittel wie Kunstpausen oder Erhöhung und Verstärkung der Sprechstimme eingesetzt, aber auch Gesten, Körperhaltung, Blicke.

Weil häufig mehrere Kanäle das Gleiche oder teilweise das Gleiche mitteilen und weil Teile dieser Kommunikation automatisch (d.h. unkontrolliert) ablaufen, ist es schwierig, jemanden ‹ins Gesicht hinein› anzulügen (vgl. Kapitel 2).

6.1.2 Komplementarität

Die verschiedenen Informationskanäle kommen nicht nur als parallele Sicherungen in Frage, sie wirken oft auch komplementär. Das entweder in dem Sinn, daß Teile über einen Kanal und andere Teile über andere Kanäle kommuniziert werden (additive Komplementarität), oder in dem Sinn, daß die Botschaft aus dem einen Kanal erst den Schlüssel zum Verständnis der Botschaft aus einem andern Kanal gibt (interpretative Komplementarität: «C'est le ton qui fait la musique»; Delhees, 1994, 46, nennt dies implizite Metakommunikation).

6.1.2.1 Additive Komplementarität

Beispiel: Jemand rennt die Treppe hinunter zur Haustüre und ruft seiner Frau zu, daß er um sieben Uhr zurück sein werde. Die nonverbale Botschaft ist die, daß er in Eile ist und auch keine Zeit hat für einen längeren Informations- oder Meinungsaustausch. – Die verbale und die nonverbale Botschaft sind von einander verschieden; beide sind wichtig.

6.1.2.2 Interpretative Komplementarität

Beispiel: Eine Frau sagt, daß ihre Tochter in einer entfernten Großstadt eine Stelle angenommen habe; dabei treten ihr Tränen in die Augen. Die Tränen geben mögliche Hinweise darauf, was die Frau ‹wirklich› sagen möchte.

6.1.3 Widerspruch

Eine weitere Relation zwischen Botschaften aus verschiedenen Kanälen ist die des Widerspruchs. Man kann darin allenfalls einen Spezialfall der interpretativen Komplementarität sehen. Solche Widersprüche können direkt oder indirekt (‹gebrochen›) sein.

6.1.3.1 Direkter Widerspruch

Ein direkter Widerspruch liegt z.B. vor, wenn jemand mit bebender Stimme und errötendem Kopf sagt, ihm mache das alles, was da ablaufe, nichts aus.

6.1.3.2 Gebrochener oder indirekter Widerspruch

Ein gebrochener Widerspruch liegt etwa vor, wenn jemand wiederholt und ruhig sagt, ein bestimmtes Ereignis berühre ihn gar nicht (zwischen den einzelnen verbalen Aussagen und der paraverbalen Botschaft besteht zwar kein direkter Widerspruch; aber gerade die Wiederholung ist dann nicht genügend motiviert, wenn die wörtliche Aussage richtig ist: der Zuhörer schöpft Verdacht auf Verstellungsversuche). Ein anderes Beispiel ist der Schwur Petri, Jesus nicht zu kennen; warum schwörte Petrus unaufgefordert? Ein indirekter oder gebrochener Widerspruch ist nicht direkt sichtbar, sondern muß erschlossen werden. Am schlechtesten kaschieren kann man aktuelle Gefühle (vgl. Kapitel 2.4.2).

6.1.4 Ersetzung

Es gibt Dinge, die sich nonverbal besser als verbal mitteilen lassen. Mal können einem «die Worte fehlen», wie man oft sagt, mal wäre jede verbale Formulierung zu kraß oder peinlich, vor allem in den Bereichen von Zuneigung und Abneigung, mal möchte man nicht, daß andere mithören, weshalb man mit den Augen zwinkert oder mit dem Ellbogen den Partner leicht anstößt.

6.2 Referenzen

Unter Referenzen verstehe ich Gegenstände oder Gegenstandsaspekte, auf die sich eine Aussage bezieht. Im Gespräch sagen wir häufig zu mehreren Dingen gleichzeitig etwas, sei es auf verschiedenen Kanälen oder sei es gar auf dem gleichen. Die Vorstellung, daß Gespräche sich in der Informationsübertragung erschöpfen, ist in der Psychologie schon lange fallen gelassen worden. Sprechend regulieren Menschen eigene innere Zustände, und sprechend versuchen Menschen, andere Menschen zu beeinflussen, innere Zustände in ihnen zu verändern oder sie zu äußeren Handlungen anzutreiben (Herrmann & Grabowski, 1994).

6.2.1 Ausdruck, Appell und Darstellung (Karl Bühler)

Schon 1934 hat der Gestaltpsychologe Karl Bühler, beeindruckt von den multiplen Funktionen einzelner Äußerungen, zur Systematisierung der multiplen Referenzen sein sog. *Organon-Modell* vorgeschlagen. Er unterschied drei verschiedene «Aspekte der Sprache», nämlich: Darstellung, Ausdruck und Appell. Das heißt, daß die sprechende Person nicht nur eine bestimmte Sache darstellt oder bespricht (1), sondern immer auch etwas über sich selbst mitteilt (2) (etwa ihre Einstellung zum Gesagten) und mit ihrem Sprechen etwas erreichen möchte (3).

Durch die Hervorhebung der Appellfunktion wird aus der Sprachpsychologie auch eine Sprecherpsychologie und (im Ansatz) auch eine Interaktionspsychologie. Das vollständige Verstehen einer Mitteilung muß darum auch ein Verstehen des Senders oder der Senderin umfassen. Und die erfolgreiche Mitteilung umfaßt darum mehr als nur die genaue sprachliche Übertragung des Besagten, nämlich auch eine Mitteilung seiner selbst.

Jacobson (1960; zit. nach Delhees, 1994, 31) hatte Bühlers Unterscheidung weiter differenziert zu einem Sechserschema, das Delhees selbst unter leichter Veränderung wie folgt faßte: (1) Sachinhalte, (2) Appell, (3) Erläuterung, (4) Beziehung, (5) Ausdruck und (6) Stil.

6.2.2 Inhaltsaspekt und Beziehungsaspekt (Watzlawick, Beavin & Jackson)

Diese drei Autoren haben vorgeschlagen, in jeder Mitteilung zwei Aspekte zu beachten, nämlich einen Inhaltsaspekt und einen Beziehungsaspekt. Der Inhaltsaspekt kann auch Sachaspekt genannt werden und entspricht der

Darstellungsfunktion nach K. Bühler. Der Beziehungsaspekt faßt die beiden anderen nach Bühler zusammen und geht noch darüber hinaus. Ich möchte das mit einem ihrer berühmt gewordenen Beispiele demonstrieren:

Wenn Frau A auf Frau Bs Halskette deutet und fragt: «Sind das echte Perlen?», so ist der Inhalt ihrer Frage ein Ersuchen um Information über ein Objekt. Gleichzeitig aber definiert sie damit auch – und kann es nicht nicht tun – ihre Beziehung zu Frau B. Die Art, wie sie fragt (der Ton ihrer Stimme, ihr Gesichtsausdruck, der Kontext usw.), wird entweder wohlwollende Freundlichkeit, Neid, Bewunderung oder irgend eine andere Einstellung zu Frau B ausdrücken. B kann ihrerseits nun diese Beziehungsdefinition akzeptieren, ablehnen oder eine andere Definition geben, aber sie kann unter keinen Umständen – nicht einmal durch Schweigen – nicht auf As Kommunikation antworten. Für unsere Überlegungen wichtig ist die Tatsache, daß dieser Aspekt der Interaktion zwischen den beiden nichts mit der Echtheit von Perlen zu tun hat (oder überhaupt mit Perlen), sondern mit den gegenseitigen Definitionen ihrer Beziehung, mögen sie sich auch weiter über Perlen unterhalten (Watzlawick, Beavin & Jackson, 1967, dt. 1969, 54).

Weiter unten sagen die Autoren, mit der Kommunikation zwischen Menschen verhalte es sich wie mit der Kommunikation zwischen Mensch und Computer: Diesem müsse jener auch nicht nur Daten zur Bearbeitung anbieten, sondern zusätzlich noch Instruktionen darüber, wie diese Daten zu bearbeiten seien (= das Programm). In diesem Sinn verstehen sie den Beziehungsaspekt einer Kommunikation als «Kommunikation über eine Kommunikation» resp. als «Metakommunikation» (Watzlawick, Beavin & Jackson, 1967, dt. 1969, 55). Sie formulieren als Axiom: «Jede Kommunikation hat einen Inhalts- und einen Beziehungsaspekt, derart, daß letzterer den ersteren bestimmt und daher eine Metakommunikation ist» (S. 56).

Daß Watzlawick et al. die beiden Bühler-Funktionen der Selbstdarstellung und des Appells in eine zusammenfassen, kann man bedauern (sie zitieren allerdings Bühler nicht); daß sie aber im Gegensatz zu ihm das soziale Moment der Beziehung betonen, empfinde ich als einen Gewinn. Tatsächlich hängt ein erfolgreiches Gespräch vielfältig von der Beziehung zwischen den Gesprächsteilnehmern ab. Ich denke an Symmetrie und Komplementarität, an die Rollen, die die Teilnehmer sich gegenseitig zuspielen, akzeptieren oder sich selbst zuordnen, an die soziale Wahrnehmung, an die gegenseitigen Erwartungen und Befürchtungen, an die gegenseitige Achtung, Anerkennung, Liebe etc. (vgl. auch Kapitel 9).

In einem befriedigend verlaufenden Gespräch müssen Inhalts- und Beziehungsaspekt der Kommunikation miteinander verträglich sein. Oder schärfer formuliert: Wenn die Gesprächsteilnehmer sich über die meist implizite Definition ihrer Beziehung nicht einig sind, dann können sie auch auf der Inhaltsebene kaum erfolgreich Information austauschen und einander verstehen (im Sinne des Verstehens5 oder höher; vgl. Kapitel 4). Ein Ehemann kann seine Ehefrau für einen noch so offensichtlichen Fehler beim

Autofahren kritisieren; wenn die Frau diese Zurechtweisungsbeziehung nicht anzunehmen bereit ist, dann können die beiden u.U. beliebig lange erfolglos über die Sache streiten; sie mag seine Behauptung abstreiten, seine Regel für falsch erklären, als ‹bloße Theorie› abtun etc. Wenn hingegen die Beziehungsdefinition für beide akzeptiert ist, dann sind Meinungsverschiedenheiten auf der Inhaltsebene austragbar. Dann (und nur dann) kann mit Logik oder mit eigenen Ansprüchen argumentiert werden.

Man könnte allgemeiner sagen: Bei sachlichen oder anscheinend sachlichen Meinungsverschiedenheiten ist zuerst zu klären, ob die Beziehungsdefinition von allen Beteiligten akzeptiert wird. Wird sie akzeptiert, läßt sich über die Sache streiten; wird sie nicht akzeptiert, sollte man nicht über die Sache streiten, sondern erst die Beziehung klären, evtl. via ein direktes Gespräch über die Beziehung selbst. Das ist allerdings manchmal aufwendig und praktisch nicht realisierbar (vgl. 3.6).

Wieder anders liegen die Dinge, wenn die Meinungsverschiedenheit auf der Inhaltsebene nicht nur rational, sondern emotional, wertend ist. Wenn dieser Wertungsunterschied weniger wichtig ist als die (gute) Beziehung, kann man einig werden darüber, in einem Punkt uneins zu sein (‹we agree that we don't agree›).

Wenn aber zwei Gesprächsteilnehmer in der Bewertung einer wichtigen Sache von einander wesentlich abweichen, dann ist davon auch die Beziehung zwischen den beiden betroffen. Allerdings oft nicht so, daß sie offen über ihre Beziehung streiten, sondern daß sie für beide (oder für denjenigen der beiden, der davon weiß) negativ wird, in Rivalität oder Haß oder gegenseitige Meidung umschlägt.

Heider (1958, dt. 1977) hat mit seiner «affektiven Logik der Beziehungen» gezeigt, daß im Dreieck zwischen zwei Partnern und einer gemeinsamen Sache nur entweder alle drei oder eine einzige Relation positiv (im Sinne des «liking» oder des Mögens) sein kann, andernfalls steht das System unter großem Änderungsdruck. Das wird mit der Figur 6-1 veranschaulicht.

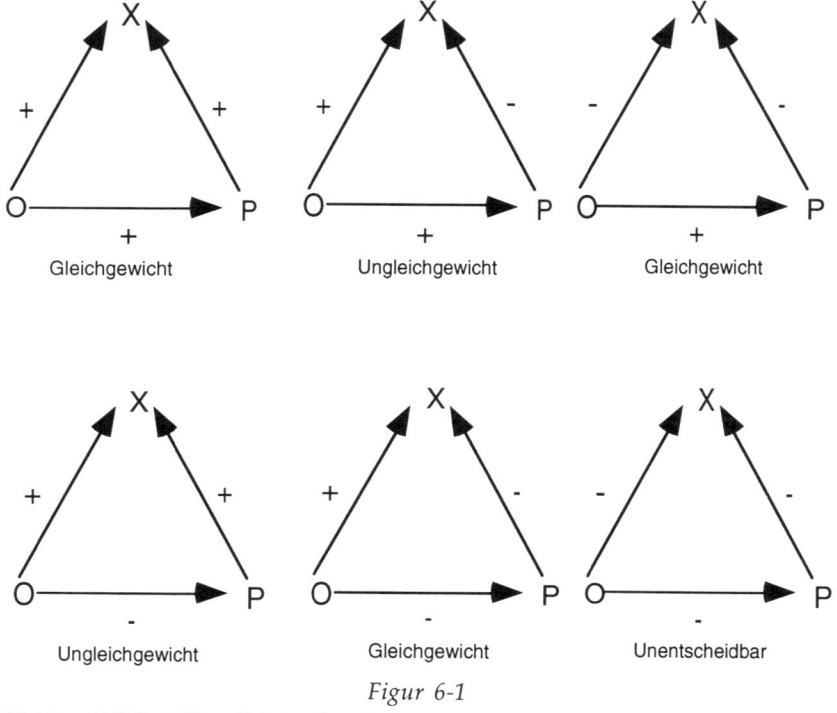

Figur 6-1

Heiders (1958, 208) «affektive Logik der Beziehungen» (O und P = Partner; X =
Referenz, Sache); vereinfachte Darstellung nach Baacke (1973, 121)

6.2.3 Ein Fünf-Referenzen-Modell

Schulz von Thun (1977; 1981) schlug vor, alle Kategorien aus beiden Vor-
schlägen, dem von Bühler und dem von Watzlawick et al., zu unterscheiden.
Da beide in der Darstellungsfunktion resp. Inhaltsebene übereinstimmen,
entstand dadurch ein Analysesystem von vier Botschaftsaspekten, nämlich
Sachinhalt, Selbstoffenbarung, Beziehung und Appell. Ich übernehme im
folgenden diese Systematik, allerdings erweitert um ein Element, das für
mein Verständnis von gleicher Wichtigkeit ist, nämlich das Angebot einer
Partnerdefinition durch die sprechende Person.

6.2.3.1 *Die explizite Botschaft*

Die explizite Botschaft oder der Sachinhalt ist das Selbstverständlichste in
der Kommunikation. Er besteht in dem, was verbal explizit ausgesagt wird.

114

Man könnte meinen, daß Kommunikation einfach wäre, wenn sie nur den Sachinhalt beträfe. Aber so einfach könnte die Kommunikation nur sein, wenn sie auch umständlich und langatmig sein dürfte. Man denke an einen Datentransfer zwischen zwei Computern oder die Informationsverarbeitung einer Telegraphenbeamtin, die weder Sender noch Empfänger wahrnehmen kann und vieles explizit machen muß, was im Gespräch implizit ist, z.B.: Das freut mich; ich bin in Eile; ich nehme an, sie verstehen mich; unter uns gesagt.

In schwierigen Kommunikationssituationen wird manchmal ‹mehr Sachlichkeit› gefordert. Wenn damit die Forderung nach ausschließlicher Konzentration auf den Sachaspekt der Kommunikation gemeint ist, dann kann diese Anstrengung leicht kontraproduktiv werden. Oft haben die anderen Aspekte faktisch dennoch Priorität, und mancher Gesprächsteilnehmer kann in der Sache unverständlich werden, wenn er das Gesicht zu verlieren fürchtet oder wenn er seine Beziehungen dadurch gefährdet sieht. Unter anderem diesem Umstand entspricht die TZI-Maxime, daß Störungen Vorrang haben (vgl. später). Die Forderung nach Sachlichkeit sollte darum oft gerade heißen, erst die übrigen Gesprächsvoraussetzungen zu klären, nämlich die Seiten der Selbstdarstellung, der Partnerdefinition, der Beziehung und des Appells, damit dann die Sache tatsächlich sachlich diskutierbar wird (wobei diese Sache unter Umständen dann doch die Beziehung etc. ist).

6.2.3.2 Die Selbstdarstellung

Unter Selbstdarstellung verstehe ich alle Information, die eine kommunizierende Person über sich selbst preisgibt. In sozialen Situationen pflegen wir alle unsere Selbstdarstellung (Goffmann, 1956). Wir wissen, daß wir auf die Mitmenschen auf jeden Fall einen Eindruck machen, und wir möchten im allgemeinen einen guten Eindruck machen, in USA spricht man von «impression management» (Schlenker, 1980).

Jede Mitteilung enthält Selbstdarstellungsinformation. Viele Menschen haben Angst, daß aus der implizit mitgeteilten Selbstinformation Unvorteilhaftes entnommen wird, z.B. wenn sie Vorträge halten («wie schneide ich ab?»), wenn sie an einer öffentlichen Diskussion teilnehmen oder wenn sie zum ersten Mal den Eltern des neuen Freundes oder der neuen Freundin begegnen (Selbstoffenbarungsangst). In der Öffentlichkeit kontrolliert man seinen emotionalen Ausdruck stärker als privat. Das variiert allerdings stark von Individuum zu Individuum (Friedman & Miller-Herringer, 1991). Laut empirischen Untersuchungen geben Frauen im allgemeinen mehr von sich preis als Männer (Dindia & Allen, 1992); auch interpretieren sie nonverbales Verhalten anderer durchschnittlich treffender (Hall, 1979).

Es ist ganz natürlich, daß wir uns um eine vorteilhafte Selbstdarstellung bemühen (Goffman, 1959; Mielke, 1990; Tedeschi, 1981). Im allgemeinen ist es auch den Partnerinnen und Partnern angenehm, eine gefälliges Gegenüber zu haben. Darum schätzen wir gepflegte Kleidung, interessante Äußerungen, Aufmerksamkeit etc. Aber man kann diese Bemühungen übertreiben, und das ist für die Partnerpersonen unangenehm. Beispiele: Viele positive (explizite) Aussagen über sich selbst und über eigene Handlungsprinzipien («Ich schimpfe nie über andere Menschen in ihrer Abwesenheit, aber...»); beiläufige Imponierbemerkungen («Kürzlich kam ich in Bangkok auf die Idee, mal alle ehemaligen Klassenkameraden nach Hause einzuladen»; «Günther Grass hat einmal, als wir so in kleiner Runde am Cheminé saßen, gesagt...»); Lenkung des Gesprächs auf Themen, in denen man selbst groß herauskommt (sog. Heimvorteil) etc. Eher kontraproduktiv ist aber auch das selbstanklagende oder entschuldigende Hervorheben von unangenehmen eigenen Seiten (Beispiel, wenn ein Gast den Weg zur Toilette erbittet: «Dort durch, aber achten Sie nicht auf die Unordnung in meiner Wohnung»[1], oder, wenn die Salatsauce gerühmt wird: «Sie ist mir heute nicht so ganz gelungen, weil...»).

Qui s'excuse, s'accuse, ganz wörtlich! Viele Menschen haben Mühe, zu sich selbst zu stehen, wenn sich jemand als Fachfrau oder als Fachmann zu erkennen gibt, etwa in einem Vortrag, in dem ein ausgebildeter Philosoph sitzt: «Das könnte der Philosoph viel besser erklären»; oder: «Sie sind Psychologin, wir sind halt nur Laien»; oder: «Ich bin natürlich nicht so gebildet wie der xy.»

Das bisweilen krampfhafte Arrangieren der Selbstdarstellung kann nicht nur die gegenteilige Wirkung haben, sondern auch die Sachkommunikation erschweren. Es absorbiert Aufmerksamkeit und entstellt oft die Sachmitteilung.

Selbst wenn die optimale Selbstdarstellung gelingt, ist das noch keine Garantie für ein gutes Gespräch. Perfekte Menschen sind nicht gemütliche Menschen; perfekte Menschen sucht man nur in Not auf; wer perfekt sein will, riskiert viel Einsamkeit. Wer alles kann, gescheit spricht, großartige Prinzipien und Umgangsformen hat, seine Gefühle immer im Zügel hat und obendrein das Gespräch geradezu fachmännisch leitet und interessant gestaltet, wirkt kalt, eventuell maschinenhaft und macht oft sogar Angst. Das gilt insbesondere für Psychologinnen und Psychologen, wenn sie im Alltagsgespräch (ab)sichtlich besonders wohlwollend sind, reichlich bewährte

---

1   Kürzlich erlebt beim Besuch einer Familie in einem (fast fertig) umgebauten Haus, indem noch Lampen fehlten und Glühbirnen an herunterhängenden, wild verbogenen Drähten hingen. Nachdem die Frau des Hauses bedauert hatte, daß sie deswegen die Zimmer nur unfertig zeigen könne, empfahl ihr die zehnjährige Tochter hernach, künftig zu sagen, das seien «Tinguely-Lampen».

Gesprächstechniken anwenden, systematisch die Gefühle des Partners wiederspiegeln (nach gut rogerianischer Manier), Feedback-Zusammenfassungen machen etc.

Man hört gelegentlich die Empfehlung, in einem Gespräch vor allem die Partnerin oder den Partner zum Wort kommen zu lassen und sie oder ihn einzuladen, von sich zu erzählen. Das ist gut und recht, wenn es nicht dazu führt, daß man von sich nur wenig oder nichts mitteilt. Es ist nämlich der Partnerperson gar nicht so angenehm, von sich erzählen zu dürfen oder zu sollen, wenn sie nicht recht weiß, in welcher Verfassung ich als ihr Zuhörer bin, was ich mit dem Erzählten mache, etc.

Das gilt mindestens für Gesprächspartner, deren Beziehung vorausgehend einigermaßen symmetrisch ist. In extrem abhängigen Verhältnissen werden die Partnerpersonen entsprechend selektiv in ihrer Selbstdarstellung. Aber auch dann ist ein Minimum an Selbstdarstellung geraten, wenn die Kommunikation im gegebenen Rahmen erfolgreich sein soll. Sogar der Richter sollte dem Angeklagten wenigstens seine Bereitschaft, ihm zuzuhören, zeigen, sollte Rückmeldungen geben darüber, daß er weiterhin zuhört, aufnimmt und versteht.

In extremer Form steht die Selbstdarstellung in der mündlichen Prüfung im Vordergrund. Die examinierende Person weiß zwar vermutlich alles, was die examinierte Person als Sachinformation von sich gibt, aber sie ist an der examinierten Person interessiert, also daran, *ob* sie bestimmte Wissenseinheiten und -strukturen besitzt. Die geprüfte Person möchte sich selbst darum in ihrer Sachinformation so gut wie möglich darstellen. Darum verbirgt sie meistens Selbstzweifel, Angst, Aufregung, Zorn, Niedergeschlagenheit, Minderwertigkeitsgefühle etc., versucht aber Sicherheit und Informiertheit zu zeigen. Sie spricht so gekonnt wie möglich über den Sachinhalt, weil die prüfende Person sie (aber eben sie) danach beurteilt. Die prüfende Person andererseits gibt recht wenig von sich; darum ist die geprüfte Person auf kleinste Äußerungen der Selbstoffenbarung (Augenzwinkern, Handbewegungen, Erstaunensmienen etc.) angewiesen und reagiert darauf sehr sensibel.

Ähnliches gilt für das Bewerbungsgespräch, allerdings mit dem wichtigen Unterschied, daß dort teilweise die Information über die Person gar explizites Thema oder Sachinformation ist. Im Examen spricht man (meistens) über Sachen und meint sich selbst, im Bewerbungsgespräch spricht man teilweise direkt über sich selbst.[1]

---

1   Und die Situation der Vorlesung? Diese kann eine eigentliche ‹Vor-Lesung› sein, in der die dozierende Person hinter ihrem Text (scheinbar) verschwindet, oder Stück aus einer insgesamt gegenseitigen Kommunikation. In keinem Fall kommt die vortragende Person darum herum, sich selbst bis zu einem bestimmten Maß zu offenbaren. Schwerer verständlich ist die Selbstoffenbarung der Vorlesungsteilnehmerinnen und -teilnehmer. Wenn sie nur Zuhörerinnen und -zuhörer sind, muß

Kommunikation kann nicht gelingen, wenn nicht jeder Teilnehmer sich ein Bild vom anderen macht (vgl. Fussell & Krauss, 1992). Davon hangen Wortwahl, gewählte Informationsdichte, für das Verstehen vorausgesetzte Vorkenntnisse, die Annahme der Gültigkeit der Kommunikationskonventionen usw. ab.

Dieses Partnerbild bleibt aber nicht privat, denn durch die Äußerungen hindurch kann der Partner entnehmen, für wen ihn der andere hält. Wenn nach einem Beispiel von Schulz von Thun der Mann zu seiner Frau, die am Steuer sitzt, sagt, daß die Ampel auf grün sei, dann kann das auch mal heißen, daß er von ihr ein Bild der untauglichen Fahrerin hat. Und das ist es, was sie vermutlich mehr ärgern wird, als daß sie das Grünlicht nicht gleich gesehen hat.

Es sind Attributionen, Bilder, Definitionen der und des anderen, die oft am Anfang eines Beziehungsgerangels in einem Gespräch stehen.[1] Es empfiehlt sich darum, die Partnerdefinition nur so weit zu treiben, wie es unbedingt nötig ist. Dem entspricht auch Gordons (1970) Empfehlung, nach Möglichkeit Du-Botschaften durch Ich-Botschaften zu ersetzen. Die Ich-Botschaft stellt eine Selbstoffenbarung dar sowie allenfalls das Angebot einer Beziehungsdefinition, die Du-Botschaft definiert die Partnerperson und kann als Zumutung verstanden werden. Je nach Machtverhältnissen und Persönlichkeit wird die Du-Botschaft sogar als gültige Etikette entgegengenommen, allenfalls noch generalisiert und durch Verhalten bald einmal bestätigt, oder aber zurückgewiesen.[2]

---

sich die vorlesende Person auf relativ wenig Selbstmitteilungsinformation aus dem Auditorium verlassen (ein Lachen, gähnende Ruhe, eifriges Schreiben, Scharren, miteinanders Schwatzen, vorzeitiges Hinausgehen etc.).

1   In einer Selbsterfahrungsgruppe habe ich vor Jahren die ‹Übung› erlebt, daß Teilnehmer das Gesicht eines Ad-hoc-Partners resp. einer Ad-hoc-Partnerin nach eigenen Vorstellungen bemalen sollten (ich habe meinerseits während dieser Übung meine Teilnahme ausgesetzt). Viele der Bemalten waren dann sehr betroffen, als sie sich vor dem Spiegel sahen: Sie sahen sich als Produkt fremder Attributionen und (maltechnischen sowie künstlerischen) Ungeschicktheiten...

2   Menschen definieren nicht nur, wen sie eben vor sich haben, sondern wählen auch nach bevorzugten Definitionen aus. Laut einer Untersuchung von Swann, Stein-Seroussi & Giesler (1992) haben Menschen eine Tendenz, solche Partner zu wählen, die sie so sehen, wie sie sich selbst sehen (self-verification), selbst dann, wenn sie von sich selbst negativ denken. Offensichtlich reicht das, die Welt als kontrollierbar zu verstehen. Darüber hinaus gibt es allerdings auch eine Tendenz, sich Partner zu wählen, die einen positiv sehen (self-enhancement); dies besonders bei Leuten, die selbst ein positives Selbstkonzept haben.

6.2.3.4 Die Beziehungsinformation

Das Gespräch läuft immer in einer sozialen Beziehung ab, es basiert auf einer sozialen Beziehung und ist imstande, sie fortlaufend zu verändern. Eine soziale Beziehung weist den Beteiligten bestimmte Rollen zu, nämlich Aufgaben und Möglichkeiten/Berechtigungen. Wenn die Beziehung klar und von allen Beteiligten angenehm akzeptiert ist, dann läuft die Kommunikation über die anderen Aspekte relativ gut; wenn nicht, kann die ganze Kommunikation zu einem Ringen um die Beziehungsdefinition werden.

Beziehungsinformation wird auf viele Arten vermittelt, nonverbal und verbal. Wer jemandem einen Auftrag gibt, definiert die Beziehung als asymmetrisch im Sinne des Befehlen-dürfens und Gehorchen-müssens. Wer einen Auftrag nicht annimmt, verweigert nicht nur eine bestimmte Dienstleistung, sondern auch das Beziehungsangebot. Wer jemandem ein Geheimnis anvertraut, definiert die Beziehung als verbündet oder als geheim, als solidaritätsberechtigt und solidaritätsverpflichtend. Wer zu jemandem sehr gescheit redet, definiert den Partner entweder als sehr gescheit (oder – wenn er sichtlich annimmt, daß der Partner nicht mitkommt – als dumm). Wer jemanden vor einer Besprechung warten läßt, wer jemanden am Flughafen abholt, wer jemandem seine ausgetragenen Kleider schenkt, wer jemanden zu einem Konzert einlädt, wer jemanden bei der Begrüßung küßt, wer jemanden..., der bietet entsprechende Beziehungsdefinitionen an.

Bliesener (1984, 182) hat einen Ausschnitt eines (Verhörs-) Gesprächs über die Unabdingbarkeit des vierzigtägigen Fastens zwischen einem Bischof und einem Pfarrer in Merseburg 1522 wiedergegeben, in dem der Pfarrer zunächst die Beziehungsdefinition des Bischofs implizit zurückweist und durch eine neue ersetzt, worauf der Bischof die Beziehung explizit zur Sachinformation macht:

Bischof: «Ich lasz das xl.täglich fasten nit anders sein, dann eyn werck der nachuolgung, sagt, was ir wölt.»
Pfarrer: «Wils ewer G. nit anders haben, so gee ewer gnad hynausz inn die wüsten und essz in xl tagen und nächten kynen bissen.»
Bischof: «Ir dürft mich nit heyssen, was ich thun soll, ir seyt noch zügel um den schnabel, und zuwenig mich zuheyssen, ausz ausz was hör ich.»

Beziehungen lassen sich vielfältig klassifizieren. Sehr bekannt geworden ist die zweidimensionale Klassifikation nach Tausch (1960): Wertschätzung vs. Geringschätzung; Lenkung/Bevormundung vs. Gehenlassen. Ein Beispiel aus Schulz von Thun (1977, Ausgabe 1989, S. 52) illustriert diese beiden Dimensionen an möglichen Äußerungen einer Mutter gegenüber ihrer Tochter (Figur 6-1).

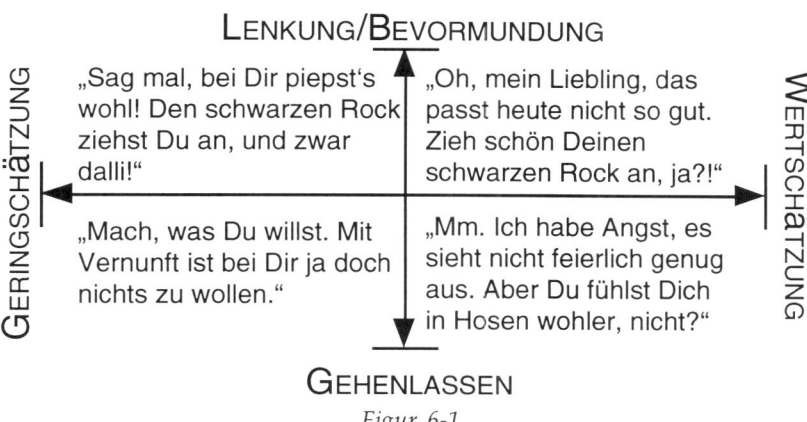

Figur 6-1
Dimensionen der sozialen Beziehung
(Schulz von Thun, 1977, Ausgabe 1989, S. 52)

Eine weitere Beziehungsklassifikation hält sich an die Symmetrie. Danach ist eine Beziehung entweder symmetrisch oder asymmetrisch. Symmetrie liegt vor, wenn jemand auf das Verhalten des Partners immer mit einem gleichwertigen Verhalten anwortet, mithin wenn beide gleich viel Kontrolle über die Beziehung haben, z.B. Auskunft erfragen und erteilen am Postschalter. In asymmetrischen Beziehungen ist die Kontrolle ungleich verteilt, z.B. zwischen Sozialamtangestellter und Sozialhilfebezüger, wenn z.B. die Beamtin bestimmte undiskutable Auflagen an den Bezug weiterer Sozialhilfe stellt.[1]

Auf dem Hintergrund des Ideals der Gleichberechtigung und der Vollwertigkeit jedes Menschen bevorzugen wir grundsätzlich symmetrische Beziehungen, aber sie sind in jedem Moment realisierbar. Ich schlage deshalb vor, Beziehungen mehrschichtig zu sehen und Symmetrie langfristig anzustreben. Es ist unschön, immer streng symmetrisch zurückzugeben. Vor einiger Zeit hatte ich abends spät eine Autopanne; da half mir ein älterer Mann in sehr

---

[1] Hilfebeziehungen können aber sehr vielfältig sein. Bei längerem Zusehen ist dabei nicht einmal immer klar, wer die superiore Position einnimmt und wer die inferiore. Es kann nämlich auch die Hilfe empfangende Person dominieren, weil sie durch Bitten oder durch ostentativ hilfebedürftiges Verhalten Hilfe fordert und erhält. In gewissen Situationen ‹muß› man eben helfen; dieser Zwang führt manchmal zu Entwicklungsregressionen und zu Krankheiten. Anderseits verdient die helfende Person auf jeden Fall Anerkennung und Dankbarkeit, insbesondere, wenn sie diese Hilfe freiwillig gibt. Überdies gilt, daß man gewisse Hilfen nicht gut ausschlagen kann und man dafür dankbar sein ‹muß›. Für weitere Überlegungen zu diesen Zusammenhängen vgl. Schmidbauer (1990) und sein Konzept von den hilflosen Helfern.

wertvoller Art aus und sagte gleich dazu, er sei auch mal so froh gewesen, daß ihm jemand in einer Panne geholfen habe.

Oft hat man mit gleichen Personen mehrere, asymmetrische und symmetrische Beziehungen, die sich insgesamt vielleicht die Waage halten. Diese Balance ist aber oft nicht garantiert, z.B. gegenüber Behinderten, Kranken, Alten und Kindern. Es ist eine große Herausforderung, damit in Würde umzugehen und dennoch nicht das Ideal der prinzipiellen Symmetrie aufzugeben.

Eine spezielle Konzeptualisierung der Symmetrie und der Komplementarität von sozialen Beziehungen hat Eric Berne (1964) mit seiner berühmt gewordenen sog. transaktionalen Analyse (TA) vorgelegt. Er unterscheidet in jedem erwachsenen Menschen drei «Instanzen», nämlich ein Kindheits-Ich, ein Erwachsenen-Ich und ein Eltern-Ich. Aus allen diesen drei Positionen heraus kann der Mensch nun senden und empfangen, wodurch sich bei zwei Gesprächspartnern neun mögliche Kombinationen ergeben (Kapitel 9).

Wie schon im Zusammenhang mit dem Helfen angesprochen, sind viele Beziehungsangebote nicht sofort durchschaubar. Plakatives Beispiel: Die Betreuerin eines Chronischkranken im Altersheim kommt nach dem Frühstück in sein Zimmer und sagt: «Guten Morgen, Jakob, wie hat's uns denn geschmeckt?» Die Betreuerin intendiert mit dieser Nähebeziehung möglicherweise auch eine Aufwertung des Patienten, ja ein symmetrisches Beziehungsangebot. Das wird jedoch kaum so verstanden; es erinnert eher an frühkindliche Symbiose.

Weisbach und Ehresmann (1985, 143-144) haben ein schönes Gespräch konstruiert, das ich zur Ergötzung hier wiedergebe, aber auch weil wir in unseren Sozialberufen darauf besonders sensibel sein müssen:

Pfleger:	So, jetzt nehmen wir unsere Tablette, und dann werden wir schön schlafen.
Patient:	Warum nehmen denn wir die Tablette?
Pfleger:	Das sagte ich doch eben, damit wir schön schlafen.
Patient:	Ja ist das denn erlaubt?
Pfleger:	Was soll denn daran nicht erlaubt sein?
Patient:	Ja, daß Sie jetzt ins Bett gehen.
Pfleger:	Ich gehe doch jetzt nicht ins Bett, ich habe Nachtdienst!
Patient:	Um Gottes willen, dann können Sie doch keine Tablette nehmen.
Pfleger:	Wie kommen Sie denn darauf, daß ich eine Tablette nehmen will?
Patient:	Nein, nicht eine ganze, aber Sie wollten doch die Hälfte von meiner, und dann wollten wir schön schlafen.
Pfleger:	Sagen Sie, ist Ihnen nicht gut? Haben Sie Fieber?
Patient:	Mir ist gut, aber Sie sind doch hier rein gekommen und haben gesagt, daß wir jetzt unsere Tablette nehmen wollen. Ich hätte Ihnen ja auch die Hälfte abgegeben. Aber Sie haben ja Nachtdienst.
Pfleger:	Das haben Sie vollkommen falsch verstanden.
Patient:	Haben Sie denn keinen Nachtdienst?
Pfleger:	Natürlich habe ich Nachtdienst, deshalb bringe ich ja die Tablette.

Patient:	Bringen Sie da nicht ein bißchen was durcheinander?
Pfleger:	Ich bringe überhaupt nichts durcheinander. Wir nehmen jetzt die Tablette, und dann machen wir das Licht aus.
Patient:	Nein, bitte nicht, erstens haben Sie Nachtdienst, und zweitens kann jemand reinkommen.
Pfleger:	Ich glaube, wir müssen doch mal Fieber messen.
Patient:	Ja, Sie zuerst.
Pfleger:	Wieso ich?
Patient:	Ja, also zuerst messen Sie Fieber und dann ich.
Pfleger:	Warum denn ich?
Patient:	Weil ich weiß, daß ich keines habe.
Pfleger:	Dann wollen wir mal den Puls fühlen.
Patient:	Gegenseitig?
Pfleger:	Wenn Sie nicht vernünftig werden müssen wir den Arzt rufen.
Patient:	Ich rufe nicht mit.
Pfleger:	Nehmen Sie jetzt die Tablette oder nicht?
Patient:	Wollen Sie denn nichts mehr abhaben?
Pfleger:	Ich will, daß Sie jetzt die Tablette nehmen, daß Sie nichts mehr fragen, daß Sie sich schön ausstrecken, sich gut zudecken und lange und tief schlafen. So, und nun wünsche ich Ihnen eine gute Nacht.
Patient:	Danke, das ist wirklich sehr lieb von Ihnen.
Pfleger:	Ist doch selbstverständlich, wo wir doch morgen operiert werden.[1]

Eine interessante Analyse eines Gesprächs mit einem «Beziehungsmanöver» gibt Schulz von Thun (1981, 184-187):

Eine junge Frau sitzt lesend auf einer Parkbank, und es nähert sich ein junger Mann.
Er: «Kann ich mich dahin setzen?» (auf den Platz neben ihr weisend). Seine Beziehungsdefinition lautet: Zwischen uns können Worte gewechselt werden, dies ist nicht bloß ein
schweigendes Nebeneinander. Dadurch, daß er für eine Handlung um Erlaubnis fragt,
die dieser Erlaubnis nicht bedarf (Hinsetzen auf eine Bank), gibt er ihr metakom-
plementär die Verfügung über ihn.
Aus ihrer nun folgenden Antwort wird erkennbar sein, ob sie diesen Beziehungsvorschlag akzeptiert, «durchgehen läßt» oder zurückweist.
Sie: «Klar!» (sieht hoch und grinst)
Sie stimmt der Definition also zu. Durch das Grinsen signalisiert sie zusätzlich das ge-
heime Einverständnis, daß es hier um mehr geht als die bloße Organisation von Sitz-
plätzen. Sie hätte sein Manöver auch lediglich durchgehen lassen können (etwa durch
ein kurzes, teilnahmsloses «bitte»); oder sie hätte das Manöver zurückweisen können
(etwa: «Wieso fragen Sie?»); oder sie hätte das Manöver durch bloße Nichtbeachtung
entwerten können.
Beide sitzen eine Zeitlang auf der Bank, sie scheinbar weiterlesend, er Brille putzend.
Es fährt eine kleine Bimmelbahn vorbei, beide sehen hin.
Er: «Eine alte Oma-Bahn». (macht sich darüber lustig)
Beziehungsdefinition: Dies ist eine Beziehung, in der ein bißchen über die gemeinsam
zugängliche Umgebung geklönt werden darf.

---

1   Zum Nachdenken: Warum werden Coiffeusen und Kellner und Kellnerinnen mei-
     stens mit dem Vornamen vorgestellt, auch wenn sie nicht geduzt werden?

Sie: «Hmm.» (lacht)
Bestätigung der Definition. - Nach einer weiteren Zeit des Schweigens:
Sie: «Schön hier, nicht?»
Eine neuerliche Bestätigung der alten Definition. Diesmal aber mit dem Unterschied, daß
der Definitionsvorschlag von ihr initiiert wird. Damit wird für ihn eindeutig erkennbar,
daß sie seine Definition nicht nur «durchgehen läßt», sondern wirklich bestätigt (= ich
will auch lieber reden als lesen).
Er: «Es ist schon den ganzen Tag schön. Ich war oben drei Stunden auf dem Kinderspiel-
platz, habe Plumpsack mitgespielt. Die Kinder haben sich sehr amüsiert, weil ich nicht
richtig laufen konnte. Bin gerade gestern aus dem Krankenhaus gekommen. War acht
Wochen drin, hatte mir beim Tennis das Bein gebrochen, brauchte eine künstliche Knie-
scheibe. - Ich fühle mich jetzt sehr leer und weiß nichts mit mir anzufangen. Ich habe
zwar Bekannte, aber sie sind alle gemeinsam im Urlaub. Da stellt sich so ein Sinnlosig-
keitsgefühl ein, weißt du? Die Decke fällt einem zu Hause auf den Kopf, und sechs Monate lang werde ich nicht arbeiten können- bin von Beruf Krankenpfleger».
Er (zusammengefaßt): «Bin von Beruf Oberpfleger, kann ausbilden und Zensuren vertei-
len. Lebe seit sechs Jahren in dieser Stadt, vorher in Paris, habe viele ausländische
Freunde, die jetzt auch hier sind. Habe eine jüngere Schwester, die auch hier lebt, jetzt
aber mit gemeinsamen Freunden verreist ist. Eine Zeitlang haben wir zusammen gewohnt. Ich fühle mich von ihr sehr stark sexuell angezogen und würde gern mit ihr
schlafen, habe es aber noch nicht.» (Er erzählt eine Begebenheit, in der er seine Freundin
und seine Schwester in deren Beisein verglich und seine Schwester dabei besser
abschnitt. Darauf endete die Freundschaft mit dem anderen Mädchen.) «Das konnte sie
wohl nicht vertragen»
Er setzt seine Selbstdarstellung fort, aber in den Inhalten wie ausgewechselt! Er spricht
nicht mehr von seinen Nöten und Problemen, sondern hebt seine berufliche und
männliche Überlegenheit hervor. Seine Nachricht enthält somit eine klare Zurückweisung ihrer Beziehungsdefinition: «Nein, ich bin nicht dein Klient, und du nicht meine
Therapeutin. Sondern du ein Mädchen und ich ein ganzer Mann! Er hat den Ringkampf
um die Oberhand aufgenommen. Die Uneinigkeit über die gemeinsame Beziehungsdefinition ist an dieser Stelle offensichtlich. Sie hat seine «Verweigerung der Klienten-
rolle» und sein Bestehen auf einer symmetrischen Mann-Frau-Beziehung verstanden und
reagiert innerlich unwillig:
Sie: «Ich kann deine Freundin verstehen, würde ähnlich reagieren...» Sie gibt sodann etwas skeptische Kommentare zu seiner Erzählung ab, ist unruhig, sieht auf die Uhr.)
«Muß jetzt wohl gehen, zur Uni.»
Nun weist sie ihrerseits seine Beziehungsdefinition («Ich bin ein ganzer Kerl, und du ein
Mädchen, das für mich infrage kommt») zurück. Sie drückt Abstand aus, indem sie sich
mit der Freundin solidarisiert und indem sie zum Aufbruch bläst. Es ist, als ob sie sagen
würde: «Du willst meine Definition nicht akzeptieren, ich die deine nicht, dann erkläre
ich nun die Beziehung für beendet.»
Diese weitreichende Selbstoffenbarung stellt ein Manöver dar mit dem die alte Beziehungsdefinition stark erweitert wird: In dieser Beziehung darf über persönliche, ja
intime Inhalte gesprochen werden. – Wie ist dieses Manöver genau zu verstehen?
Möglich wäre sowohl, daß er eine symmetrische wie auch eine komplementäre Beziehung ansteuert. Symmetrisch: Dies ist eine Beziehung, in der jeder ein bißchen von
sich erzählt und wir dadurch näher bekannt werden. Komplementär: Dies ist eine
Beziehung, in der ich mich einmal aussprechen kann und jemanden habe, der mir zuhört
(Klient-Therapeut).

In der Rückschau analysierte die Studentin, daß sie seiner Nachricht sehr stark den Appell entnommen hatte «Hör mir zu, geh auf mich ein!» Sie reagiert entsprechend dieser Dekodierung:

Sie: «Dieses Erlebnis auf dem Spielplatz kann ich gut nachempfinden, du bist ja gerade erst heraus aus dem Krankenhaus, mußt dich erst einmal wieder an die Situation gewöhnen. Keine Angst vor den blöden Gefühlen, ist doch völlig normal. Braucht Zeit. Wie dumm, daß ausgerechnet jetzt deine Freunde weg sind, du nicht mitfahren konntest und jetzt jemanden brauchst. Was genau macht dir im Moment zu schaffen?»(etwas zusammengefaßt)

Kommunikationspsychologisch eine komplizierte Situation: Für den Fall, daß er mit seiner Selbstvorstellung eine komplementäre Beziehungsdefinition verbunden hat, handelt es sich bei ihrer Reaktion um eine Bestätigung dieses Definitionvorschlags. Für den Fall jedoch, daß er es symmetrisch gemeint hat, wäre ihre Reaktion eine (partielle) Zurückweisung. Jedenfalls enthält nun ihre Reaktion eine eindeutige Beziehungsdefinition: du Klient-ich Therapeut (du Armer, ich Helfer). Die Studentin selbst analysierte im nachhinein: «Die Beziehung ähnelt einer Therapeut-Klienten-Beziehung. Er ist insofern in der schwächeren Position, da er etwas von mir will und sogar braucht, es ist wichtig für ihn zu reden; ich dagegen gebe nichts von mir preis und bin dadurch geschützter als er.»

Ihr Beziehungsvorschlag stellt somit ein Manöver dar, das ihr (im Falle der Bestätigung durch ihn) die Oberhand über die Beziehung sichert. Wie wird er auf dieses Manöver reagieren?

Er: «Das war ein schönes Gespräch». Das heißt auch: Unsere Beziehung ist schön. Mit diesem Manöver widerspricht er ihrer Beziehungsdefinition («Die Beziehung ist abbruchreif!»)

Sie: «Ja, das finde ich auch. Es passiert selten, daß man mit einer fremden Person so sprechen kann.»

Scheinbar eine Bestätigung seiner Definition. Bei näherem Hinsehen jedoch handelt es sich allenfalls um eine Teilbestätigung. Denn der Hinweis auf die «fremde Person» drückt wiederum den gewünschten Abstand aus.

Die Begegnung endet damit, daß er sie überredet, sich später noch einmal zu treffen; halb widerwillig läßt sie sich auf diese Verabredung ein. Jedoch erscheint er nicht zum verabredeten Termin: Ein letztes Manöver seinerseits, um in einer wenig aussichtsreichen Lage die Oberhand zu behalten: «Ich entscheide, daß die Beziehung zu Ende ist, bevor du es tust.»

Obwohl analoge Kommunikation kaum entstellbar und wegen ihres vermutlich archaischeren Charakters direkter verstehbar ist, als digitale, verbale Kommunikation, ist auch sie nicht gegen Mißverständnisse gefeit. Auch analoge Kommunikation ist kontext- und erwartungsabhängig (Lightfoot & Bullock, 1990). Interessanterweise haben Gaelick, Bodenhausen und Wyer (1985) wie vor ihnen schon Noller (1980) gezeigt, daß Ehemänner resp. Männer in festen heterosexuellen Partnerschaften die deutliche Tendenz haben, neutrale Haltungen ihrer Partnerinnen als Unfreundlichkeit («hostility») zu interpretieren, während Partnerinnen neutrale Haltungen ihrer Partner eher als Zuneigung («love») interpretieren.

6.2.3.5 Die Appellfunktion

Menschen verfolgen während ihres Wachzustands fast permanent irgendwelche Ziele, auch beim Sprechen. Was Karl Bühler schon früh als eine wichtige Information jeder Nachricht erkannt hat, ist mit dem Durchbruch der Handlungspsychologie allgemein geläufig geworden, nämlich die Beachtung der Absicht oder des Ziels der Sprechhandlung (Austin, 1962; Bliesener, 1984).

Dabei sind natürlich niemals alle Appelle so bewußt ausgewählte und gesetzte Ziele, wie das den gängigen handlungstheoretischen Auffassungen entspräche. Viele Appelle sind nicht bewußt und werden gleichsam nebenbei gesendet. Der Empfänger aber nimmt solche Appelle auch wahr, auch wenn sie dem Sender entgehen oder obwohl der Sender glaubt, diesen oder jenen Anspruch oder Wunsch verdeckt zu halten. Meistens handelt es sich dann um Appelle, die dem Empfänger nicht angenehm sind. Beispiel:

Er: «Es hat kein Joghurt mehr im Kühlschrank.»
Sie: «Kannst Du eigentlich nur immer kritisieren?»
Er: «Habe ich kritisiert? Ich habe ja nur festgestellt.»
Was wollte er mit dem ersten Satz wirklich sagen? Vieles ist möglich:

Explizite Botschaft: «Es hat kein Joghurt mehr im Kühlschrank.»
Selbstdarstellung: «Ich bin hungrig» oder «Ich habe Anrecht auf ein Joghurt» oder «Ich bin aufmerksam und sehe so etwas.»
Angebotene Partnerdefinition: «Du bist unaufmerksam und bemerkst nicht, daß es kein Joghurt mehr hat» oder «Du bist nachlässig und hast vergessen, Joghurt einzukaufen.»
Beziehungsinformation: «Es ist Deine Aufgabe, für uns (mich?) Joghurt bereitzuhalten; ich darf erwarten, daß Du für mich Joghurt kaufst.»
Appell: «Du mußt (für mich) Joghurt besorgen.»

Was hat *sie* vor allem verstanden? «Ich muß immer einkaufen, er hat solche Pflichten nicht; er kann von mir fordern; ich habe versagt, und das ärgert mich (schuld ist derjenige, der es feststellt).» Was wollte sie mit ihrer Frage wirklich sagen? Sie bedauert ihr Versagen, sendet aber eine explizite Du-Botschaft! Selbst wenn sie über die Definition der elementaren Beziehung des alleinigen Sorgenmüssens für ihn aufgebracht ist, stellt sie diese Definition nicht offen in Frage. In ihrer Antwort nimmt sie die Beziehungsdefinition gar an und bezieht ihren Unmut auf das Versagen, das sie allerdings zurückspiegelt, da er ja ‹immer› kritisiert.

Er hat möglicherweise sehr gut verstanden, will aber ‹schlafende Hunde nicht wecken› und profitiert von ihrem ungeschickten Angebot, indem er ihr signalisiert, daß sie ihn nicht genau verstanden habe, wohl empfindlich sei etc.

Entsprechend unseren Kommunikationsgewohnheiten sind Appelle häufig implizit statt explizit. Das erschwert die Kommunikation im allgemeinen. Gegenwärtig beobachten wir in Mitteleuropa einen Wandel der entsprechenden Auffassung. Es wird wieder leichter möglich, jemanden zu bitten und diesem dennoch die Freiheit zu lassen, ja oder nein zu sagen. Und es wird auch wieder akzeptabler, seine Wünsche offen und direkt zu sagen statt sie zum Erraten anzubieten. Ich finde die Wende gut. Selbstverständlich werden dennoch viele Appelle indirekt und implizit bleiben.

Versteckte Appelle sind nicht einfach gemein oder hinterhältig. Viele Menschen haben Angst, sie offen auszusprechen. Schulz von Thun (1989, 86-90) nennt dafür folgende Gründe:

Selbstoffenbarungsangst. Man steht nicht immer gern zu seinen Bedürfnissen und Wünschen.

Angst vor Zurückweisung. Interpretation eines Wunschabschlags als persönliche Zurückweisung.

Selbstbeherrschung. Wir haben früh gelernt, einen starken Willen zu haben und zu verzichten.

Angst vor Zumutung. Wer bin ich denn, daß ich so viel erwarten darf?

Ermöglichung von ‹Freiwilligkeit›. Mit der Hoffnung, daß es der Partner merkt...

Befürchtung, daß der Partner den Mut zum Nein-Sagen nicht hat. Dann wäre das Ganze peinlich.

Angst vor Verantwortung. Wenn es schief geht, bin ich schuld.

Viele Appelle werden mit Absicht versteckt, weil sich Partner nicht befehlen lassen wollen und dann mit Trotz oder *Reaktanz* reagieren. Solche versteckte Appelle finden wir besonders in der Werbung, in der gelegentlich nur ‹informiert› wird (vgl. den Extremfall «Informationsblock» einer Verkaufskette innerhalb der Werbespots). Appelle werden oft auch in impliziter Wertung versteckt. Beispiel: «In das leerstehende Haus an der Y-Straße haben sich Chaoten eingenistet». Die systematische Arbeit mit versteckten Appellen nennen wir *Manipulation*.

Versteckte Appelle im Privatleben finden wir gelegentlich im Weinen, in provokativen Äußerungen, in sog. hysterischem Verhalten, in Selbstmordversuchen (nicht immer!), in demonstrativ hilflosem Verhalten (Männer, die sich ihrer Unbeholfenheit in den Bereichen des Kochens, des Knopf-Annähens oder des Einkaufens gar brüsten).

Ein gelegentlich amüsanter, bald aber ärgerlich wirkender Weg, die (mehr oder weniger versteckten) Appelle in einer Äußerung zu identifizieren, besteht darin, auf die Äußerung nur ‹sachlich› zu reagieren. Beispiel:

A: (beim Frühstück, wenn alles Brot gegessen ist) «Hat es noch Brot im Schrank?»
B: «Ja.»
Oder:
A: «Kannst Du mir die Butter reichen?»
B: *(ohne die Butter zu reichen):* «Ja, kann ich.»

Man könnte meinen, Appelle könnten der Empfängerperson gar nicht entgehen, weil wir darauf eingestellt sind, daß jede Botschaft einen Appell enthält. Wir interpretieren wohl immer Absichten in Botschaften hinein, aber erfassen nicht sicher immer die wirklichen. Wenn jemand sagt, es sei wissenschaftlich nicht schlüssig erwiesen, daß das Waldsterben durch Autoabgase bedingt sei, kann ich die Absicht feststellen, daß die Person einfach eine wissenschaftliche Ansicht darlegen möchte und damit den Appell, das zur Kenntnis zu nehmen; vielleicht steht aber der Appell dahinter, die Vorwürfe an die Autofahrer zu unterlassen, bis der wissenschaftliche Nachweis zweifelsfrei ist.

Es ist natürlich möglich, daß jemand mehrere Appelle von sich gibt, die entweder alle zu erfüllen sind oder von denen ausgewählt werden kann. Verschiedene Appelle können sogar widersprüchlich sein; dann ist die Wahl erst recht wichtig. Wenn aber zwei Appelle widersprüchlich sind und dennoch keine Wahl zulassen, dann spricht man seit Bateson, Jackson, Healy und Weakland (1956; zit. nach Watzlawick et al., 1967, dt. 1969, 194) von *Doppelbindung* oder *double-bind*. Die logische Verunmöglichung der Wahl besteht darin, daß eine der beiden Aussagen eine Metaaussage zur anderen ist (nicht Metakommunikation, aber Metaaussage). Ein berühmt gewordenes Beispiel ist die Aufforderung: «Sei spontan!» Gehorcht man, ist man gerade nicht spontan; gehorcht man nicht, ist man eben nicht so spontan, wie man sein sollte. – Ein anderes klassisches Beispiel ist die Aufforderung von Eltern an ihre erwachsen werdenden Kinder, selbständig zu werden. Man kann nicht auf Befehl sich dem Befehl entziehen. – Analoges Beispiel: «Laß Dich von niemandem beeinflussen!»

Wenn Menschen, z.B. Paare, Mühe haben, Wünsche zu äußern und damit umzugehen, sollten sie darüber offen sprechen (s. Metakommunikation, unten). Sie sollten einander sagen, daß sie jedem das Recht auf seine Wünsche und dem anderen das Recht auf die Erfüllung und auf die Ablehnung ausdrücklich zugestehen wollen. Das muß man natürlich etwas einüben; wiederholte Metakommunikation kann helfen.[1]

6.3 Logische Kommunikationsebenen – Kommunikation und Metakommunikation

Eine Metaaussage ist eine Aussage über eine Aussage; Metakognition ist Kognition der Kognition; Metakommunikation ist Kommunikation über Kommunikation. Viele Menschen haben Hemmungen, darüber zu sprechen, wie sie miteinander umgehen, wie sie miteinander sprechen. Und das auch, wenn sie durchaus darüber nachdenken. Dabei wird einigermaßen erfolgreiche Metakommunikation meistens als große Entlastung, als neues Sich-Finden erfahren.

Viele Kommunikationsstörungen können dadurch behoben werden, daß man sie anspricht. Im Beispiel der Fahrerin, die bei Grün nicht gleich wegfährt und von ihrem Partner darauf hingewiesen wird, könnte die Partnerin auch mal sagen: «Wenn Du das so sagst, kommt in mir das Gefühl auf, Du trauest mir das Autofahren nicht zu.» Dann können die beiden über die angesprochene Beziehung reden, und sie werden kaum in einen Streit über die Sache (z.B. wie lange es wirklich schon grün war) geraten.

Um ein anderes Beispiel zu nehmen: Wenn in einem Examensgespräch vor lauter Aufregung immer wirrer interagiert wird und immer mehr Aufregung entsteht, kann es gut tun, daß die examinierende Person mal das Sachgespräch unterbricht und auf das Examen selbst zu sprechen kommt: «Wir wollen doch noch mal an den Anfang meiner Frage gehen; mir scheint, Sie haben sich vor lauter Aufregung vom Hundersten ins Tausendste verlaufen.» Oder: «Ich sehe, daß Sie nervös sind. Ich will Ihnen gerne Zeit lassen.»

Metakommunikation ist jedoch nicht immer befreiend, besonders die explizite. Schulz von Thun (1981, 117) erzählte, daß ein Teilnehmer einer Sitzung plötzlich von einer Aussage sehr betroffen war und darum errötete und heftig wurde. Daraufhin sagte eine Teilnehmerin, metakommunizierend sein heftiges Verhalten interpretierend: «Ich verstehe, daß Sie sich ärgern...» Darauf er, dem offensichtlich das zuerst angesprochene Thema

---

1 Persönliche Bemerkung zur Vorsicht an die Leserinnen und Leser dieses Buchs: Wer sich um die Klärung seiner Kommunikation mit seinen Partnerpersonen bemüht, tut gut daran, besonders große Toleranz zu üben. Es ist schon viel, mehr zu sehen als bisher und selber zu versuchen, etwas besser und klarer zu kommunizieren und genauer hinzuhören. Aus der ‹systematischen› Beobachtung und ‹Aufklärung› der Partnerpersonen kann aber Empfindlichkeit, Ungeduld, Nörgelei und Rechthaberei entstehen, was vielleicht schlimmer ist als die alten Gewohnheiten.

peinlich war: «Ich ärgere mich überhaupt nicht. Im Gegenteil, mich amüsiert das Ganze, es geht mir nur um die Sache.» Diese Metaaussage der Teilnehmerin hat mindestens unmittelbar dem Partner nicht geholfen, auch wenn sie mit «ich verstehe» eingeleitet war.

Natürlich ist die Metakommunikation oft nicht so explizit. Manchmal wird sie auch nonverbal vorgetragen. Ein Lächeln kann aussagen: «Ich nehme dieses Mißgeschick doch gar nicht so ernst; ich bin Dir doch wohlgesinnt.» Eine Wiederholung (paraverbaler Kanal) kann aussagen: «Ich will, daß wir bei diesem Thema bleiben.» Darüber hat Watzlawick gesprochen, als er die Beziehungsinformation mit der Metakommunikation identisch setzte: «Da der Beziehungsaspekt eine Kommunikation über eine Kommunikation darstellt, ist unschwer zu erkennen, daß er mit dem … Begriff der Metakommunikation identisch ist (Watzlawick et al., 1967, dt. 1969, 55).[1]

6.4 Eine Referenzenanalyse zum «Zufall» von Karl Valentin und Liesl Karlstadt

Das folgende Gespräch zwischen Karl Valentin und Liesl Karlstadt (aus Bliesener, 1984, 8-9) wird als Übung angeboten. Die Leserin oder der Leser mag für jede Äußerung jeder der beiden beteiligten Personen bestimmen, was auf jeder der fünf Referenzebenen gesagt wird (Auflösung nachfolgend, 6.4.1 und 6.4.2).

---

1   Ich glaube, daß Beziehungsbotschaften Metakommunikation enthalten können, aber nicht müssen. Unter dem Beziehungsaspekt lassen sich auch wichtige andere Dinge fassen, nämlich die (implizite) Aussage, wie man zu jemand steht, ob man ihm traut oder nicht, welche gegenseitige Beziehung man bevorzugt etc. Gerade in Watzlawick's Perlenkettenbeispiel (vgl. 7.3.2) würde ich zugestehen, daß Frau A durchaus auch an der Echtheit der Perlen interessiert ist; daneben aber auch daran, was sich Frau B leisten kann, oder: wie ihr Mann zu ihr steht, von dem sie die Kette vielleicht erhalten hat, oder: die Hoffnung, daß die Perlen nicht echt sind, nachdem vielleicht bekannt ist, daß sie selbst echte trägt, oder...

Vielleicht wäre Watzlawick diese Vermengung nicht passiert, wenn er ausdrücklich zwischen Metaaussage und Metakommunikation unterschieden hätte. Jede Aussage, die eine Aussage bespricht, ist eine Metaaussage. Das trifft häufig für das Verhältnis zwischen Beziehungsaussage und Sachaussage zu: Die Beziehungsinformation gibt oft den Schlüssel zum Verständnis der Sachaussage. Der gegenseitige Austausch von Sach- und Beziehungsaussagen im Gesamten macht aber die Kommunikation aus, und darüber zu kommunizieren oder wenigstens eine Aussage zu machen, das ist Metakommunikation.

(1) Hat Ihnen der Anderl schon erzählt von dem Zufall, wo wir erlebt ham?

Nein, da weiß ich nichts davon.

Ja, wir ham einen Zufall erlebt das ist wunderbar. Wir sind gestern in der Kaufinger Straß gegangen und ham von einem Radfahrer gesprochen. Wir gehen da

Ja

so, net, am Trottoir, ne, und reden von einem Radfahrer.

Jaja

Im selben Moment, wo wir über den Radfahrer reden, kommt auf der Straße einer dahergefahren.

(1) Ja und?

(2) Zufall.

(2) Ah erlauben Sie mir, das ist doch kein Zufall, wenn Sie in der Neuhauser Straße oder Kaufinger Straße – in einer solch verkehrsreichen Straße – von einem Radfahrer sprechen. Da kommen doch am Tag paar tausend daher.

(3) (Abschätzig) Tausend! EINER ist kommen, ne? Da wär's doch kein Zufall, wenn wir von, von einem reden und tausend kommen daher.

(3) Naja, auf einmal kommen ja nicht daher die tausend Radfahrer, das hab ich auch gar nicht behauptet, sondern so nach und nach, alle Meter, alle Sekunde, jeden Moment kommt doch wieder ein anderer Radfahrer.

(4) Ja, das weiß ich schon, aber nit wie man davon red't. Das war doch der Zufall, weil wir gered't ham von einem Radfahrer.

131

(4) Nein nein, das ist kein Zufall. Das ist doch kein Zufall. Da hättens von ganz was anderem sprechen müssen.

(5) Sie haben eben eigene Weltanschauungen.

(5) Ja, Gott sei dank.

(6) ‚s ist schon ein Zufall.

(6) Das ist kein Zufall. Ich erkläre Ihnen noch einmal: Der Radfahrer wär so auch dahergekommen, wenns auch nicht gesprochen hätten von ihm.

(7) Das weiß ich nicht, ne?

(7) Da hättens von ganz was anderem sprechen müssen, von was Seltnerem, von was Interessanterem. Ja, sagen wir zum Beispiel, wenn Sie statt von dem Radfahrer von einem Ding, von einem ... Ozeanflieger gesprochen hätten, das wär ein Zufall, das wär was andres.

(8) (Abschätzig) Von einem Ozeanflieger. Von einem Ozeanflieger ham wir kein Wort gesprochen.

(8) Das weiß ich doch.

(9) Das wissens nicht, weils nicht dabeiwarn.

(9) Ach Sie hams doch gerade erzählt im Moment.

(10) Keine Silbe hab ich von einem Ozean–

(10) Ich weiß es doch. Ich mein doch nur, wenn Sie von einem Ozeanflieger gesprochen hätten.

(11) Anderl, haben wir was von einem Ozeanflieger gesprochen? (ANDERL: Ausgeschlossen, kein Wort.)

(11) Ach das weiß ich. Ich mein doch nur beispielsweise. Ich mein doch, genau so gut wie Sie von einem Radfahrer gesprochen haben, genau so hätten Sie doch von einem Ozeanflieger sprechen können.

(12) Wieso?

(12) Was «wieso»? Jetzt fangt er nochmal an! Ja haben Sie noch nie, so lang Sie leben, von einem Flieger gesprochen?

(13) Schon oft, aber do nit. Da haben wir von einem, da ham wir von einem Radfahrer gesprochen.

(13) Ja das weiß ich. Ach redens von meinetwegen was Sie wollen, wenn Sie spazierengehn. Erzählen Sie mir nicht ( ) aufregen.

(14) Ja des tun mir auch, des tun mir auch. Und morgen gehn wir wieder spazieren. Und morgen reden wir von einem Ozeanflieger.

(14) Das ist mir ganz egal, das ist gar nicht notwendig.

(15) Morgen reden wir von einem Ozeanflieger!

(15) Ja redens von einem Flieger. Meinetwegen redens vom Teufel morgen.

(16) Nein, nicht vom Teufel, von einem Ozeanflieger.

(16) Jaaa, von einem Ozeanflieger. Der Gescheitere gibt doch nach.

(17) I gib ja nit nach, ne?

(17) Ach redens doch, jaaa. Von einem Ozeanflieger.

(18) Morgen reden wir von einem Ozeanflieger. Aber weh dem, wenn dann ein Radfahrer daherkommt.

6.4.1 Die Botschaften Karl Valentins

Sache	Selbstdar- stellung	Du-Definition	Beziehungsang ebot	Appell
1 Bericht über Ereignis	ich staune	Du bist offen für mich	Kollegialität	staune mit mir!
2 Interpreta- tion	ich versteh das	Du verstehst das nicht auf Anhieb	Nachhilfe	dito
3 Berichtigung Präzisierung	dito	Du verstehst das nicht	zurückgewie- sene Beleh- rungsbe- ziehung	Tritt mir nicht zu nah!
4 Wiederho- lung der Interpretation; Argumentation	ich bin nicht dumm	Du verstehst das/mich nicht	Belehrung	Versteh end- lich! Nimm an!
5 ‹Du› als Sachbotschaft; implizite Metakom- munikation	Ich bin anders als Du; ich bin enttäuscht	Du bist anders, ‹dümmer› als ich	Distanz	Laß sein!
6 Wiederho- lung der Interpretation	Ich nehme Deine Defini- tion von mir nicht an	Du bist dumm; ich lasse Deine Selbstdar- stellung nicht gelten	Ich bin su- perior; Du bist inferior	Laß mir das letzte Wort!
7 Widerspruch	Ich bin der Wissende; ich bin es, der da- bei war	Du machst einen Denkfeh- ler	zurückgewie- sene Beleh- rungsbezie- hung	Mach keine falschen An- nahmen!
8 dito	dito	dito	dito	dito
9 dito mit Ar- gumentation	dito	dito	dito	Laß es!
10 Wider- spruch	dito	Du machst Gedächtnis- fehler	dito	Unterstell mir nichts!

11 Beweis	Ich habe die Mehrheit? (Zeuge) hinter mir	dito	Asymmetrie (Mehrheit gg. Minderheit)	Sieh ein, daß Du im Unrecht bist!
12 Widerspruch; Bitte um Begründung	Du denkst so krumm, daß ich Dir nicht mehr folgen kann/mag		sokratisch belehrend	Denk doch mal nach!
13 Wiederholung eines Teils des Ereignisses mit Präzisierung	Ich bin der Wissende; ich bin es, der dabei war	Du machst Denkfehler	belehrend	Nimm die Tatsachen zur Kenntnis!
14 ‹Ich› als Sachbotschaft; Plan	Ich bin autonom	Du mischst Dich in meine Angelegenheit	Distanz; dennoch Asymmetrie	Geh weg! Drohung
15 Wiederholung des Plans	dito	Du bist verwundbar	dito	dito
16 Abgrenzung des Plans	dito	dito	Sieger-Verlierer zu seinen Gunsten	dito
17 Metakommunikation	Sieger	Verlierer	dito	Gesteh die Niederlage ein!
18 Wiederholung des Plans	Ich habe immer noch Mut zum Angriff	Du bist dumm und der Verlierer	Unabhängigkeit	dito

6.4.2 Die Botschaften des Kapellmeisters

Sache	Selbstdarstellung	Du-Definition	Beziehungsangebot	Appell
1 Frage: ‹Was willst Du wirklich sagen?› Evtl.: ‹Was ist Dein Appell?›	Ich bin nicht naiv; ich bin nicht so bedingungslos offen.	Du bist naiv. Du hältst mich für naiv	offen, von Seiten des Kapellmeisters reserviert.	Erkläre Dich! Bewähre Dich!
2 Ablehnung der Interpretation Valentins, mit Argumentation	Das versteh ich ebenso gut wie Du oder besser	Du machst einen Denkfehler	zweideutig: a) Konkurrenz (‹erlauben Sie›) b) auf gemeinsame Sache orientiert: Belehrung	Denk nach!
3 Berichtigung	dito	Du verstehst das nicht	zurückgewiesene Gegenbelehrung	Tritt mir nicht zu nah!
4 Wiederholung der Ablehnung; Argumentation	ich bin nicht dumm	Du verstehst das/mich nicht	Belehrung	Zieh deine Behauptung zurück! Nimm meine an!
5 Provokative Zustimmung: ‹Ich› als Sachbotschaft; implizite Metakommunikation	ich bin anders als Du; ich bin Dir überlegen	Du bist anders als ich; Du bist mir unterlegen	Asymmetrie	Bleib bei Deiner Niederla– ge!
6 Wiederholung der Ablehnung; Argumentation	ich bin nicht dumm; ich bin meiner Sache sicher	Du verstehst das/mich nicht	Belehrung	Zieh Deine Behauptung zurück! Nimm meine an!
7 Wiederholung der Ablehung; Argumentation	ich bin der Wissende	du machst einen Denkfehler	Belehrung	zieh Deine Behauptung zurück! Nimm meine an!

8 Zustimmung zu Nebensache	dito	dito	unverändert	unverändert
9 Ablehnung des Widerspruchs	dito	dito	unverändert	unverändert
10 zurück zur Wiederholung der Ablehnung; Wdh. der Argumentation	dito	Du machst einen Denkfehler und bist völlig uneinsichtig	unverändert	unverändert
11 Ablehnung des Widerspruchs zur Nebensache	dito	dito	Belehrung, Nachhilfeunterricht	unverändert
12 Argumentation zu Gunsten seiner Belehrung	ich bin verärgert	dito	dito plus Distanz (dritte Person)	Unterwirf Dich; laß nach!
13 Annahme des Ereignisses; Ablehnung der Interpretation	dito	Du belästigst Spaziergänger	noch mehr Distanz	dito
14 Widerspruch zu neuer Nebensache; Beziehung als Sachbotschaft	ich wende mich von dir ab	Dir ist nicht zu helfen	Beteuerung der Distanz (mit innerem Widerspruch)	dito
15 Bez. als Sachbotschaft: ‹Du bist mir egal?›	dito	dito	dito	dito
16 dito plus Metakommunikation	ich bin der Gescheitere	Du bist der Dumme	Sieger-Verlierer zu seinen Gunsten	dito
17 Bez. als Sachbotschaft	dito	dito	dito plus definitiv Distanz	Laß mich in Ruhe!

Teil II. Ausgewählte Schwierigkeiten und Hilfen zu deren Bewältigung im Gespräch

Nach der Erörterung von Grundlagen der Gesprächspsychologie trete ich auf ausgewählte Schwierigkeiten im Gespräch und den möglichen Umgang mit ihnen ein. Die beiden Kapitel über Schwierigkeiten waren ursprünglich durch Bandler und Grinder (1975, dt. 1984) inspiriert. Danach folgen zwei Kapitel, die je ein relativ konsistentes und ausgebautes System von Einsichten und Handlungsanweisungen zu Hilfestellungen im Gespräch enthalten.

Die Hinweise auf mögliche Hilfestellungen im Gespräch sind zunächst für Studierende der Psychologie im Rahmen ihrer Gesamtausbildung gedacht, können aber für alle Leserinnen und Leser nützlich sein. Insbesondere mögen sie auch Anleitung dazu geben, wie man in den besprochenen Schwierigkeiten mit sich selbst umgehen kann, sozusagen im inneren Dialog mit sich selbst.

7. Belastende Generalisierungen

Belastende Generalisierungen bewirken Schwierigkeiten, die die Gesprächspartner bei sich selbst oft nicht leicht lokalisieren können. Sie bestehen darin, daß Menschen ihre eigene Situation als unangenehm und (praktisch) unkontrollierbar erleben, weil sie sie zu wenig differenziert wahrnehmen und handhaben, weil sie sie übergeneralisieren. Beispiele von (über-) generalisierten Überzeugungen sind etwa: «Auf mich hört man *nie*»; «mir mißlingt *alles*»; «ich verpasse *immer* den richtigen Zeitpunkt».

Ziel dieses Kapitels ist es, die Leserinnen und Leser für Übergeneralisierungen zu sensibilisieren und sie anzuregen, sie bei sich oder bei Partnerpersonen bei Gelegenheit wirkungsvoll zu hinterfragen.

Häufig zeigen depressive oder zur Depression neigende Menschen solche Übergeneralisierungen und damit verbunden das Gefühl der Nichtkontrolle; sie glauben, daß sie an ihrer desolaten Situation nichts ändern können. Noch schlimmer ist es, wenn sie gar hoffnungslos sind, d.h. wenn sie glauben, daß an ihrer desolaten Situation nicht nur sie, sondern überhaupt niemand etwas ändern könne.[1] Nicht umsonst wurden z.B. bei depressiven und suizidalen Menschen oft wesentlich unspezifischere autobiographische Berichte gefunden als bei diesbezüglich unauffälligen Menschen (vgl. Moore, Watts & Williams, 1988; Williams & Broadbent, 1986; Williams & Dritschel, 1988; Williams & Scott, 1988 – zusammenfassend in Flammer, 1990, 254-258).[2]

Abbau von Übergeneralisierungen veschafft mehr oder neue Handlungskontrolle. Bandler und Grinder (1975, dt. 1984, 105) formulierten es so:

Der Zweck, die Generalisierung des Klienten zu hinterfragen, besteht darin:

1)   das Modell des Klienten mit seiner Erfahrung wiederzuverbinden;
2)   die unüberwindlichen Hindernisse, die sich aus Generalisierungen ergeben, auf etwas Definitives zu reduzieren, mit dem er beginnen kann umzugehen;
3)   Differenziertheit und Reichhaltigkeit im Modell des Klienten zu gewährlei sten, um damit Möglichkeiten zu eröffnen, die auf vorher nicht zugänglichen Unterscheidungen beruhen.

7.1   Zur Logik der Generalisierung

Generalisierung (engl. generalization) heißt im allgemeinsprachlichen Sinn Ausweitung des Gültigkeitsbereichs einer Aussage. Eine Übergeneralisierung liegt vor, wenn einer Aussage auch dort Gültigkeit zugestanden wird, wo sie diese eigentlich nicht hat. Das Gegenteil von Generalisierung ist *Spezifizierung, Diskriminierung oder Unterscheidung.* Übergeneralisierung impliziert Undifferenziertheit (vgl. das Schlagwort vom terrible simplificateur).

Für Begriffe gilt: Je genereller ein Begriff ist, desto größer ist sein Umfang (*Extension*); je spezifischer ein Begriff ist, desto größer ist sein Inhalt (*Intension*; nicht: Intention!). Beispiele: ‹Blume› umfaßt alle Blumen (große Extension), enthält aber wenig Aussagen über die gemeinten Sachverhalte (geringe Intension). Der Begriff ‹Frühlings-Schnittblumen› umfaßt nur eine kleine Zahl von Exemplaren (geringe Extension), enthält aber mehr Spezifikationen (große Intension) – vgl. auch Kapitel 4.1.2. Analog verhält es sich

---

1   Vgl. Alloy, Abramson, Metalsky und Hartlage (1988), Abramson, Metalsky und Alloy (1989), Brunstein (1990), Flammer (1990) und Seligman (1975, dt. 1983).

2   In einer eigenen Untersuchung an ‹kontrollschwachen›, wenn auch nicht depressiven Versuchspersonen fanden wir diesen Unterschied nicht. Die kontrollschwachen Versuchspersonen unterschieden sich aber von den kontroll-durchschnittlichen Versuchspersonen in den sog. zyklischen Antworten (vom Typ «immer, wenn», «jeden Abend» etc.). Während durchschnittliche Versuchspersonen auf positive Stichwörter mehr zyklische Berichte aus ihrer Autobiographie produzierten als auf negative Stichwörter, schien dieser Unterschied bei kontrollschwachen Versuchspersonen nicht auf (Flammer & Rheindorf, 1990).

mit Aussagen im Gespräch: Wer spezifisch sein will, muß oft etwas mehr sagen, als wer nur Allgemeinheiten von sich gibt. ‹Trägheit› kann zu Übergeneralisierungen führen.[1]

Generalisierungen laufen über verschiedenartige Prozesse ab. Ich nenne einige davon, wobei ich mich häufig auf Bandler und Grinder (1975, dt. 1984) beziehe.

7.2 Tilgungen

Unter *Tilgung* (engl. *deletion*) verstehe ich mit Bandler und Grinder die Unterdrückung einer wichtigen Aussagenkomponente. Andere Autoren verwenden das Wort ‹Löschen› (Weisbach & Ehresmann, 1985). Tilgung ist «ein Prozeß, durch den wir unsere Aufmerksamkeit selektiv bestimmten Dimensionen unserer Erfahrungen zuwenden und andere ausschließen» (Bandler & Grinder, 1975, dt. 1981, 36). Das Produkt der Tilgung ist in vielen Fällen ein Satz, der über wichtige Aspekte keine Angaben macht, obwohl sie für das genaue Verständnis eigentlich nötig wären. Beispiele:

Ich freue mich.	(Worüber?)
Ich habe Angst.	(Wovor?)
Diese Übung ist langweilig.	(Für wen?)
Ich bin aufgeregt.	(Worüber? Weshalb?)
Du redest immer, als würdest Du Dich ärgern.	(Mit wem reden? Dich über wen ärgern?)

7.2.1 Prozesse und Indikatoren

Als Übung empfehle ich den Leserinnen und Lesern, in folgenden Sätzen festzustellen, ob sie auffallende Tilgungen enthalten oder nicht:

a) Ich fürchte mich.
b) Ich bin daran interessiert, diese Arbeit weiterzuführen.
c) Mein Vater war wütend.
d) Dieses Musikstück ist langweilig.
e) Dieser Dauerregen irritiert mich.

---

1 Diese Logik liegt in der Aussage des Kapitels 1, wonach ein Bild oft mehr als tausend Worte ausdrückt (Intension), ein sprachlicher Begriff oder ein sprachlicher Satz unter Umständen aber eine unendliche Menge von Bildern abdeckt (Extension).

Die Sätze b und e können als vollständig gelten, die anderen als unvollständig.

In vielen Kommunikationssituationen sind Tilgungen natürlich vollkommen in Ordnung, weil das Fehlende problemlos inferiert werden kann. Häufig sagen wir das nicht explizit, was für die Beteiligten klar ist; darum gibt es in unserer Sprache sogar Ellipsen (= unvollständige Sätze) als zulässige sprachliche Formen. Beispiel: «Gestern ging ich zu Fuß durch eine Einbahnstraße zur Post. Da fuhr plötzlich ein Auto um die Ecke in die verbotene Richtung und hupte. Ich erschrak [Tilgung] und sprang zur Seite. So eine Frechheit! [Ellipse].»

Tilgungen im Gespräch sind gegenüber den Gesprächspartnern in dem Ausmaß zulässig und aus Ökonomiegründen (zur Einhaltung einer mittleren Redundanz) sogar erwünscht, als es völlig eindeutig ist, was getilgt ist. Aber auch wenn die Inferenzen unmöglich oder sehr unsicher werden, ist nicht alles verloren: Man kann versuchen, sie durch Gegenfragen zu beheben.

Weniger selbstverständlich ist der Anlaß zur Behebung, wenn die Tilgung das Weltbild und die Kontrollmöglichkeiten der sprechenden Person zwar beeinträchtigt, aber sonst niemandem auffällt. Als hilfreiche Gesprächspartner wollen wir darauf aufmerksam sein und in geeigneten Fällen zur Enttilgung Anlaß geben. Aber auch das nur in feiner Dosierung; der systematische Versuch, alle Tilgungen zu korrigieren, würde ein Gespräch unmöglich machen und niemandem helfen. Tilgungen lassen sich etwa an den folgenden Merkmalen erkennen.

7.2.1.1   Casus-Unterdrückung

Es gibt eine Grammatik von Fillmore (1968), wonach jeder Satz einem Prädikat und dem Prädikat entsprechenden Fällen (= Casus) besteht. Beispiel: Hans (Casus: agens) schenkt (Prädikat) Marianne (Casus: Patient oder Empfänger) eine Banane (Casus: Objekt). Solche Casus oder Fälle können obligatorisch (in diesem Fall das Objekt) oder fakultativ (in diesem Fall der Ort) sein. Bedeutsam ist hier die Tilgung von obligatorischen Casus.

Beispiele für die Tilgung von obligatorischen Casus:

- Ich befestige (was?).
- Sie befreit (wen?).

Beispiele für die Tilgung von nicht obligatorischen Casus:

- Du singst (evtl. was?).
- Wir essen (evtl. was?).

7.2.1.2   Relationsunterdrückung beim Komparativ und beim Superlativ

Beispiele:
- Omo wäscht weißer (als was?).
- Clay ist der größte (von wem/welchen?).

7.2.1.3   Possessivunterdrückung

- Immer dieser Streß (wessen Streß?)!

7.2.1.4   Verdeckte Drohung

- Wehe, wenn ich das tue (was wird dann passieren?).

7.2.1.5   Adverbialisierung

- Offensichtlich (für wen?), klarerweise, bekanntlich, anerkannterweise.
Adverbialisierungen sind im Produkt erstarrte Prozesse oder Handlungen.
Statt «ich beurteile das aus diesem Grund so und so», sage ich «offensichtlich».

7.2.1.6   Unvollständige Modaloperatoren

Modaloperatoren sind Verben wie können, dürfen, müssen, sollen, wollen,
notwendig sein, gestattet sein etc. Tilgungsbeispiel: «Ich muß heute beizeiten
zu Bett gehen» (wer befiehlt Dir? Warum mußt Du?). – Auf die Modaloperatoren ist im nächsten Kapitel zurückzukommen.

7.2.1.7   Adjektivierung von Tätigkeiten

Bandler und Grinder (1975, dt. 1981, 88) nennen folgendes sprechende Beispiel: «Ich mag keine Menschen, die mir gegenüber über das, was sie wollen,
ungenau sind»; die Adjektivierung sieht folgendermaßen aus: «Ich mag keine
ungenauen Menschen.» Andere Beispiele aus dem gleichen Buch: «Selbstge-
rechte Leute machen mich rasend»; «der traurige Brief erstaunte mich» (wer
ist traurig? wer wird traurig gemacht?); «die überwältigenden Nahrungs-
mittelpreise stören mich».

7.2.1.8 Allerweltsverben oder unspezifizierte Verben

– Er macht die Stimmung immer wieder kaputt.
– Das bringt's.

7.2.1.9 Nominalisierung

Ähnlich wie Adjektivierungen sind Nominalisierungen erstarrte Handlungen, in diesem Fall sogar durch die abstrakte Form in besonderem Maße gegen das Aufbrechen immunisiert. Wenn jemand von seinem Haß spricht statt davon, daß er dem X jetzt ausweicht und sich fürchtet, sich ihm gegenüber nicht mehr beherrschen zu können, wird diese Schwierigkeit zur Sache, zum ‹objektiven› Problem. Akademiker und routinierte Verwalter schweben in besonderer Gefahr, mit diesen sprachlichen Kürzeln die Welt zu fixieren und auf die Abstraktion zu verkürzen.

Bandler und Grinder (1975, dt. 1981, 99) formulieren das mögliche Beratungsanliegen gegenüber Nominalisierungen sehr treffend:

Nominalisierungen zu erkennen hat den Zweck, den Klienten dabei zu unterstützen, sein sprachliches Modell mit den fortlaufenden, dynamischen Prozessen des Lebens wieder in Verbindung zu bringen. Genauer gesagt, das Umformen von Nominalisierungen hilft dem Klienten einzusehen, daß das, was er als ein abgeschlossenes und seiner Kontrolle entzogenes Ereignis betrachtete, ein andauernder Prozeß ist, der geändert werden kann.

Weil wir uns in diesem Punkt leicht auch selbst immer wieder neu kontrollieren können, gebe ich eine Liste von Beispielen. Wenn Sie mögen, versuchen Sie bessere Formulierungen. Und in einem zweiten Durchgang schlage ich vor, daß Sie überlegen, wie Sie solche Nominalisierungen eines Gesprächspartners hinterfragen könnten:

– Ich fürchte mich vor seinem Zorn.
– Deine Wahrnehmungen sind verzerrt.
– Unsere Enttäuschung lähmt uns.
– Ich bereue meine Entscheidung.
– Ihr Erfolg fand nicht genügend Anerkennung.
– Mein Weg ist schmerzlich.
– Ihre Ablehnung, hier fortzugehen, erzwingt meinen Aufbruch.
– Deine Projektion ist für mich eine Kränkung.
– Bei meiner Verwirrung kann ich nicht klar denken.

Es bleibt anzufügen, daß auch Nominalisierungen nicht nur negativ zu bewerten sind; wir wollen uns die Abstraktion nicht schlechthin verbieten (gerade die Wissenschaft ist darin stark, via Abstraktion die Realität so zu vereinfachen, daß sie für bestimmte Zwecke besser verstehbar und kontrollierbar wird). Es kommt auf das Ziel und auf das Maß an. Überhaupt sind Nominalisierungen im Alltag niemandem prinzipiell vorzuwerfen; die Gesprächspartnerin oder der Gesprächspartner kann sie ja nach Bedarf hinterfragen. Anders ist der Fall bei der Einwegkommunikation vom Typ Radiosendung oder Lehrbuch.

7.2.2 Umgang mit Tilgungen

Als Beraterinnen und Berater streben wir häufig an, Tilgungen rückgängig zu machen, zu enttilgen. Damit sollte des aktuelle Weltbild der ratsuchenden Person in einer Weise verändert werden, daß ihre Wahlmöglichkeiten größer werden, wodurch sie wieder mehr Kontrolle über ihr Leben gewinnt. Bandler und Grinder (1975, dt. 1981, 65) gehen von dieser Annahme wie von einem Axiom aus: «Sobald die fehlenden Teile wiedergewonnen werden, beginnt der Wandlungsprozeß in diesem Menschen.»

Die beratende Person steht vor zwei Aufgaben, die sie nacheinander zu lösen hat, nämlich zuerst relevante Tilgungen zu erkennen und dann Anlässe zur Enttilgung zu geben.

7.2.2.1 *Erkennen von Tilgungen*

Das Erkennen von Tilgungen kann intuitiv oder systematisch geschehen.

(1) Das *intuitive Erkennen* von Tilgungen dürfte der häufigste Fall sein, es ist meistens hinreichend und auf jeden Fall ökonomisch. Solches Erkennen basiert auf nichterfüllten Informationserwartungen der beratenden Person, auf dem Eindruck der Verarmung und Unspezifiziertheit des Weltbildes der ratsuchenden Person oder auf dem Eindruck der Verschlossenheit und vielleicht des Widerstandes, tatsächlich etwas zu verändern.

(2) Wer ganz *systematisch* vorgehen möchte, könnte auf die Casus-Grammatik von Fillmore (1968) rekurrieren und sich zu jedem Prädikat fragen, ob es noch obligatorische (oder auch fakultative) Fälle gibt, die in der Oberfläche nicht vorhanden sind. Beispiel: «Ich bin gespannt.» Man könnte fragen nach einem Objekt: «Worauf sind Sie gespannt?» oder nach der Ursache: «Wie kommt es, daß Sie darauf so gespannt sind?» oder nach der zeitlichen Spezifizierung: «Seit wann sind Sie denn so gespannt darauf? Wann wird sich die Spannung lösen?»

Bandler und Grinder (1975, dt. 1981, 65) schlagen vor,

> ... sich selbst zu fragen, ob man sich einen anderen, wohlgeformten Satz vorstellen kann, der dasselbe Prozeßwort ... und mehr Substantivargumente als die Oberflächenstruktur des Klienten mit demselben Verb ... beinhaltet. Wenn man sich eine solche Oberflächenstruktur vorstellen kann, ist die Oberflächenstruktur des Klienten unvollständig.

7.2.2.2   Veranlassungen zur Enttilgung

Die beratende Person hat prinzipiell drei Möglichkeiten des Umgangs mit festgestellten Tilgungen (Bandler & Grinder, 1975, dt. 1981, 65):

- Akzeptieren
- Fehlendes erfragen
- Fehlendes interpretieren oder erraten und allenfalls prüfen

(1) Das *Akzeptieren* ist natürlich eine häufige Kategorie, weil man sich in einem Gespräch nicht durch jede Tilgung zu Maßnahmen veranlaßt sehen muß. Das Gespräch würde sonst unmöglich und wenigstens eine der beteiligten Personen unwillig. Eher sollte man sich auf jene Tilgungen konzentrieren, die von besonderer Relevanz sind.

Und auch im Falle relevanter Tilgungen ist die Veranlassung einer Enttilgung nicht immer angezeigt. Vielleicht ist eine ratsuchende Person nicht bereit, über gewisse Dinge nachzudenken, vielleicht verlangt der Rahmen des Gesprächs eine Zurückhaltung vor zu persönlichen Inhalten. Nicht alles, was ein Psychologe oder eine Psychologin als veränderungsbedürftig erkennt, gehört zu seiner oder ihrer Veränderungsaufgabe!

Schließlich kann die Akzeptierung von schwerwiegenden Tilgungen in geradezu therapeutischer Intention gerechtfertigt sein. Das Aufdecken durch die beratende Person kann die Aufgabe zu einfach (= oberflächlich) und dadurch vielleicht wirkungslos machen. Persönliche Einsicht hingegen, das persönliche Ringen um eine bestimmte Weltsicht kann zu einem wichtigen und veränderungsträchtigen Erlebnis werden.

Auch wenn eine Partnerperson sich durch ungerechtfertigte Tilgungen das Leben schwer macht, so verdient sie, ernst genommen zu werden. Wenn wir die Not der betreffenden Person nachvollziehen können, ist es ihr wahrscheinlich angenehm, das zu spüren und sich dadurch akzeptiert zu fühlen. Auf dem Boden der Akzeptiertheit läßt sie ihre Weltsicht dann auch eher verändern oder hinterfragen, als wenn wir ihr einfach ‹unrecht› geben.

(2) *Fragen.* Alle wichtigen Interpretationen von einer gewissen Unsicherheit müssen bei Gelegenheit geprüft werden. Das kann indirekt geschehen,

indem auf Passung und Widersprüche mit anderen Äußerungen und Verhalten geachtet wird. Direkt geschieht es etwa, indem man jemanden direkt fragt. Beispiel für eine sehr enge Frage auf die Äußerung «Ich habe wieder Angst.» A: «Haben Sie wieder Angst, auf die neue Stellenbewerbung eine Absage zu erhalten?» Etwas ausgesuchtere Möglichkeiten sind die des Angebots einer speziellen Formulierung. Beispiel: B: «Wenn ich Sie so mit gedrückter Stimme von Ihrer Angst reden höre, habe ich die Phantasie, daß Sie sich von Anfang an ganz klein vorkommen.» Aber natürlich sind auch einfache offene Fragen sinnvoll, etwa C: «Wovor haben Sie Angst?»

Enttilgung durch Fragen ist die einfachste und meistens problemloseste Methode. Ich gebe hier eine Menge von Beispielen:

Casus-Unterdrückung.
A: «Ich fürchte mich.» B: «Wovor fürchten Sie sich?»
A: «Ich wage meine Mitarbeiter nicht zu fragen.» B: «Was hindert Sie daran, Ihre Mitarbeiter zu fragen?» Oder: «Was würde passieren, wenn Sie Ihre Mitarbeiter fragen würden?»

Relationsunterdrückung beim Komparativ und beim Superlativ.
A: «Ich bin einfach rascher müde.» B: «Rascher als wer zum Beispiel?»

Possessivunterdrückung.
A: «Wieder diese schlechte Laune!» B: «Wer hat eine schlechte Laune?»

Verdeckte Drohung.
A: «Wenn Hans das erfährt!» B: «Was passiert, wenn Hans das erfährt?»

Adverbialisierung.
A: «Mirjam ist bekanntlich schlecht organisiert.» B: «Wer hält sie für schlecht organisiert?»

Unvollständige Modaloperatoren.
A: «Ich muß am Sonntag arbeiten.» B: «Von wem aus müssen Sie, wer befiehlt Ihnen das?»

Adjektivierung von Tätigkeiten.
A: «Mirjam ist schlecht organisiert.» B: Was ist denn bei ihr ist schlecht organisiert?»

Allerweltsverben.
A: «Marie hat mir weh getan» B: «Was hat sie getan?»

Nominalisierung.
A: «Ich möchte einfach mehr Stimmung zu Hause in der Adventszeit.» B: «Was wollen Sie denn tun in der Adventszeit? Was wollen Sie denn, daß Ihre Kinder oder Ihre Frau tut?»

(3) *Interpretieren und erraten* sind verwandt miteinander, weil beiden ein Maß an Unsicherheit anhängt. Die Unsicherheit beim Raten ist allerdings viel höher, da die Interpretation auf breiterem Wissen basiert und nach einigermaßen logischem Verfahren abläuft. Die Unsicherheit kann so gering sein, daß eine Interpretation einstweilen nicht explizit geprüft werden muß, sondern ziemlich problemlos verwertet werden kann.

7.3 Universalquantoren

Universalquantoren entsprechen Wörtern wie ‹immer›, ‹niemand›, ‹alle›, ‹jedermann›, ‹nie› (z.B. Leisi, 1978, 133). Beispiele:
– Jedermann hat ganze Zähne, nur meine sind durch den Unfall herausgebrochen.
– Ich könnte nie in die Ferien gehen.
– Immer vergißt Du...
Der Kontrollverlust (und das überhöhte negative Selbstbild) als Folge von Übergeneralisierungen via Verwendung von Universalquantoren kann angegangen werden, indem man die Partnerperson durch Übertreibung und Rückfrage auf die Unhaltbarkeit der Aussage aufmerksam macht. Beispiele:
A: «Es ist unmöglich, irgendwem zu trauen.» B: «Ist es immer unmöglich, daß irgendwer irgendwem traut?»
A: «Die Schweizer sind alle so arbeitsam.» B: «Ist wirklich jeder einzelne Schweizer so arbeitsam?»
Man kann die Richtigkeit der Aussage auch durch Erfragen denkbarer (oder phantasierbarer) Gegenbeispiele relativieren (diese Methode hat den Vorteil, wenigstens in der Phantasie möglicher Kontrolle näher zu kommen). Beispiel:
A: «Ich könnte unter keinen Umständen allein zum Tanzen gehen.» B: «Können Sie sich irgend eine ganz besondere Situation vorstellen, in der Sie doch mal allein zum Tanzen gingen?»
Eine andere Möglichkeit besteht im Vorschlag einer Ausnahme und der Bitte um Prüfung (die beratende Person stellt sich aus ihrer eigenen Lebenserfahrung selbst eine mögliche Ausnahme vor, die die Universalaussage relativiert). Beispiele:
A: «Seit mein Mann gestorben ist, bin ich immer traurig.» B: «Sind Sie unterdessen nie einem Kind begegnet, das etwas Lustiges oder Herzliches zu Ihnen gesagt hat? Haben Sie nie einem Vogel zugeschaut, der sein Lied in den hellen Morgen hineinsang?»
A: «Heute wird alles gestohlen, was nicht angebunden ist.» B: «Haben Sie noch nie in einem Restaurant Ihren Hut abgelegt, ohne daß er gestohlen wurde?»

Gewisse Universalaussagen sind besonders gut immunisiert, weil sie gar nicht einen selbst betreffen, sondern andere (wenigstens anscheinend). Solche Universalaussagen können relativiert werden, indem die beratende die ratsuchende Person auf ihren Anteil hinweist. Beispiele:

A: «Mein Mann kommt nie zur Zeit zum Essen.» B: «Wie verhalten Sie sich, wenn er nicht zur Zeit kommt, und wie verhalten Sie sich, wenn er zur Zeit kommt?»

A: «Mein Mann lächelt mich nie an.» B: «Lächeln *Sie* ihn denn an?»

Wieder einmal ist anzumerken, daß diese Hinterfragungen in praxi nicht so maschinenhaft und lückenlos anzubringen sind, sondern ‹bei Gelegenheit› und mehr oder weniger sachte. Die Darstellung hier ist formal und wirkt deshalb übertrieben.

7.4 Unspezifische Verben

Unspezifische Verben sind sehr generelle Verben wie ‹machen›, ‹tun›, ‹versuchen›. Beispiele:

- «Der Sportfimmel meiner Kinder macht mich noch verrückt.» (Was tun die Kinder wirklich? Was löst das bei Dir aus?)
- «Spazieren bringt's auch nicht.» (Was erwarten Sie denn davon?)
- «Mittagessen im Restaurant tut nicht gut.» (Was bewirkt es denn?)

7.5 Tatsachengenerierung durch Präsuppositionen

Präsuppositionen sind Annahmen, derer sich eine Aussage bemächtigt (genau genommen: die für eine Aussage vorausgesetzt werden). Beispiele:

- Ich fürchte, daß meine Tochter so eitel wird wie ihre Mutter (nichthinterfragbare Unterstellung, daß die Mutter eitel ist).
- Wenn Hans derart egoistisch ist, muß ich mich auch wehren.
- Wenn Du wüßtest, wie schwer ich es in der letzten Zeit hatte, würdest Du etwas mehr Rücksicht nehmen.

Zweifelhafte Präsuppositionen lassen sich direkt hinterfragen. Beispiele zu obigen Aussagen:

- Inwiefern ist ihre Mutter eitel?
- Du hältst Hans für egoistisch? Wovon leitest Du das ab?
- Was war denn in letzter Zeit so schwer? Erzähl mir.

7.6 Unterdrückung des Performativs oder Tabuisierung von Festlegungen

Bandler und Grinder (1975, dt. 1984, 133) verstehen unter dem Performativ Aussagen wie «Ich sage, daß...», «ich meine, daß...», «ich habe gelernt, daß...», «ich möchte, daß...» etc. Beispiele von unterdrückten Performativen sind:

- Man darf Gefühle anderer nicht verletzen.
- Tag und Nacht zu arbeiten ist verrückt.
- Es ist nötig, wöchentlich zweimal einzukaufen.

Auch hier läßt sich nach Präzisierungen fragen, z.B.:

- Sie möchten die Gefühle von xy nicht verletzen?
- Sie möchten nicht Tag und Nacht arbeiten?
- Ist es so, daß Du nicht am Samstag für die ganze Woche einkaufen möchtest?

7.7 Das aggressive Präteritum

Dieser Ausdruck stammt von Leisi (1978, 133), der damit meint, daß der Bezug auf ein vergangenes Faktum die Generalität einer Behauptung beweisen sollte. Beispiele:
«Auch letzte Weihnachten hast du...»
«Schon die ganze Zeit bist du ... gewesen.»
Meistens ist dieses Faktum zum Zeitpunkt seines Ereignisses gar nicht genannt worden; desto perfider wirkt ein solch später ‹Beweis› dann. – Auch hier empfiehlt es sich, Differenzierungen zu provozieren.

7.8 Ein Wort zur Vorsicht

Ungerechtfertigte Generalisierungen beeinträchtigen nicht nur Weltbild und Wohlbefinden jener, die sie aussprechen, sondern können auch als Waffen gegenüber der Partnerperson eingesetzt oder verstanden werden. Wenn das so ist, kann das Hinterfragen der linguistischen Form zur Eskalation von Konflikten führen. Es tönt dann so, als würde die angesprochene Person nur auf die Sprachform reagieren und dort belehrend Fehler feststellen statt auf die Angriffsbotschaft einzugehen. Hinterfragen wird dann als Gegenangriff wahrgenommen, und bereits haben wir ein Konfliktgespräch mit einer ‹öffentlichen› Ebene (= die expliziten Botschaften) und verdeckten Ebenen (Appell, Selbstdarstellung, Du-Definition, Beziehung); vgl. Kapitel 6.

Selbst wenn mit der ersten, übergeneralisierten Aussage nicht ein Angriff gemeint ist, kann das Gegenfragen als Angriff verstanden werden. Also Vorsicht mit dem Gegenfragen!

Ich möchte die Leserin und den Leser einladen, die Überlegungen dieses Kapitels in erster Linie auf sich selbst zu verwenden, allenfalls sich selbst in der angedeuteten Art zu hinterfragen. So wie Einstellungen unser Sprechen beeinflussen, kann das Sprechen auch unsere Einstellungen und unser Denken beeinflussen.

8. «Denkfehler» im Gespräch

Generalisierungen und insbesondere Tilgungen sind sprachliche (semantische) Prozesse, die die subjektive Weltrepräsentation auf eine Weise vereinfachen, daß die Wahrnehmung der eigenen Kontrolle empfindlich eingeschränkt wird. Dieses Kapitel liegt auf der gleichen Linie wie das vorhergehende; es behandelt behindernde Kausalannahmen und ‹Gedankenlesen›.

8.1 Behindernde Kausalannahmen

Als behindernde Kausalannahmen bezeichne ich Annahmen über Zusammenhänge, die in der Realität entweder nicht bestehen oder dann über wesentlich mehr Zwischenglieder laufen. Im Zentrum stehen dabei Annahmen

155

über Wirkungen, die andere Menschen auf einen selbst haben, d.h. Annahmen über die Kontrolle, die andere Menschen über einen selbst angeblich ausüben.

8.1.1 Kausalität und Kausalitätsbias

Unser Verständnis von der Welt, in der wir leben, ist geprägt durch die Wahrnehmung von Kausalzusammenhängen, genauer durch ihre Zuschreibung oder Attribution. Seit Aristoteles wird immer wieder betont, daß alles «kontingent Seiende» (= was nicht Gott ist) verursacht ist, insbesondere daß alles Werdende verursacht ist und daß alles, was in Bewegung ist, von jemand oder von etwas in Bewegung gesetzt worden ist («quidquid movetur, ab alio movetur»; seit Newton natürlich so zu verstehen, daß alles, was sich in seiner Bewegung *ändert*, dafür eine Ursache haben muß).

Die philosophische Reflexion der Kausalität hat diesen Begriff im Lauf der Jahrhunderte in höchst interessanter Weise differenziert.[1] Als bedeutsame Ergebnisse für die Psychologie sind aus dieser Reflexion zu nennen:

– Es gibt immer gleichzeitig sehr viele Ursachen oder ursächliche Bedingungen, und es ist eine willkürliche oder konventionelle Entscheidung, welche wir als die Ursache bezeichnen.

---

1   «Für Aristoteles z.B. bestand die Erklärung eines Dings in der Angabe von vier Ursachen, nämlich der Materialursache, der Formalursache, der Wirkursache und der Zweckursache. Davon ist die Wirkursache jene, die heute im Alltag und sogar in der Wissenschaft am meisten verwendet wird.
Der Engländer David Hume versuchte, durch genaue Beobachtung Ursachen festzustellen. Er fand Bedingungen, unter denen der Ursächlichkeitseindruck entsteht (nämlich zeitliche Kontiguität, zeitliche Priorität der Ursache und Wiederholbarkeit des Phänomens); die Ursachenbeziehung als solche konnte er aber nicht ‹sehen›.
Ursächlichkeit kann man nur erschließen; aber man sollte sie sich nicht als ein verbindendes Ding vorstellen, das zwischen der Ursache und der Wirkung steht, sonst muß man sich auch zwischen diesem Ding und der Ursache resp. der Wirkung wieder ‹etwas› vorstellen.
John Stuart Mill hob hervor, daß jedes Ereignis an viele Bedingungen gebunden ist und daß wir im Alltag meistens nur eine davon als Ursache bezeichnen, z.B. die auffallendste, die zuletzt beobachtete, die seltenste etc. Duncker und Michotte versuchten, diese spontane Auszeichnung als Ursache mithilfe gestaltpsychologischer Gesetze zu erklären.
Moderne Philosophen sowie der Psychologe Piaget versuchten, das Konzept der Kausalität von der eigenen Wirkerfahrung als handelnde Person abzuleiten. Damit werden unter den vielen Bedingungen eines Ereignisses jene als Ursachen ausgezeichnet, die handelnd kontrolliert werden können» (Flammer, 1990, 32-33).

- Es wirken nicht nur viele Ursachen nebeneinander und miteinander auf einen Effekt hin, sondern viele Wirkungen sind gleich wieder Ursachen für weitere Wirkungen. Es gibt Ursachenketten.
- Eigentlich gibt es in der von uns überblickbaren Zeit gar keine erste Ursache; für praktische Zwecke aber entscheiden wir oft, wo eine Kette anfängt (= Interpunktion; vgl. Watzlawick, Beavin & Jackson, 1967, dt. 1969).
- Ursachen können unterschiedlich nötig sein. Es gibt notwendige und hinreichende, notwendige und nicht hinreichende und nicht notwendige, aber hinreichende [und nicht notwendige sowie nicht hinreichende] Ursachen.
- Ursachen können auch in verschiedener Beziehung zu Wirkungen stehen. Es gibt z.B. mechanische Ursachen (sog. Wirkursachen), Gründe und Motive für Handlungen, Ziele von Handlungen und Wirkungen von Handlungen (vgl. Schank & Abelson, 1977). Wir sagen, Handlungen seien zielorientiert; die physikalischen Äußerungen von Handlungen müssen jedoch in einer physikalischen Ursächlichkeitskette liegen. Dennoch: Wie wird ein Ziel zu einer Ursache? Wie führt eine aufregende Idee zur Ausschüttung von Adrenalin? Und umgekehrt: Wie führt mich ein physikalisches Ereignis auf eine neue Idee?
- Ursachen sind über den Handlungsvollzug erlebbar. Im Lauf der Individualentwicklung wird diese Erfahrung relativ verläßlich auf beobachtete Ereignisfolgen übertragbar (Flammer, 1990, 31-32).

Unser durch Kausalität geprägtes Verständnis der Welt hat viele Erfolge gebracht, insbesondere technologische. Daß wir mit Technologie auch sehr viele Folgeprobleme geschaffen haben, spricht nicht eo ipso gegen das Kausalitätsprinzip, vielleicht nur für die ungenügende Durchschaubarkeit der komplexen Zusammenhänge und für unsere Unverfrorenheit, das Machbare immer gleich auch machen zu wollen.

Die Psychologie hat sich dieses Grundzugs menschlichen Weltverständnisses schon seit längerer Zeit angenommen (besonders Heider, 1944, dt. 1973; 1958, dt. 1977; 1983, dt. 1984; Kelley, 1967; 1972; Michotte, 1961; und Weiner, 1972, dt. 1976; 1980, dt. 1984; 1985).

Fritz Heider hat Kausalschemata postuliert und gezeigt, daß wir Menschen die Welt, die wir wahrnehmen, mit Vorzug nach Kausalbeziehungen ordnen. Dadurch generalisieren wir z.B. Eigenschaften von Ursachen auf Wirkungen und umgekehrt resp. von Personen auf ihre Aussagen etc...
Besonders häufig werden Ereignisse ursächlich erklärt, die selten vorkommen oder aus irgend einem Grund nicht erwartet worden sind.
Die inadäquate Verwendung von Attributionsmechanismen kann bedingt sein durch das Einschränkungsprinzip, das Proportionalitätsprinzip, das Primacy-Prinzip, das Auffälligkeitsprinzip, den Konsens-Effekt, soziale Abhängigkeiten, Selbst- und Fremdperspektiven, das Selbstwertsteigerungsprinzip, das Freiwilligkeitsprinzip und den Erwartungseffekt (Flammer, 1990, 55).

Da kausale Beziehungen nicht als solche wahrgenommen werden, müssen wir sie erschließen (inferieren). Ohne Inferenz ist Verstehen praktisch nicht möglich (vgl. Kapitel 5). Da Inferenzen aber oft nicht hundertprozentig realitätsentsprechend sind, ist da Vorsicht geboten. Man kann ‹des Guten zuviel› tun!

Beispielaussagen:

- Die Kinder brauchen meine Nerven völlig auf.
- Du regst mich auf.
- Sie hat so eine krächzende Stimme; sie macht mir Gänsehaut.
- Der hält mich mit seinen Briefen permanent in Atem.
- Ich kann nicht arbeiten, weil immer wieder das Telefon klingelt.
- Deine regelmäßige Heimkehr zum Wochenende macht mir viel Freude.
- Die Konsumierhaltung der westlichen Industriegesellschaft ruiniert das ganze Gleichgewicht unseres Globus.
- Die vielen Hunde machen das Spazieren in unserem Quartier ungemütlich.

8.1.2 Analyse

Diese Beispielaussagen sind in sehr vielen Situationen durchaus nicht falsch, aber sie haben oft ungerechtfertigte Wirkungen, sie haben einen unbedingten und in dieser Form fast unprüfbaren Geltungsanspruch und führen zur Machtlosigkeit derer, die diese (bedauernden) Aussprüche tun. *Das liegt daran, daß diese Aussagen zu viele Inferenzen unhinterfragt aneinanderreihen (= ‹kurzgeschlossen› sind).*

Inferenz – etwas was man erschließen muß

8.1.2.1   Der Kurz-Schluß oder das Überspringen von Gliedern in einer Kausalkette

Nehmen wir das Beispiel «Du regst mich auf». Wenn man die konkrete Situation etwas analysiert, könnte sie sich beispielsweise so darstellen: Du hältst Dich in Hörnähe zu mir auf; Du pfeifst Lieder; dabei verzerrst Du den Rhythmus in einer Art, die ich als unästhetisch empfinde; ich habe bestimmte ästhetische Normen und vor allem auch die Disziplin, diese einzuhalten; ich singe innerlich Deine Lieder mit, aber das geht nicht nach meinem rhythmischen Empfinden; meine erfolglosen Versuche, innerlich mitzusingen, lassen mich dauernd kleine Mißerfolge erleben und stören mein ästhetisches Empfinden; dabei wollte ich ja eigentlich gar nicht singen, sondern ein bestimmtes Sachbuch durcharbeiten; meine kleinen musikalischen Frustrationen lenken mich immer wieder davon ab; ich unterbreche deshalb immer wieder meine Lektüre; ich stelle fest, daß ich mit meiner Lektüre nicht vorankomme; ich merke, daß ich mein Leseziel bei weitem nicht erreiche; das will ich nicht akzeptieren. Ich rege mich über all das auf: ästhetische Verletzung; zwangshaftes, aber erfolgloses innerliches Mitsingen; Nichterreichen meines eigenen Arbeitsziels.

Wenn Sie diese kleine Kausalkette durchgegangen sind, finden Sie möglicherweise die Aussage «Du regst mich auf» verständlich, aber doch etwas unfair, denn das alles hat die liederpfeifende Person doch nicht persönlich zu verantworten. Mehr noch: Sie merken vielleicht, daß die Person, die diese Aussage machte, mehreres dagegen tun könnte: das Lektüreziel einschränken; die Lektüre abbrechen; sich die Ohren verstopfen; vielleicht einen akustisch besser abgedichteten Raum aufsuchen; vielleicht die Partnerperson bitten, einen akustisch besser abgedichteten Raum aufzusuchen und dort für eine Weile zu bleiben; die Partnerperson bitten, mit dem Pfeifen aufzuhören; sich selbst für die Liedinterpretation der Partnerperson interessieren; mit der Partnerperson das Rhythmusproblem besprechen und vielleicht aus der Welt schaffen.

Kurz: Vom Pfeifen bis zum Ärger liegen viele Zwischenglieder, die man allenfalls verändern könnte, wenn man ihrer bewußt würde. Halten wir darum als ersten Typ behindernder Kausalannahme den Kurz-Schluß oder das Überspringen von Gliedern in einer Kausalkette fest. Dadurch werden Möglichkeiten übersehen, die Kette zu unterbrechen.[1]

Der Stoiker Epiktet (ca. 50–140 n.C.; Auflage 1984) hat schon vor bald 2000 Jahren Lebensweisheiten empfohlen, denen u.a. der Vorschlag der Abkoppelung der Glieder solcher Kausal-Kurzschlüsse zugrunde liegt, z.B.:

Wenn du den Diener rufst, so denke: er kann dich vielleicht nicht hören; oder wenn er dich hört, so kann er vielleicht nicht tun, was du willst. Jedenfalls soll es nicht von ihm abhängen, ob du deine Ruhe bewahrst oder verlierst (S. 27).

Überhaupt empfahl Epiktet, auch die wirklichen Ursachen von unangenehmen Gemütsregungen möglichst auszuschalten:

Von den Dingen stehen die einen in unserer Gewalt, die andern nicht... Sei dir bewußt: Hältst du für frei, was seiner Natur nach unfrei ist, und für dein eigen, was fremd ist, so wirst du viele Schwierigkeiten haben, Aufregung und Trauer, und wirst mit Gott und allen Menschen hadern (S. 21).
Verlange nicht, daß alles so geschieht, wie du es willst, sondern wolle, daß alles so geschieht, wie es geschieht, und du wirst in Frieden leben (S. 25).
Sage nie von einem Ding: ich habe es verloren, sondern: ich habe es zurückgegeben. Ein Kind ist dir gestorben: du hast es zurückgegeben. Deine Frau ist gestorben: du hast sie zurückgegeben. Dein Landgut wurde dir genommen: also auch dies hast du zurückgege-

---

1   Diese Analyse ist noch gar nicht darauf eingegangen, daß im Ausspruch «Du regst mich auf» auch eine leise Unterstellung der Intentionalität oder wenigstens der bewußten Fahrlässigkeit der pfeifenden Person liegen könnte; mehr unten.

ben. ‹Aber der mir's nahm, ist ein schlechter Mensch.› Was geht es dich an, durch wen es der Geber zurückfordert? Solange er dir's überläßt, betrachte es als ein fremdes Gut, wie ein Reisender das Gasthaus betrachtet (S. 26).

Wisse: sobald du dich mit der Außenwelt einläßt und einem da draußen zu gefallen wünschst, so hast du den Boden unter den Füßen verloren. Darum laß es dir genügen, ein Philosoph zu sein. Willst du aber irgendwem auch als Philosoph erscheinen, so sei es vor dir selbst; das wird genügen (S. 32).

8.1.2.2 *Die Zuschreibung der Ursache für eigene Gefühle an eine andere Person*

Wenn Sie zu unserem Pfeifbeispiel diese Liste der Möglichkeiten (die natürlich in konkreten Situationen nicht alle gleich wahrscheinlich sind) durchgegangen sind, finden Sie vielleicht die folgende Aussage akzeptabler, auch wenn sie immer noch kurz ist: «Wenn ich Dein Pfeifen höre, rege ich mich auf» oder noch kürzer: «Ich rege mich über Dein Pfeifen auf.» Es ist allein im Ton der Aussage ein gewaltiger Unterschied, ob *ich mich* über etwas aufrege oder ob *jemand oder etwas mich* aufregt. Im zweiten Fall bin ich ein passives Opfer, im ersten immerhin aktiv.

Darin zeigt sich der zweite Typ behindernder Kausalannahmen: die Zuschreibung der Ursache für eigene Gefühle an eine andere Person. Eine solche Kausalannahme würde heißen, daß andere Menschen meine Gefühle verursachen. Das ist nach dem gegenwärtigen Kenntnisstand der Psychologie zum Glück in dieser Form nicht möglich. Menschen können in anderen Menschen Wahrnehmungen verursachen, z.B. Schmerzen, nicht aber Emotionen, wenn wir Emotionen als die ganzheitliche subjektive Bewertung von Zuständen und Vorgängen verstehen (genau genommen die ganzheitliche subjektive Bewertung von Wahrnehmungen von Zuständen und Vorgängen; Lazarus, 1982; Ulich, 1989; vgl. aber auch Zajonc, 1984). Da Gefühle zum Nächsten und Persönlichsten gehören, was wir haben (oder gar ‹sind›), ist es sehr wichtig, bei wem die Kontrolle dafür liegt.

Nicht wer dich beleidigt, und nicht wer dich schlägt, kränkt dich, sondern nur deine Vorstellung, daß sie dich kränken. Wenn dich einer reizt, so bedenke, daß es deine Vorstellung ist, die dich reizt. Suche es deshalb vor allem dahin zu bringen, daß deine Vorstellung dich nicht fortreißt (Epiktet, Auflage 1984, 31).

Nun will ich mich allerdings nicht zur Behauptung versteigen, wir Menschen hätten ohne weiteres Kontrolle über unsere eigenen Gefühle, wenn wir nur wollten. Gefühle hängen nämlich mit unseren Werten und Einstellungen, aber auch mit unseren vorausgehenden Erfahrungen zusammen (Ulich, 1989), vor allem aber sind sie direkt durch unsere Wertung der aktuell wahrgenommenen und interpretierten Ereignisse bedingt. Wichtig und oft schon eine Chance zur Veränderung ist es, zu sehen, daß keine direkte Kausalbeziehung vom Verhalten anderer Menschen zu meinen Gefühlen führt und daß irgendwo dazwischen ich selbst mit meiner Einstellung stehe.

Gehen wir zurück zu unserem einfachen Beispiel «Du regst mich auf». Wie läßt sich die Verbindung zwischen ‹Dir› und ‹meinem› Ärger formulieren, ohne ‹Dich› zum Verursacher zu machen? Zum Beispiel so: «Du hast von dem bestimmten Lied eine andere Auffassung als ich. Dir gefällt es so, mir gefällt es anders. Deine Liedinterpretation wirkt auf mich wie eine ‹Rhythmusverzerrung›, die *ich* nur schwer ertrage, und *ich* kann sie kaum überhören. Ich höre immer wieder hin und möchte weiterhin lieber, daß Du das Lied so pfeifst, wie es auch mir liegt. So halte *ich mich* eben vom Lesen ab, komme nicht voran und ärgere mich darüber.»

Zum Nachdenken oder zum Üben einige weitere Aussprüche, die zu dieser Kategorie passen:

- «Er langweilt mich.»
- «Sein Plan beleidigt mich.»
- «Ihr Weinen macht mich traurig.»
- «Sie zwingt mich, eifersüchtig zu sein.»

8.1.2.3   Der Widerstand gegen das Entscheiden

Die Kausalanalyse der genannten und ähnlicher Beispiele zeigt oft, daß es Maßnahmen gäbe, die bedauerte Situation zu ändern, daß die betreffende Person aber gar keine ergreifen möchte. Vielleicht sind ihr die zur Verfügung stehenden Maßnahmen zu aufwendig, vielleicht verdeckt das aktuelle Problem ein größeres dahinterliegendes.

Nochmals ein Beispiel: «Die Kinder brauchen meine Nerven völlig auf» (N.B.: Versuchen Sie, die Aussage einmal wörtlich zu verstehen!). Die detaillierte Analyse der Kausalglieder dürfte zeigen, daß es durchaus Maßnahmen gibt, die verhindern, daß die Nerven ‹völlig› aufgebraucht werden. Vielleicht müßte diese Person das Risiko eingehen, die Kinder einmal eine Weile allein zu lassen und Lärm machen zu lassen. Vielleicht ist es in den bestimmten Lebensumständen auch einmal geraten, seinem Kind tatsächlich die Geburtstags-Party mit allen Klassenkameraden *nicht* zu bieten. Es kann aber auch einmal sein, daß die Person die Party eben doch will und zugeben muß, daß sie die Nervenaufreiberei einigermaßen *freiwillig* auf sich genommen hat; es könnte ja sein, daß das Jammern über die opfervollen Strapazen auch einen seelischen ‹Nutzen› bringt (vgl. das Transaktionsspiel ‹WANJA›, im Kapitel 9).

Ein guter Indikator für die unauffällige Verweigerung von Entscheidungen kann der Gebrauch des Wörtchens ‹aber› sein. Beispiele:

– Ich würde gerne Urlaub nehmen, aber viele Menschen sind von mir abhängig.
– Ich möchte mit ihr gut zurechtkommen, aber sie beschuldigt mich immer.
– Ich würde schon gerne an diesem Problem arbeiten, aber ich nehme Dir zu viel Zeit in Anspruch.

8.1.2.4 Die Interpretation eines Wunsches anderer Menschen als ein Gesetz für mich

Beispiel: «Der hält mich mit seinen Briefen permanent in Atem». Auch hier mag eine Entscheidung vermieden werden; diese Person vergibt ihre Handlungsfreiheit, indem sie sich der Konvention, auf Briefe zu antworten und das sogar mit gleich langen Briefen, bedingungslos unterwirft. Wahrscheinlich weiß ja die briefschreibende Person um diese Konvention und realisiert auf diese Weise ihren Wunsch nach fortgesetztem Kontakt.

Die Tatsache, daß andere wie ich das Recht haben, Wünsche zu äußern, Ansprüche zu erheben, bedeutet nicht, daß ich als Angesprochene(r) solche Wünsche und Ansprüche unbedingt erfüllen muß. Die angesprochene Person ist ebenso frei, ihrerseits Wünsche und Ansprüche zu haben. Und diese Wünsche mögen kollidieren; keine(r) ist *verpflichtet* alle Wünsche anderer zu erfüllen.

Nein zu sagen ist nicht immer einfach, manchmal weil wir so sehr die Gewohnheit angenommen haben, dem Willen anderer zu entsprechen, nach dem Belieben anderer zu unseren ‹Nächsten› lieb zu sein und auf uns selbst zuletzt oder doch spät zu achten; manchmal aber auch, weil wir die Konfrontation der Ansprüche und Wünsche nicht zu ertragen bereit sind, weil wir Konflikte scheuen, vielleicht weil wir mit Konflikten nicht gut umgehen können (vgl. Brecht, 1966).

Das folgende Beispiel paßt ebenfalls dazu: «Ich kann nicht arbeiten, weil immer wieder das Telefon klingelt.» Muß ich denn unter allen Umständen antworten? Natürlich birgt das Nicht-Antworten Risiken und Nachteile, etwa das Risiko, daß ich einen Anruf nicht erhalte, der mir sehr wertvoll ist, oder den Nachteil, daß ich auf bestimmte Dinge nicht den Einfluß habe, den ich haben möchte. Damit soll gezeigt sein, daß die Wahl des Nicht-Antwortens nicht einfach die beste Wahl ist, daß aber eine Wahl besteht und daß ich nach getroffener Wahl mich nicht mehr so sehr darüber beklagen muß, unter dem Gesetz *anderer* zu stehen.

Die Einengung meiner Kontrolle durch Selbstauferlegung von externen Verpflichtungen ist uns auch in Kapitel 7.2.1.6 unter dem Stichwort der ‹unvollständigen Modaloperatoren› begegnet.

8.1.2.5   Die Depersonalisierung

Mit Depersonalisierung meine ich die Einbindung meiner Kontrolle in fremde oder in kollektive Kontrolle, was leicht auf die vollständige Delegation meiner Kontrolle und Verantwortung hinausläuft (sog. Trittbrettfahren). Beispiel: «Das Konsumverhalten der westlichen Industriegesellschaft ruiniert das ganze Gleichgewicht unseres Globus». Diese Feststellung markiert in der Tat einen Kontrollverlust, unter dem viele von uns aktuell leiden.

Ich werde aber nicht antreten mit der Behauptung, jeder von uns könne die Umwelt in eigener Kompetenz retten, wohl aber mit der Behauptung, jeder von uns könne ganz persönlich durchaus ein kleines Stück davon retten oder aber kaputt machen. Nur, die Aussage unseres Beispiels gibt wenig Blick frei für die eigenen, wenn auch noch so bescheidenen Möglichkeiten, denn die Tatsache, daß ich und Du manchmal zu viel und manchmal zu wahllos konsumieren, verpackt in eine unpersönliche Nominalisierung (vgl. 7.2.1.9) erwecken einen Eindruck der schicksalshaften Auslieferung an andere.

Ein anderes Beispiel, 1991 erlebt: «Man kann niemandem trauen; *es ist alles so verlogen.*» Gemeint war die Berichterstattung über den Golfkrieg, spezieller die Information über voraus gelieferte Waffen und Chemikalien zur Entwicklung von Pestiziden – oder chemischen und biologischen Kampfstoffen. Die Person, die das sagte, machte den Eindruck von schierer Verzweiflung; sie wollte jegliche weitere Informationsaufnahme von außen vermeiden, weil doch ‹alles verlogen› ist.

In der Eidgenössischen Kommission für Jugendfragen von 1985 sind hierzu schöne Beispiele zu finden. Ich wähle einen Interviewabschnitt aus (S. 20):

In diesem Bereich (gemeint ist die Umweltbelastung, A.F.) wird von mir aus gesehen überhaupt kein zu großes ‹Theater› gemacht. Ich sehe die ganze Entwicklung als bedenklich. Ich finde, es sollte eines unserer obersten Ziele sein, hier Immissionen zu beheben. Ich bin nicht gegen Atomkraftwerke; ich finde, diese zerstören die Umwelt nicht. Aber das Problem des Waldsterbens z.B. ist wirklich bedenklich. Man sollte unbedingt etwas dagegen tun. Wenn man die Lösung des Bundesrates bedenkt, nämlich die Geschwindigkeit derart minim zu beschränken, so wird eben nichts gemacht. Ein Umdenken kann in diesem Bereich nur kommen, wenn es vom Gesetz vorgeschrieben wird. Dies ist nun einmal leider so. Der Mensch ist von mir aus gesehen zu wenig selbstverantwortlich; er realisiert zu wenig, daß er selber etwas machen müßte.

8.1.3 Hilfen im Gespräch

Auch wenn sich die hier aufgezählten behindernden Kausalannahmen auf Kontrolleinschränkungen beziehen, die im Gespräch angehbar sind, heißt das nicht, daß wir nur einfach das richtige Wort, den geschickten Dreh finden müssen, um einer solchen Person mit Sicherheit zu helfen. Selbst wenn unsere Hilfe über das Gespräch geht, hängt sie nicht so sehr an einzelnen Worten, sondern sie ist getragen von der komplexen Struktur der sozialen Beziehungen, der Kommunikationsebenen und -kanäle sowie natürlich der beteiligten Persönlichkeiten. Ich spreche daher im folgenden weniger von Wörtern als von Sprechhandlungen.

Der Versuch, zu jedem Typ behindernder Kausalannahmen Gesprächsstrategien zu entwickeln, würde zu vielen Repetitionen führen. Ich bespreche darum direkt und je nur einmal einzelne Strategien nacheinander.

8.1.3.1 *Frage / Bitte um genauere Darstellung*

Beispiele:
- («Die Kinder fressen mich auf»): «Wie sieht denn so der Ablauf eines Abends vom Nachtessen bis zum Einschlafen der Kinder aus?»
- «Sie sagen, daß Sie an Weihnachten unbedingt nach X fahren müssen. Wie meinen Sie das?»
- A: «Sie verursacht mir viel Leid.» B: «Wie, genau, verursacht sie Dir viel Leid?»

Die Bemühung der leidenden Person um eine genauere Analyse kann ihr bereits den Blick für beeinflußbare Ursachenglieder öffnen. Die Nachfrage der beratenden Person kann aber den Widerstand auch verstärken!

8.1.3.2 *Präzise Frage*

Beispiele:
- Ist es so, daß Deine Kinder Deine Hilfe zu den Hausaufgaben erwarten, sobald Du von der Arbeit nach Hause kommst?
- Ist es denn so, daß Deine Mutter Dir vorschreibt, sie am Heiligen Abend zu besuchen?
- Meinst Du, daß nur die Regierung Einfluß auf die Verbesserung unserer Umwelt hat?

Solche Fragen weisen die Partnerperson auf ‹Fragwürdiges› hin. Sie wird sie oft auch als solche verstehen. Wenn aber die Fragwürdigkeit so offensichtlich ist, daß die Frage zu einer rhetorischen Frage wird, sollte sie nicht gestellt werden; das käme einem Beziehungsangebot von so großer Asymmetrie gleich, daß die Partnerperson das als Abwertung empfinden könnte.

8.1.3.3 Die Frage nach der Besonderheit einer Situation

Bandler und Grinder (1975, dt. 1981, 126) nennen folgendes Beispiel:
R: «Ich möchte nicht zornig werden, aber sie beschuldigt mich immer.»
B: «Werden Sie immer zornig, wenn sie Sie beschuldigt?»
 Man könnte natürlich auch direkt fragen, was denn das Besondere an dieser Situation gewesen sei. Diese Frage könnte aber die ratsuchende Person veranlassen festzustellen, daß da nichts Besonderes gewesen sei, womit der Ball wieder zurückgespielt wäre... Die tatsächlich verwendete Frage ist darum sehr klug, denn die ratsuchende Person wird sie nicht so leicht verneinen und wird sich damit selbst die Aufgabe stellen, das Besondere zu suchen. Bejaht sie hingegen tatsächlich die Frage, dann ist die Intention der beratenden Person, das Besondere aufzuspüren, je nach Situation vorläufig aufzugeben.

8.1.3.4 Prüfung, ob die Ursache hinreichend ist

Logisch prüft man eine Ursache darauf, ob sie hinreichend ist, indem man sie wegnimmt und sieht, ob sich dann der Effekt nicht einstellt (vgl. Methodologie der experimentellen Forschung). Genau das tun Bandler und Grinder (1975, dt. 1981) hypothetisch, indem sie vorschlagen zu fragen, ob das Verhalten, die Gefühle etc. anders wären, wenn die bestimmte Ursache nicht da wäre:
A: «Ich möchte nicht zornig werden, aber sie beschuldigt mich immer.»
B: «Wenn sie Sie also nicht beschuldigen würde, würden Sie nicht zornig werden, stimmt das?» (S. 126).
Oder:
A: «Ich möchte von zu Hause fort, aber mein Vater ist krank.»
B: «Wenn Ihr Vater also nicht krank wäre, würden Sie von zu Hause fortgehen, stimmt's?» (S. 126).

8.1.3.5 Phantasieren, wie es wäre, wenn...

Wenn man den Eindruck hat, daß die ratsuchende Person in Wirklichkeit die behinderte Kontrolle gar nicht will, daß sie Angst vor der Freiheit oder vor der Verantwortung oder vor der Entscheidung hat, dann kann man die Person behutsam an die hypothetische Situation heranführen.

A: «Ich möchte von zu Hause fort, aber mein Vater ist krank.»
B: «Wohin würden Sie denn gehen? Was würden Sie denn unternehmen? Malen Sie sich einmal aus, wie es wäre, wenn Sie tatsächlich nicht an den Vater gebunden wären.»

Diese Aufforderung soll die ratsuchende Person nicht damit konfrontieren, daß das Leben auch dann wieder einige Schwierigkeiten für sie bereit hielte, sondern sie soll ihr Lust darauf machen, eine solche Situation anzustreben. Damit wäre ein solches Problem zwar noch nicht gelöst (Schuldgefühle, tatsächliche Entscheidung, Entscheidung durchstehen etc.), aber es könnte zu einem Anfang werden.

8.1.3.6 Konfrontation mit dem Denkfehler

Wenn die klagende Person die direkte Konfrontation mit ihrer eigenen problematischen Logik oder gar mit der abweichenden Auffassung der Partnerperson erträgt, kann man damit recht direkt einen Schritt vorankommen. Nach dem Vorschlag von Bandler und Grinder (1975, dt. 1981, 130) könnte das etwa so aussehen:

R: «Ich möchte von zu Hause fort, aber mein Vater ist krank.»
B: «Wollen Sie damit sagen, daß das Kranksein Ihres Vaters Sie notwendigerweise daran hindert, von zu Hause fortzugehen?»[1]

8.1.3.7 Prüfung der Risiken

Immer dann wenn mit Modaloperatoren des Müssens und des Nichtdürfens argumentiert wird, kann ihre Berechtigung oder auch ihr Gewicht dadurch hinterfragt werden, daß man untersucht, was passieren würde, wenn man sich nicht daran halten würde.

---

1 Ellis (1979) ging in dieser Beziehung noch viel weiter, indem er seine Klientinnen und Klienten argumentativ zur Einsicht führen wollte, daß gewisse ihrer Überzeugungen «irrational» seien.

Beispiele:

A: «Ich darf das meiner Mutter nicht antun.»

B: «Was würde passieren, wenn Du es tätest?»

A: «Für diese Reise erhielte meine Tochter keinen Urlaub von der Schule, denn ich mag dem Rektor nicht erklären, was diese Reise für uns wirklich bedeutet.»

B: «Was würde denn passieren, wenn Deine Tochter nun einfach vom 20. Juni bis zu den offiziellen Ferien nicht mehr in die Schule ginge?»

8.1.3.8   Bezug auf den Selbstwert

Ein Bezug auf den Selbstwert oder gar ein Appell an den Selbstwert kann sich im Fall der Delegation persönlicher Kontrolle eignen, etwa im Falle der vermeintlichen Machtlosigkeit in Umweltfragen: «Wenn nur schon ein Fünftel der Schweizer wie Sie im Alltag auf das Auto verzichten würden, kämen wir da nicht schon einen schönen Schritt weiter?» Oder, vielleicht an einen Studenten gewandt: «Wenn Leute wie Sie ratlos werden, wem soll man dann das Umdenken zumuten?»

8.2   ‹Gedankenlesen›

Der Titel dieses Unterkapitels sowie einige der Ideen stammen von Bandler und Grinder (1975, dt. 1981). ‹*Gedankenlesen*› besteht in der Annahme mentaler Repräsentationen anderer. Im Zentrum stehen dabei Annahmen über mentale Repräsentationen anderer zu einem selbst.[1]

Auch wenn andere nicht beliebige Wirkungen auf mich ausüben können (vgl. 8.1.2.2), so sind sie mir doch nicht gleichgültig. Ihr Verhalten, ihre Interaktion mit mir sind Teil meiner eigenen Verhaltens- und Erlebensbedingungen. Befriedigende Gespräche setzen einen differenzierten Umgang mit den anderen voraus; das ist eines der Hauptthemen dieses Buches. Darum beobachte ich meine Partnerpersonen, darum verdichte ich Beobachtungen und die vermutete Wirkung meines Verhaltens zu Annahmen über ihren Zustand und ihre Erwartungen.

---

1   Diese Autoren sehen eine Symmetrie zwischen ungenügend repräsentierten Prozeßketten, die auf das Subjekt hin wirken, und ungenügend repräsentierten Prozeßketten, die vom Subjekt aus wirken. Beide haben aber nach meiner Auffassung zu tun mit dem Generalziel der Beratung, nämlich der (Wieder-) Gewinnung von Kontrolle beizutragen.

8.2.1 Analyse

Meine Wirkungen auf bedeutsame andere Menschen kann ich richtig oder auch falsch wahrnehmen resp. vermuten (‹Richtigkeit› ist auf jeden Fall nur in Annäherung zu erreichen). Welche Annahmen falsch sind und welche nicht, weiß ich im allgemeinen nicht unmittelbar. Wenigstens dann, wenn sie meinen eigenen Spielraum, meine Kontrolle einschränken, lohnt es sich aber, die Annahmen in Zweifel zu ziehen. Wenn ich zudem feststelle, daß meinerseits Ängste oder starke Wünsche aktiv sind, ist etwas Skepsis schon am Platz.

Aussagen, aus denen sich der Verdacht schöpfen läßt, daß die Partnerperson ihre Wirkungen ‹kurzschlüssig erschließt›, sind beispielsweise folgende:

— Peter hält mich für dumm.
— Mein Mann schätzt meine Arbeit nicht.
— Irma hat bestimmt immer noch eine Wut auf mich.
— Ich habe ihr immer wieder Freuden bereitet, sie mir nicht.
— Ich tue ja wirklich immer das Beste für ihn.
— Die sehen gar nicht, was ich fühle.
— Du weißt ja, was ich meine.
— Der versteht mich ganz genau, will es nur nicht zugeben.
— Ich weiß nicht, warum er so Angst hat vor mir.
— Sie nimmt mich gar nicht wahr.
— Ich bin Luft für ihn.
— Ich gehe ihm auf die Nerven.

8.2.2 Hilfen im Gespräch

Hilfen im Gespräch sollten dazu dienen, solche Kurzschlüsse durch präzisere Kausalketten zu ersetzen, Pauschalisierungen zu erkennen, Annahmen an beobachtetem Verhalten oder via direkte Ansprache mit der Partnerperson zu prüfen, ungerechtfertigte Kausalannahmen fallen zu lassen etc.

Die Möglichkeiten, die sich im (Beratungs-) Gespräch bieten, sind etwa die gleichen wie die unter 8.1.3 genannten. Ich möchte sie nicht wiederholen. Statt dessen kopiere ich im folgenden den Anfang eines Beratungsgesprächs, das Bandler und Grinder (1975, dt. 1981) ausführlich analysieren.

Anzufügen bleibt, daß solches Hinterfragen hier zwar in der Form des sozialen Dialogs demonstriert wird; in Wirklichlichkeit läßt sich das mehr oder weniger auch im Selbstgespräch tun. Man kann sich selbst in gleicher Weise hinterfragen wie andere.

8.2.3 Hinterfragen (ein transkribiertes Demonstrationsgespräch)

Das folgende Transkript stammt aus Bandler und Grinder (1975, dt. 1981, 138-149). Das Gespräch ist eigentlich eine Karikatur, aber eine eingängige didaktische Demonstration. Die Leserinnen und Leser sind eingeladen, nachzuvollziehen, wo Bandler und Grinder (recht hartnäckig!) Tilgungen und Generalisierungen feststellen, wo sie behindernde Kausalannahmen und ‹Gedankenlesen› feststellen und wie sie damit umgehen, sowie was sie dem Klienten als Einladung zur näheren Analyse anbieten.

Ralph: Nun... ich bin mir nicht so sicher...
Therapeut: Worüber sind Sie sich nicht sicher?
R: Ich bin mir nicht sicher, daß dies hilfreich sein wird.
T: Sie sind sich nicht sicher, daß was genau für wen hilfreich sein wird?
R: Nun, ich bin mir nicht sicher, daß dieses Experiment hilfreich sein wird. Sehen Sie, als ich zuerst Dr. G. aufsuchte, fragte er mich, ob ich bereit sei, an diesem Experiment teilzunehmen,... und na ja, ich habe das Gefühl, daß es etwas gibt, bei dem ich wirklich Hilfe brauche, aber dies ist nur ein Experiment.
T: Wie wird die Tatsache, daß dies ein Experiment ist, verhindern, daß Sie die Hilfe erhalten, die Sie brauchen?
R: Experimente dienen der Forschung, aber es gibt etwas, bei dem ich wirklich Hilfe brauche.
T: Wobei genau brauchen Sie Hilfe?
R: Ich weiß nicht, wie auf Leute ein guter Eindruck zu machen ist.
T: Mal sehen, ob ich Sie richtig verstanden habe: Sie sagen, daß die Tatsache, daß dies nur ein Experiment ist, Sie notwendigerweise daran hindern wird, zu erfahren, wie Sie einen guten Eindruck auf Leute machen können; stimmt das so?
R: Also... ich bin mir nicht ganz sicher...
T: (ihn unterbrechend) Nun, sind Sie denn bereit, das herauszufinden?
R: Also gut.
T: Auf wen genau wissen Sie nicht, wie Sie einen guten Eindruck machen können?
R: Na, auf niemand.
T: Niemand? Können Sie sich an irgendwen erinnern, auf den sie jemals einen guten Eindruck gemacht haben?
R: Äh, hmmm... ja also, einige Leute, aber...
T: Nun, also, auf wen genau wissen Sie nicht, wie Sie einen guten Eindruck machen können?
R: ...Also, was ich wohl sagen wollte, ist, daß Frauen mich nicht mögen.
T: Welche Frau genau?
R: Die meisten Frauen, die mir begegnen.
T: Welche Frau genau?
R: Also eigentlich die meisten Frauen... aber als Sie das gerade sagten, mußte ich an diese eine Frau denken: Janet.
T: Wer ist Janet?
R: Sie ist eine Frau, die mir neulich bei der Arbeit begegnete.

T: Woher wissen Sie denn nun, daß Sie auf Janet keinen guten Eindruck gemacht haben?

R: Also ich weiß einfach...

T: Wie, genau, wissen Sie das?

R: Sie hat mich einfach nicht gemocht.

T: Woher genau wissen Sie, daß Janet Sie nicht mochte?

R: Sie interessierte sich nicht für mich.

T: In welcher Weise interessiert?

R: Sie hat mich nicht beachtet.

T: Wie hat sie Sie nicht beachtet?

R: Sie hat mich nicht angesehen.

T: Mal sehen, ob ich das verstanden habe. Sie wissen, daß sich Janet nicht für Sie interessierte, weil sie Sie nicht angesehen hat?

R: Das stimmt.

T: Können Sie sich irgendwie vorstellen, daß Janet Sie nicht anschaut und doch an Ihnen interessiert ist?

R: Also... ich weiß nicht...

T: Schauen Sie immer jeden an, an dem Sie Interesse haben?

R: Also wahrscheinlich... nicht immer. Aber bloß weil Janet an mir interessiert ist, heißt nicht, daß sie mich mag.

T: Woher genau wissen Sie, daß sie Sie nicht mag?

R: Sie hört mir nicht zu.

T: Woher wissen Sie genau, daß sie Ihnen nicht zuhört?

R: Also sie schaut mich nie an (wird langsam wütend). Sie wissen ja, wie Frauen sind! Sie lassen dich nie wissen, ob sie dich bemerken.

T: ...

«Auf die Dauer wird [der Mensch] die Auf-
gabe auf sich nehmen, in einer Welt zu leben,
in der es keinen Weihnachtsmann gibt. Er ist
dann mit den existentiellen Problemen der
Notwendigkeit, der Wahlfreiheit und der Ab-
surdität konfrontiert – all jenen Problemen,
denen er vorher in einem gewissen Ausmaß
durch das Leben mit den Illusionen seines
Skriptes entrinnen konnte. Das fundamentale
Gefühl ist Enttäuschung...Vielleicht ist das
seine ultimale existentielle Aufgabe: Enttäu-
schung von Ärger zu trennen.»[1]

9. Einsichten aus der Transaktionsanalyse

In diesem Kapitel und im nächsten möchte ich speziell auf Bedingungen guter Gespräche eingehen. Ich habe dafür zwei einfache, aber ziemlich be-

---

1   Berne (1966, 311; zit. nach Leinhos, 1990, 9).

währte Konzeptionen aus der Literatur ausgewählt, nämlich die Transaktionale Analyse (TA) und die Themenzentrierte Interaktion (TZI).

Die Transaktionsanalyse (TA) wurde durch den Psychiater Eric Berne in den sechziger Jahren aus seiner psychotherapeutischen Erfahrung entwickelt. Sie basiert auf einer bestimmten Auffassung von Kommunikation (allgemeiner: von sozialen Transaktionen), die der heutigen sog. systemischen Sicht sehr ähnlich ist. Seine zusammenfassende Darstellung von 1964 ist sehr populär geworden; die von mir verwendete deutsche Ausgabe von 1985 stammt aus dem 224. bis 233. Tausend (!) der deutschen Auflage (vgl. auch Berne, 1972, dt. 1983; 1977, dt. 1991).

Ich wähle die TA, weil sie einige klare Bedingungen aufzeigt, unter denen Kommunikation gut verlaufen kann (obwohl die therapeutische Anwendung und die Beispiele Bernes meistens schwierige und manchmal unbefriedigende Gespräche betreffen). Nach den Gesichtspunkten der TA lassen sich beobachtete Gespräche, aber auch solche, an denen man selbst beteiligt ist, gut beurteilen.

Zur Definition:

Die Grundeinheit aller sozialen Verbindungen bezeichnet man als ‹Transaktion›. Begegnen zwei oder mehr Menschen einander im Rahmen eines Sozialaggregats, dann beginnt früher oder später einer von ihnen zu sprechen oder in irgendeiner Form von der Gegenwart der anderen Notiz zu nehmen. Diesen Vorgang nennt man ‹Transaktions-Stimulus› *(transactional stimulus)*. Sagt oder tut dann eine von den anderen Personen etwas, das sich in irgendeiner Form auf den vorausgegangenen Stimulus bezieht, so bezeichnet man diesen Vorgang als ‹Transaktions-Reaktion› *(transactional response)*. Die einfache Transaktions-Analyse sucht zu ergründen, welcher Ich-Zustand den Transaktions-Stimulus ausgelöst hat und welcher die Reaktion auf diese Transaktion vollzogen hat (Berne, 1972, dt. 1983, 32).

9.1 Die Funktionen von Transaktionen

Transaktionen haben die Funktion, den Beteiligten ‹Nutzen› zu bringen. Solcher Nutzen ist sehr vielfältig, z.B. Information verschaffen, sich entschuldigen lassen, ‹Streicheleinheiten› erlangen («Wenn man nicht gestreichelt wird, verkümmert das Rückenmark»; Berne, 1964, dt. 1985, 14), seine Rolle bestätigen, Phobien vermeiden usw. usw.

Berne klassifiziert den möglichen Nutzen wie folgt:

– biologischer Nutzen
– existentieller Nutzen
– psychologischer Nutzen (innerer und äußerer)
– sozialer Nutzen (innerer und äußerer)

9.2 Formen der Zeitstrukturierung

Ein durch Berne besonders herausgearbeiteter genereller Nutzen von Transaktionen besteht in der *Zeitstrukturierung*. Wenn ihre Zeit nicht strukturiert ist (vgl. Arbeitslose, Rentner), fühlen sich die Menschen meistens unwohl, verloren in der Zeit. Gewisse Menschen wünschen dann ‹action›, ja greifen vielleicht aus solchen Lagen heraus zu ‹unmotivierter› Gewalt.

Zeitstruktur brauchen wir auch, wenn wir uns in einer dyadischen Situation befinden. Statt Zeitstruktur könnte man dann von Interaktionsstruktur sprechen. Man muß sich sehr nahestehen, um es zu ertragen, beisammen zu sein und doch ‹nichts zu tun›.

Berne (1966, dt. 1985, 20) unterscheidet die folgenden Mittel, mit denen wir (soziale) Zeit resp. die soziale Interaktion strukturieren:

Die Zeitstrukturierung kann durch eine komplexe *Tätigkeit* gegeben («programmiert») sein, insbesondere, wenn diese Tätigkeit an materielle Voraussetzungen gebunden ist (z.B. einkaufen, einen Baum fällen, Bohnen ernten, Schulden zusammenzählen etc.). Statt von Tätigkeit spricht Berne oft auch von *Aktivität* (1972, dt. 1983, 40), von *Operation* (1972, dt. 1983, 41), von *Verfahren* (1964, dt. 1985, 4) oder von *Arbeit* (1964, dt. 1985, 17).

Im sozialen Kontext und wenn keine Tätigkeiten fällig sind, z.B. auch keine wichtigen Botschaften zu übermitteln sind, behelfen wir uns mit *Höflichkeitsgesprächen*. Diese bestehen entweder in *Ritualen* (z.B. Begrüßungsritual) oder in ad hoc inszenierten *Zeitvertreibsmanövern* oder in der Durchführung eingeübter ‹Spiele›. Solche Höflichkeitsgespräche haben allerdings gleichzeitig oft auch noch andere Funktionen, nämlich die gegenseitige Anerkennung und die Erkundung der besonderen Art oder Stimmung einer Person, mit der man sich hernach näher einlassen will oder nicht (Berne nennt das soziale Selektion; Berne, 1964, dt. 1985, 51).

Im Fall von *Intimerlebnissen* sind weder Tätigkeiten noch Höflichkeitsgespräche zur Zeitstrukturierung der Transaktion nötig.

9.2.1 Rituale

Rituale sind stereotype Folgen von einfachen Komplementär-Transaktionen (für Komplementarität s. unten), z.B. Begrüßung, einander die Türe aufhalten. Rituale wirken oft stilisiert, ja zeremoniell. Sie sind kulturspezifisch und uns allen sehr geläufig. Obwohl Rituale oft wie nebenbei und als scheinbare Kleinigkeiten ablaufen, haben sie eine große soziale Bedeutung, die uns dann bewußt wird, wenn sie verletzt werden. Infolge der Stereotypie ist der Ablauf von Ritualen leicht vorhersagbar.

Die Transaktionen, aus denen Rituale bestehen, haben nur einen geringen Informationswert, sie vermitteln eher Signale für eine wechselseitige Anerkennung. Die einzelnen Einheiten eines Rituals bezeichnet man als Streichel-Einheiten – etwa vergleichbar der Art und Weise, in der Mütter ihren Kindern ihre ‹Anerkennung› zu erkennen geben. Rituale werden von außen her programmiert, und zwar aufgrund gesellschaftlicher Traditionen (Berne, 1972, dt. 1983, 39-40).

Berühmt geworden ist Bernes humorvoll-ernste Funktionsanalyse des alltäglichen Grußrituals und seine ‹Berechnung› von Streicheleinheiten solcher Rituale (1964, dt. 1985, 43-47):

1 A: «Hi!» (Hello, good morning.)
1 B: «Hi!» (Hello, good morning.)
2 A: «Warm enough forya [for you]?» (How are you?)
2 B: «Sure [it] is. Looks like rain, though.» (Fine. How are you?)
3 A: «Well, take cara [care of] yourself.» (Okay.)
3 B: «I'll be seeing you.»
4 A: «So long.»
4 B: «So long.»

Dieser Grußwechsel ist ganz offensichtlich nicht dazu bestimmt, irgendwelche Informationen zu übermitteln... Mr. A. könnte 15 Minuten darauf verwenden, darzulegen, wie es ihm wirklich geht, und Mr. B., der mit ihm nur ganz oberflächlich bekannt ist, hat nicht die geringste Absicht, derart viel Zeit fürs Zuhören zu verschwenden... Hätten es A und B sehr eilig, dann würden sie sich wohl mit zwei *Streichel-Einheiten* begnügen: «Hi!»– «Hi!» Wären sie altmodische, orientalische Potentaten, dann würden sie vielleicht ein Ritual mit zweihundert *Streichel-Einheiten* zelebrieren, bevor sie sich endlich an die Arbeit begäben. Inzwischen haben A und B – so würde man das in einer Transaktions-Analyse fachgerecht ausdrücken – ihr Wohlbefinden gegenseitig ein wenig erhöht, und dafür ist jeder von beiden dankbar...
Begegnen die beiden einander etwa innerhalb der nächsten halben Stunde zufällig noch einmal, ohne daß sie irgendwie beruflich miteinander zu tun haben, dann gehen sie grußlos oder nur mit einem andeutenden Kopfnicken aneinander vorüber, äußerstenfalls tauschen sie ein flüchtiges «Hi!»– «Hi!» miteinander aus... Betrachten wir nun den Fall von Mr. C. und Mr. D.; sie begegnen einander einmal am Tag, tauschen je eine *Streichel-Einheit* aus – «Hi!» «Hi!»– und gehen dann ihrer Wege. Nach einiger Zeit nimmt Mr. C. einen Monat Urlaub. Am Tag nach seiner Rückkehr begegnet er wie gewöhnlich Mr. D.

Sagt Mr. D. bei dieser Gelegenheit nur das übliche «Hi!», dann wird Mr. C. sich verletzt fühlen... Nach seiner Kalkulation schulden Mr. D. und er einander in dieser Situation etwa 30 *Streichel-Einheiten...* Diese lassen sich in einigen wenigen Transaktionen komprimieren, wenn die Transaktionen nur hinreichend emphatisch sind. Auf Mr. D.s Seite müßte die Unterhaltung also etwa folgendermaßen verlaufen (jede Grundeinheit von <Intensität> bzw. <Interesse> gilt dabei als Äquivalent für eine *Streichel-Einheit):*

1 D: «*Hi!*» (Eine Einheit.)
2 D: «*Haven't seen you around lately.*» (2 Einheiten.)
3 D: «*Oh, have you! Where did you go?*» (2 Einheiten.)
4 D: «*Say, that's interesting. How was it?*» (7 Einheiten.)
5 D: «*Well, you're sure looking fine.*» (4 Einheiten.)
          «*Did your family go along?*» (4 Einheiten.)
6 D: «*Well, glad to see you back.*» (4 Einheiten.)
7 D: «*So long.*» (Eine Einheit.)

Das ergibt für Mr. D. insgesamt 28 Einheiten. Mr. C. und er wissen, daß die noch fehlenden Einheiten am folgenden Tag nachgeholt werden; damit haben praktisch beide ihr Konto ausgeglichen. Zwei Tage später kehren sie wieder zum üblichen Grußaustausch mit zwei *Streichel-Einheiten* – «*Hi!*» – «*Hi!*» – zurück. Immerhin kennt man einander jetzt besser, d. h. jeder weiß: der andere ist zuverlässig, und das könnte sich als nützlich erweisen, falls man einander eines Tages auf gesellschaftlicher Ebene begegnet.
Auch der umgekehrte Fall ist recht interessant. Mr. E. und Mr. F. haben miteinander ein Ritual von zwei *Streichel-Einheiten* zur Regel werden lassen: «*Hi!*» – «*Hi!*» Eines Tages setzt Mr. E. seinen Weg nicht fort, sondern bleibt stehen und fragt: «*How are you?*» Die Unterhaltung verläuft dann etwa folgendermaßen:

1 E: «Hi!»
1 F: «Hi!»
2 E: «How are you?»
2 F: (verblüfft): «Fine. How are you?»
3 E: «Everything's great. Warm enough for you?»
3 F: «Yeah.» (Zögernd:) «Looks like rain, though.»
4 E: «Nice to see you again.»
4 F: «Same here. Sorry, I've got to get to the library before it closes. So long.»
5 E: «So long.»
...

9.2.2 Zeitvertreib

Zeitvertreib besteht aus «semirituellen, einfachen Komplementär-Transaktionen, die sich alle um ein einziges Sachgebiet herum gruppieren» (Berne, 1964, dt. 1985, 48). Sie werden oft durch Rituale eingeleitet und beendet, sind aber nicht in dem Maße stilisiert und vorhersagbar wie Rituale. Zeitvertreib ist sehr typisch auf Parties und ist oft spezifisch für bestimmte soziologische Gruppen. Beispiele: Männergespräche (Autos, Militär, Sport), Politikergespräche (Polit-Skandale), sog. Frauengespräche (Kinder, Kleider), Musikergespräche...

Zeitvertreibsgespräche sind unter den Beteiligten gut koordiniert, sowohl was das Thema als auch was die generelle Beurteilung betrifft. Fremde, die diese stillschweigenden Abmachungen nicht teilen, stören und bewirken Peinlichkeit. Beispiel: Konservative Politiker machen Witze über linke Parteien, und plötzlich findet jemand das gar nicht lustig; oder: Man spricht über die neue Theatersaison, da kommt jemand und spricht von der unfairen Kulturpolitik der Stadt, die für die etablierte Kunst sehr viel Geld ausgebe und für die alternative fast keines.

9.2.3 Spiel

Spiele sind ähnlich wie Zeitvertreib, aber sie sind ‹doppelbödig›. Darüber läßt sich besser sprechen, wenn die Transaktionsmuster eingeführt sind (9.3).

9.2.4 Intimerfahrungen

Intimerfahrungen sind die wichtigsten sozialen Erfahrungen und stellen eine Zeitstrukturierung dar, die keiner weiteren Hilfsmittel bedarf. Rituale, Zeitvertreib, Spiele und Tätigkeit sind eigentlich Ersatzformen für Intimität: «Die Intimität setzt dann ein, wenn die individuelle ... Programmierung sich intensiviert und sowohl das soziale Strukturmodell als auch die verdeckten Restriktionen und Motive allmählich außer Kraft gesetzt werden.» Intimerfahrungen stellen nach Berne (1964, dt. 1985, 20) die einzig völlig befriedigende Antwort auf den Reiz-Hunger, den Hunger nach Anerkennung und den Struktur-Hunger [= Bedürfnis nach Zeitstrukturierung]» dar.

Ich würde die gleiche Funktion betr. Zeitstrukturierung auch dem sog. Flow-Erlebnis zuordnen, wie es Csikszentmihalyi (1975, dt. 1985) beschrieben hat. Er meint damit Erlebnisse, in denen man ‹sich selbst vergißt›, in denen man in der aktuellen Beschäftigung ‹völlig aufgeht›, z.B. beim Singen, beim Joggen, beim Tanzen.

9.2.5 Tätigkeit

Tätigkeiten sind Auseinandersetzungen mit der äußeren Realität. Sie sind rational, zielorientiert, unmittelbar funktional und nicht von Nebenabsichten getragen. Das häufigste Beispiel ist die Arbeit.

9.3 Transaktionsmuster

Die Transaktionsmuster sind das, was von der TA am bekanntesten geworden ist. Sie beziehen sich auf eine Matrix von drei möglichen Ich-Zuständen jeder der an der Transaktion beteiligten Personen. Ein Ich-Zustand ist ein «Empfindungssystem ..., das mit einer beziehungsgerechten Verhaltensstruktur gekoppelt ist» (Berne, 1964, dt. 1985, 25).

9.3.1 Ich-Zustände

Berne unterscheidet drei Ich-Zustände, nämlich das Eltern-Ich, das Erwachsenen-Ich und das Kindheits-Ich.[1] Diese Zustände, die mal länger und mal kürzer dauern und oft auch abwechseln, bestimmen die Einstellungen, das Sprechen und überhaupt das Verhalten. Für Beobachterinnen und Beobachter sind sie auch am Sprechen und Verhalten erkennbar. Wenn man mit jemandem interagiert, erkennt man den aktuellen Ich-Zustand der Partnerin oder des Partners oft auch daran, daß man sich in einen komplementären Ich-Zustand gedrängt fühlt. Wessen Verhalten in einem elterliche Gefühle auslöst, befindet sich wahrscheinlich im Zustand des Kindheits-Ichs.

9.3.1.1 Das Eltern-Ich

Das Eltern-Ich ordnet an, befiehlt, korrigiert, lobt, schimpft, verwehrt, verbietet, behütet. Menschen brauchen nicht unbedingt Kinder zu haben, um den Zustand des Eltern-Ichs einzunehmen. Sie kennen diesen Zustand aus der Beobachtung (z.B. ihrer eigenen Eltern) und aus komplementärer Erfahrung zur Genüge.

Der Zustand des Eltern-Ich fällt vor allem dann auf, wenn er durch Imitation der eigenen Eltern oder anderer Autoritätspersonen zustandekommt.

Das Eltern-Ich kann «aktiv» oder direkt wirken («Tue das, was ich tue!») oder nur indirekt («Tue nicht das, was ich tue, sondern das, was ich dir sage!» – Quod licet Iovi, non licet bovi[2]). Beispiele: «Zieh die Jacke an, es ist kalt»; «es ist eine Schande, daß so viele Leute noch nicht auf öffentliche Verkehrsmittel umgestiegen sind.»

---

1 Die Verwandtschaft mit den psychoanalytischen Instanzen des Über-Ich, des Ichs und des Es sind nur äußerlich. Eigentlich gehören alle drei zum psychoanalytischen Ich.

2 Was dem Jupiter erlaubt ist, ist es nicht gleich auch einem Ochsen.

Auch Kinder können im Zustand des Eltern-Ich sein, z.B. wenn sie ihre jüngeren Geschwister zurechtweisen, sich selbst wie Vater oder Mutter zureden oder tadeln.

9.3.1.2 Das Erwachsenen-Ich

Das Erwachsenen-Ich sieht die Dinge, ‹wie sie sind›, ist rational (‹wie ein Computer›) und geht von der Symmetrie zwischen den Kommunikationspartnern aus. Es ist im Alltag erwachsener Menschen fast ununterbrochen angesprochen, es ist relativ emotionslos (Steiner, 1974, dt. 1982, 43) und auf Wahrnehmung und Wissen ausgerichtet. Beispiele: Zeit mitteilen, am Telefon Auskunft geben, im Lexikon etwas nachsehen etc.

Auch kleine Kinder können im Zustand des Erwachsenen-Ich stehen, z.B. wenn sie ‹gescheite› Fragen stellen (‹Warum wird es Nacht?› ‹Kann man Berge kaufen?›).

Eine weitere Aufgabe des Erwachsenen-Ichs besteht darin, einen regulierenden Einfluß auf die Tätigkeiten des Eltern-Ichs und des Kindheits-Ichs auszuüben und zwischen beiden objektiv zu vermitteln (Berne, 1964, dt. 1985, 30-31).

9.3.1.3 Das Kindheits-Ich

«Im Kindheits-Ich wohnen Intuition, Kreativität sowie spontane Antriebskraft und Freude» (S. 30). Berne unterscheidet ein *angepaßtes* Kindheits-Ich, das sich so verhält, wie Vater und Mutter es von ihm erwartet hatten, ein *rebellisches* Kindheits-Ich und ein *natürliches* Kindheits-Ich, das spontan reagiert und sowohl Rebellion als auch schöpferische Impulse zeigt (Berne, 1972, dt. 1983, 28). Die ersten fünf Lebensjahre sind das ‹Originalalter› des Kindheits-Ichs.

Der Zustand des natürlichen Kindheits-Ichs gilt ein ganzes Leben lang als wünschbar. Es zeigt sich in Staunen, spontaner Begeisterung oder Enttäuschung, Neugier, Fragelust etc. Es tritt oft zutage im (aktiven und passiven) Sport oder bei Festen. Gewisse Autoren, z.B. Steiner (1974, dt. 1982) sehen im natürlichen Kindheits-Ich aber auch kindlich überhöhte Ansprüche (die kleine Prinzessin), die dann später nur noch selten adäquat sind.

9.3.2 Komplementäre Transaktionsmuster

Wenn nun zwei Menschen miteinander sprechen, haben beide die Wahl zwischen diesen drei Ich-Zuständen. Wie in Kapitel 6 dargelegt, enthält ja jede Äußerung neben der Sachinformation auch eine Beziehungsbotschaft, insbesondere eine Ich-Definition und eine Du-Definition. Auf diese Ich-Definition und diese Du-Definition beziehen sich die beanspruchten resp. zugeschriebenen Ich-Zustände. Nimmt die angesprochene Person diese beiden Definitionen an, nennt Berne die Kommunikation *komplementär*. Die Figur 9-1 zeigt die vier geläufigsten komplementären Muster (Er → Er / Er → Er), (El → K / K → El) resp. (K → El / El → K), (El → El / El → El), (K → K / K → K).

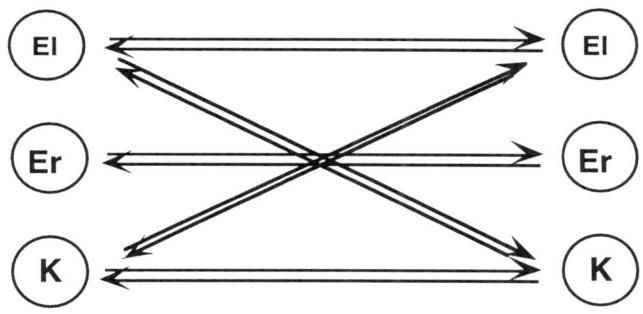

Figur 9-1
Komplementäre Transaktionsmuster

Ein Beispiel für (El → K / K → El) ist etwa:

A: «Vergiß ja den Schirm nicht!»
B: «Ja, meinetwegen.»
   Ein Beispiel für (El → El / El → El) ist :
A: «Ich hoffe, daß die OECD in Ex-Jugoslawien Ruhe herkriegt.»
B: «O ja, die haben ja alle den Verstand verloren.»

Wenn Sie alle sechs Muster durchspielen, werden Sie zwei finden, die wenig stabil sind: (El → Er / Er → El) und (K → Er / Er → K).

Den komplementären Transaktionsmustern ist eigen, daß sie meistens befriedigend verlaufen. Dabei sind alle prinzipiell o.k., wenn auch nicht immer funktional. Beispiele:

– Im Gespräch zwischen Lehrenden und Lernenden an der Universität wäre das konstante (El → K / K → El)-Muster wenig funktional, da erwachsene Lernende die Verantwortung ihres Lernens selber tragen und in den

Aushandlungen mit den Lehrenden ebenso rationale Kriterien besitzen wie diese. Häufig dürfte hier das Transaktionsmuster (Er → Er / Er → Er) am Platze sein [gelegentlich auch mal das (K → K / K → K)-Muster, z.B. bei der gemeinsamen Freude über eine neue Idee, einen Text, ein Forschungsergebnis].

– Das konstante (Er → Er / Er → Er)-Muster unter Ehepaaren würde die Ehe zu einem Business machen. Da muß auch mal (K → El / El → K), aber auch (K → K / K → K) und natürlich, besonders wenn sie Kinder haben, oft auch (El → El / El → El) Platz haben.

9.3.3 Gekreuzte Transaktionsmuster

Natürlich werden die angebotenen Beziehungsdefinitionen nicht immer angenommen, sondern werden neue gegen-angeboten. Wenn die beiden Gesprächspartner nicht zu einer Einigung kommen, liegt ein gekreuztes Transaktionsmuster vor. Berne nennt vor allem die beiden in Figur 9-2 dargestellten.

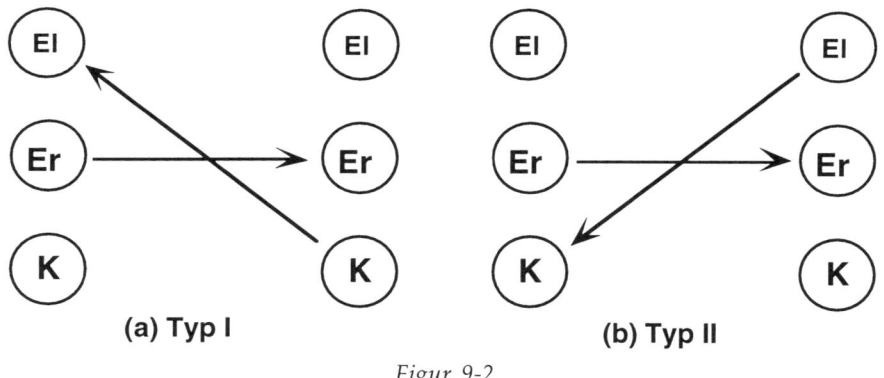

Figur 9-2
Gekreuzte Transaktionsmuster (Berne, 1964, dt. 1985, 34)

Der Typ I entspricht der Übertragung im psychoanalytischen Sinn: Der Therapeut spricht aus seinem Erwachsenen-Ich das Erwachsenen-Ich des Patienten an; dieser antwortet jedoch aus dem Kindheits-Ich gegenüber einem Eltern-Ich (Berne, 1964, dt. 1985, 34-35).

Der Stimulus leitet sich aus einer Transaktion zwischen Erwachsenen-Ich und Erwachsenen-Ich ab, z. B. «Wir sollten mal versuchen, herauszufinden, warum du in letzter Zeit soviel getrunken hast», oder: «Weißt du, wo meine Manschettenknöpfe sind?» Die angemessene Reaktion von Erwachsenen-Ich zu Erwachsenen-Ich wäre in diesen beiden Fällen: «Wir sollten das wirklich mal tun. Ich möcht's im Grunde selber gern wissen!»

bzw.: «Auf dem Schreibtisch.» Wenn der reagierende Partner jedoch aufbraust, dann wird er etwa folgendermaßen reagieren: «Du kritisierst mich ständig, genauso wie mein Vater das immer getan hat», bzw.: «Immer gibst du mir die Schuld an allem.» Beide Male handelt es sich um Reaktionen vom Kindheits-Ich zum Eltern-Ich hin, und, wie man auf den Transaktions-Diagrammen ablesen kann, die Vektoren überkreuzen einander. In solchen Fällen müssen die Probleme des Erwachsenen-Ichs in bezug auf das Trinken bzw. die Manschettenknöpfe so lange ungelöst bleiben, bis sich die Vektoren wieder aufeinander abstimmen lassen. Das mag beim Trinkproblem mehrere Monate oder noch länger dauern, im Fall der Manschettenknöpfe kann das schon innerhalb weniger Sekunden der Fall sein. Entweder muß der agierende Urheber sein Eltern-Ich zum Tragen bringen, und zwar als Komplementärfaktor zu dem vom reagierenden Partner plötzlich aktivierten Kindheits-Ich, oder aber das Erwachsenen-Ich des reagierenden Partners muß wirksam werden, und zwar als Komplementärfaktor zum Erwachsenen-Ich des agierenden Urhebers...

Das Gegenbeispiel zu einer Überkreuz-Transaktion vom Typ I findet man in [Figur 9-2 (b)] dargestellt. Es handelt sich hier um die dem Psychotherapeuten wohlbekannte ‹Gegenübertragung› (counter-transference reaction): der Patient trifft mit Hilfe seines Erwachsenen-Ichs eine objektive Feststellung, der Therapeut führt jedoch ein Sich-Überkreuzen der Vektoren herbei, indem seine Reaktion der eines Elternteils gegenüber einem Kind gleicht: Das ist die Überkreuz-Transaktion, Typ II. Im Alltagsleben würde in diesem Fall die Frage «Weißt du, wo meine Manschettenknöpfe sind?» etwa eine Reaktion hervorrufen wie: «Warum paßt du auf deine Sachen nicht besser auf? Du bist schließlich kein kleines Kind mehr» (Berne, 1964, dt. 1985, 35-36).

Weitere Beispiele von gekreuzten Transaktionsmustern sind:

Prof.: «So ungepflegte Texte gibt man nicht ab.» (El → K)

Stud.: «Natürlich, aber manchmal eilt es halt.» (Er → Er).

Prof.: «Möchten Sie so gut sein, auf die nächste Sitzung für uns einmal herauszuarbeiten, ob Richard Lerner die Entwicklungshandlungen als zielgerichtet versteht oder nicht.» (Er → Er)

Stud.: «Darf ich dafür eine Studienkontrolle auslassen?» (K → El)

Aus Sofja Andrejewna Tolstajas (1986) Tagebuch vom 20. Juni 1901:

‹Was belehrst Du mich?› sagte L.N. [= Lew Nikolajewitsch Tolstoi] böse. Ich erwiderte, ich belehrte ihn nicht, sondern bäte ihn, für Olga einzutreten und Andrjuscha zu raten, allgemein gütiger und beherrschter zu sein, und ich bäte ihn deshalb, weil er klüger sei und das besser mache als ich oder sonst jemand. ‹Wenn ich klüger bin, dann brauchst du mich nicht zu belehren›, entgegnete er.

Sofja Andrejewna Tolstaja meint die Beziehung (Er → Er) zu aktivieren und erwartet das Komplement dazu (Er → Er). Ihr Mann unterstellt ihr (El → K) und reagiert darauf seinerseits mit (El → K).

9.3.4 Verdeckte Transaktionsmuster

Verdeckte Transaktionen sind ‹doppelbödige›. Dabei laufen zwei oder noch mehr Transaktionen gleichzeitig ab, meistens eine *offene* oder öffentliche (Berne nennt sie soziale) und eine *verdeckte* (Berne nennt sie psychologische). Wenn (im Fall von zwei Personen) beide Personen aus mehr als einem Ich-Zustand agieren, nennt Berne das Muster einen *Duplex*, wenn nur eine Person aus mehr als einem Ich-Zustand agiert, nennt Berne das Muster eine *Angulation* (Figur 9-3).

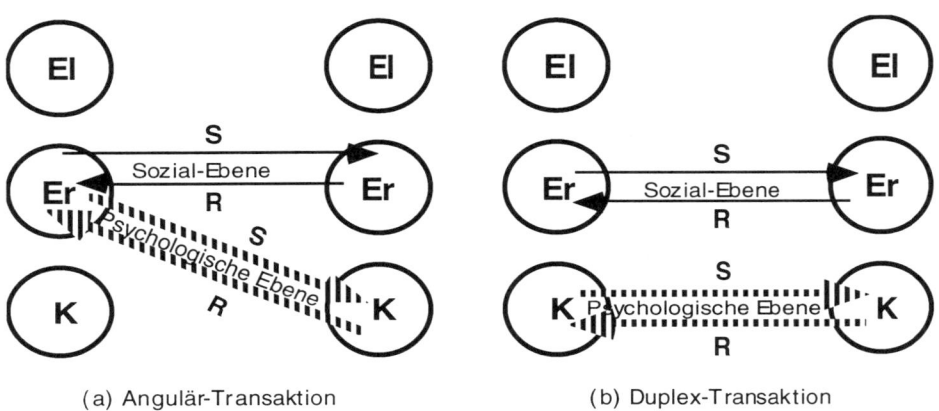

(a) Angulär-Transaktion   (b) Duplex-Transaktion

Figur 9-3
Verdeckte Transaktionsmuster (Berne, 1964, dt. 1985, 38)

Bernes Schulbeispiel für ein Angulär-Transaktionsmuster ist (S. 37-38):

Vertreter: «Dieser Apparat hier ist besser, aber den können Sie sich nicht leisten.»

Hausfrau: «Genau den werde ich nehmen.»

Bernes Schulbeispiel für ein Duplex-Transaktionsmuster ist (1964, dt. 1985, 39):

Cowboy: «Schauen Sie sich doch mal die Scheune an.»

Besucherin: «Schon als kleines Mädchen habe ich immer eine Vorliebe für Scheunen gehabt.»

Verdeckte Transaktionsmuster sind zentrale Bestandteile von sog. Spielen.

9.3.5 Strukturanalyse zweiter Ordnung

Steiner (1974, dt. 1982) hat eine interessante Strukturanalyse zweiter Ordnung vorgeschlagen. Sie besteht darin, daß der Zustand des Kindheits-Ichs im Fall von Erwachsenen als den möglichen Ich-Zuständen des damaligen tatsächlichen Kindes nachgebildet verstanden wird. Da diese Ausführungen so lebhaft geschrieben sind, gebe ich sie gleich im Wortlaut wieder (Steiner, 1974, dt. 1982, 59-61):

Am Beispiel eines 5-jährigen Kindes, Mary ..., soll dies verdeutlicht werden. Mary verfügt über 3 Ich-Zustände. Im Eltern-Ichzustand (El 1) schmust und schimpft sie mit ihrem kleinen Bruder so, wie sie es von ihrer Mutter abgeguckt hat; in ihrem Erwachsenen-Ichzustand (Er 1), ihrem *«kleinen Professor»*, stellt sie komplizierte Fragen («Papi, was ist Sex?», «Wozu gibt es Blut?»); in ihrem Kindheits-Ich (K l) spricht sie wie eine 2jährige die Baby-Sprache, hat Wutanfälle und krabbelt auf dem Boden herum.
Auch 30 Jahre später verfügt Mary ... über drei verschiedene Ichzustände. Sie umsorgt ihren Mann und stillt ihr Baby (El2); sie weiß wie man kocht, wie eine Blinddarmoperation ausgeführt wird, und sie kann angemessene Vorhersagen über Ereignisse und Personen machen (Er2); ihr Kindheits-Ich (K2) ist genau das der oben beschriebenen 5jährigen Mary. Die 35jährige Mary verfügt also über ein Kindheits-Ich, das seinerseits drei Ichzustände aufweist: Agiert nun die erwachsene Mary in Gestalt ihres Kindheits-Ich (K2), dann wird das hierbei auftretende Verhalten von demjenigen Ichzustand der Fünfjährigen bestimmt, der in diesem Alter besonders häufig wirksam war.
Ist ihr Kindheits-Ich (K2) im wesentlichen von El 1 bestimmt, dann wird ihr Skript sehr wahrscheinlich vom Verhalten der Eltern der 5-jährigen Mary geprägt sein. Sie wird sich so verhalten, wie sie es bei ihren Eltern beobachtet hat und damit auch entsprechend den Zwängen, die diese ihr auferlegt hatten. Dieser Kindheits-Ichzustand (El 1 in K2) wird auch das angepaßte Kindheits-Ich genannt, weil es von den elterlichen Anforderungen geprägt ist... Das El 1 in K2 vermittelt das Gefühl des Nicht-o.k.-Seins und zwingt uns, gegen unseren Willen zu handeln...
Ist Marys Kindheits-Ich (K2) von Er1 (dem kleinen Professor) bestimmt, dann wird ihr Verhalten neugierig und lebhaft («mit strahlenden Augen, ganz Aug und Ohr») sein – im Gegensatz zum machtvoll emotionalen und zuweilen überschäumenden Verhalten des Kl, des natürlichen *Kindheits-Ich*, des *«Prinzen»* oder der *«Prinzessin»*.
 Im Zustand des «natürlichen Kindes» (Kl) empfinden wir sehr intensiv, wir sind «angetörnt». Bei einigen Menschen ist das Kindheits-Ich ausschließlich vom natürlichen Kindheits-Ich bestimmt; da jedoch die gesellschaftlichen Zwänge gegen solches Verhalten groß sind, handeln nur wenige Menschen nach einem von Kl bestimmten K2...
Bei der 35-jährigen Mary sind das Eltern-Ich (El2) und das Eltern-Ich des Kindes (El1 in K2) deutlich zu unterscheiden. Bei oberflächlicher Betrachtung ähneln sich beide: Sie beinhalten beide elterliches Verhalten, wie zum Beispiel «mit dem Finger drohen» und eine bestimmte Wortwahl («es wäre besser», «du solltest»). Bei näherer Betrachtung zeigen sich jedoch bedeutsame Unterschiede. El1 in K2 ist das kleine Mädchen, das wie eine Mutter handelt, dagegen ist El2 selbst Mutter.
El1 in K2 möchte «wie Mutter» sein und imitiert sie. («Johny, sei brav»), während gleichzeitig die Bestätigung von den Eltern gesucht wird («ist das richtig so, Mammi?»)...

Die Strukturanalyse 1. Ordnung (Kapitel 9.3.1 - 9.3.4) könnte also ohne die Strukturanalyse 2. Ordnung zu oberflächlich ausfallen, indem z.B. das souverän scheinende Eltern-Ich in Wirklichkeit nur das im Kindheits-Ich 2 versteckte Eltern-Ich ist, d.h. daß Eltern dann mal sehr elternhaft reagieren, aber im Grunde genommen ihre eigenen Eltern kindlich imitierend, entweder belehrend oder kritisch oder strafend auftreten.

9.4 Transaktionale Spielanalyse

Verdeckte Transaktionen kennzeichnen das, was Berne Spiele nennt. Sie haben eine soziale (offene, explizit ausgesprochene) und eine psychologische Ebene. Obwohl die meisten Spiele von außen (soziale Ebene) mühsam oder unangenehm aussehen, haben beide beteiligten Personen einen (psychologischen) Nutzen daran. Was auf der sozialen Ebene passiert, ist bei genauem Zusehen ein «Schwindel», der aber «nur dann möglich ist, wenn irgendeine Schwäche vorhanden ist, bei der man einhaken kann ... wie beispielsweise: Furcht, Habgier, Sentimentalität oder krankhafte Empfindlichkeit» (Berne, 1972, dt. 1983, 40).

In der Spielanalyse verwendet Berne die Konzepte These, Antithese, Ziel, Rolle, Dynamik, Transaktionen, Einzelaktionen und Nutzeffekte. Ich erläutere die entsprechenden Schritte anhand des Spiels WEDUNIW (= «Wenn Du nicht wärest»), Bernes Ausführungen folgend (1964, dt. 1985, 63-71). Dieses Spiel besteht darin, daß eine Person bestimmte Erfahrungen nicht machen kann, weil sie durch ihren Partner daran gehindert wird. In Wirklichkeit ist ihr das aber durchaus recht, weil sie sonst bestimmte Entscheidungen treffen und bestimmten Realitäten ins Auge blicken müßte. Die Ausrede resp. die Anklage des Partners kommt so ganz gelegen.

Berne verwendet ein Beispiel, in dem eine Ehefrau durch ihren Mann daran gehindert wird zu tanzen resp. auszuflippen; er will nicht mitgehen, darum kann sie nicht. Um sicher zu sein, daß es sich dabei um ein Spiel handelt, führt Berne den (hypothetischen) Test durch Nichtmitspielen durch: Sollte der Ehemann sich weigern mitzuspielen, könnte die Partnerin das Spiel nicht spielen.

Die Frau kann ihre Rolle auf zweierlei Weise spielen: entweder mit ihrem besonnen Erwachsenen-Ich (‹Es ist am besten, ich tue, was er sagt›) oder mit ihrem querulierenden Kindheits-Ich. Der tyrannische Ehemann kann entweder auf der Ebene des Erwachsenen-Ichs verharren (‹Es ist am besten, du tust, was ich dir sage›) oder auf die des Eltern-Ichs hinübergleiten (‹Tu du nur, was ich dir sage›) (Berne, 1964, dt. 1985, 65).

Auf der *sozialen Ebene* sieht das Spiel also so aus:

Er: «Du bleib zu Hause und kümmere dich um den Haushalt.»
Sie : «Wenn du nicht wärst, dann könnte ich jetzt ausgehen und mich amüsieren.»

Auf der *psychologischen Ebene* hat das Spiel ein ganz anderes Gesicht:

Er: «Du mußt immer da sein, wenn ich heimkomme. Ich habe schreckliche
Angst davor, verlassen zu werden.»
Sie: «Ich werde immer da sein, aber du mußt mir dabei helfen, mich aus
Situationen herauszuhalten, die in mir eine Phobie auslösen könnten...
Ginge ich allein aus und begäbe mich in eine Menschenmenge, dann
würde mich die Versuchung überkommen, vor der Masse zu kapitulie-
ren; daheim kapituliere ich nicht von selbst: er zwingt mich dazu.»

Der wichtigste Nutzen dieses Spiels besteht sowohl in der Stabilisierung der
sozialen Beziehung und der persönlichen Dynamik beider Teilnehmer als
auch der Zeit- resp. Interaktionsstrukturierung:

Durch ihre Unterordnung erwirbt sich die Frau das Privileg, zu sagen: ‹Wenn du nicht
wärst...› Das hilft ihr bei der Strukturierung desjenigen Zeitabschnitts, den sie mit ihrem
Ehemann verbringen muß; im Fall von Mrs. White war dieses Bedürfnis nach Zeit-Struk-
turierung wegen des Mangels an sonstigen gemeinsamen Interessen besonders stark; das
gilt speziell für die Zeit, bevor ihre Kinder zur Welt kamen und nachdem sie dem Eltern-
haus entwachsen waren... Der äußere soziale Nutzen wird bestimmt von der Art, wie
man die Situation in den sich außerhalb des engsten Kreises vollziehenden Sozialkon-
takten auswertet. Im Fall des Spiels ‹Wenn du nicht wärst...› ... vollzieht sich eine
Umwandlung in den Zeitvertreib ‹Wenn es *ihn* nicht gäbe›, und zwar dann, wenn z. B.
die Ehefrau mit ihren Freundinnen zum morgendlichen Kaffeeklatsch zusammenkommt
(Berne, 1964, dt. 1985, 69-70).

Berne bespricht viele solcher Spiele. Ich betrachte sie als einprägsame und
darum sensibilisierende Vignetten und kopiere deshalb Ausführungen zu
zwei weiteren:

Das im Alltag sehr wohl bekannte Spiel WANJA (= Warum nicht – Ja,
aber...) sieht so aus (Berne, 1964, dt. 1985, 151-158):

Weiß: «Mein Mann besteht immer darauf, die anfallenden Reparaturen eigenhändig aus-
zuführen, und dabei bringt er niemals etwas Rechtes zuwege.»
Schwarz: «Warum nimmt er dann nicht mal einen Kurs zur Erlernung der Zimmerei?»
Weiß: «Ja, das wäre gut, aber er hat keine Zeit.»
Blau: «Warum kaufen Sie ihm dann nicht ein paar gute Werkzeuge?»
Weiß: «Ja, das sollte ich tun, aber er weiß ja nicht mal, wie man mit ihnen arbeitet.
Rot: «Warum lassen Sie denn Ihren Bau nicht einfach von einem Zimmermann errich-
ten?»
Weiß: «Ja, mein Gott, das käme aber viel zu teuer.»

Braun: «Warum akzeptieren Sie denn dann nicht das, was Ihr Mann macht, so, wie es ist.»

Weiß: «Ja, das möchte ich schon, aber das Ganze könnte glatt auseinanderfallen.»

Einem solchen Wortwechsel folgt gewöhnlich betretenes Schweigen. Schließlich unterbricht Frau Grün das Schweigen, indem sie etwa folgendes sagt: «Ja, da seht ihr's, so ist das mit den Männern, immer wollen sie euch vor Augen führen, wie tüchtig sie in allem sind.»

«Warum nicht – Ja, aber...» («WANJA») kann von einer beliebigen Anzahl von Mitspielern gespielt werden. Der agierende Urheber stellt ein Problem zur Diskussion. Die anderen Mitspieler präsentieren verschiedene Lösungsversuche, von denen jeder mit den Worten beginnt: «Warum nicht...?» Auf jede dieser Fragen hat Weiß einen Einwand: «Ja, aber...». Ein guter Spieler ist in der Lage, die Vorschläge der anderen mit seinen Einwänden auf unbegrenzte Zeit hinaus zu parieren; schließlich geben alle das Spiel auf und Weiß gewinnt. In vielen Situationen muß sich Frau Weiß mit mindestens einem Dutzend von Lösungsvorschlägen auseinandersetzen, bis es ihr gelingt, jenes betretene Schweigen heraufzubeschwören, das das Signal für ihren Sieg ist und sozusagen das Feld freigibt für das nächste Spiel; in dem oben angeführten Beispiel schaltet Frau Grün auf das Spiel «Elternbeirat» um, und zwar zu der Variante «Der Gatte als Delinquent».

Da die Lösungsvorschläge, abgesehen von wenigen Ausnahmen, alle verworfen werden, muß das Spiel ganz offensichtlich einem verdeckten Zweck dienen. «WANJA» wird also nicht aus dem nach außen hin vorgeschobenen Grund (das Erwachsenen-Ich bittet um Informationen und Lösungsvorschläge) gespielt, sondern um das Kindheits-Ich zu ermutigen und zu befriedigen. Die im Gespräch gewechselten Worte mögen so klingen, als spielte sich das Ganze auf der Ebene des Erwachsenen-Ichs ab, aber zwischen dem Wortgeflecht kann man deutlich heraushören, daß Frau Weiß sich mit ihrem Kindheits-Ich präsentiert, das einer bestimmten Situation nicht gewachsen ist; daraufhin schalten die anderen auf ihr lebenskluges Eltern-Ich um und sind eifrig bestrebt, mit ihrer Lebenserfahrung dem Kindheits-Ich von Frau Weiß zu helfen...

Das Spiel kann sich entfalten, denn auf der Sozial-Ebene vollziehen sich Reiz und Reaktion von Erwachsenen-Ich zu Erwachsenen-Ich, und auch auf der psychologischen Ebene handelt es sich um Komplementär-Transaktionen: der Reiz ist vom Eltern-Ich auf das Kindheits-Ich gerichtet («Warum nicht...») und löst beim Kindheits-Ich eine Reaktion aus, die zum Eltern-Ich hingeht («Ja, aber...»). Der Vorgang auf der psychologischen Ebene vollzieht sich meist für beide Seiten unbewußt, doch kann ein aufmerksamer Beobachter die Umschaltung von einem Ich-Zustand auf einen anderen (vom Erwachsenen-Ich zum ‹inadäquaten› Kindheits-Ich bei Weiss, vom Erwachsenen-Ich zum ‹lebensklugen› Eltern-Ich bei den anderen Mitspielern) leicht entdecken, und zwar auf Grund der Veränderungen in Haltung, Stimmlage und Wortwahl...

Das eigentliche Ziel des Spiels liegt also nicht darin, Lösungsvorschläge zu erhalten, sondern darin, sie zu verwerfen...

Recht merkwürdig ist bei dem Spiel «WANJA» auch der Umstand, daß das innerliche und das äußerliche Spiel auf genau die gleiche Weise gespielt werden, nur eben mit vertauschten Rollen. Bei der äußerlichen, klinisch beobachteten Form tritt das Kindheits-Ich von Weiß in den Vordergrund, um die Rolle des inadäquaten Hilfesuchenden in einer vielschichtigen Situation zu spielen. Bei der innerlichen, intimeren Form, die sie daheim als zweiseitiges Spiel mit ihrem Ehemann spielt, tritt das lebenskluge Eltern-Ich in den Vordergrund, um wirksame Ratschläge zu geben...

Spiele sind durchaus nicht immer pathologisch oder nahe an der Pathologie. Gewisse Spiele darf man bedenkenlos spielen, mitspielen und akzeptieren, zum Beispiel das Spiel ‹KAVALIER›. Ich zitiere Berne (1964, dt. 1985, 223-226):

Dieses Spiel wird von Männern gespielt, die sich nicht in sexueller Bedrängnis befinden – gelegentlich von jüngeren Männern, die durch eine gutgehende Ehe oder eine glückliche Liaison ausgelastet sind, häufiger noch von älteren Männern, die sich in geziemender Form mit der Einehe oder dem Zölibat abgefunden haben. Begegnet Weiß einer ansprechenden Frau, von der er sich angezogen fühlt, dann nimmt er jede Gelegenheit wahr, seine Begeisterung in entsprechenden Komplimenten zum Ausdruck zu bringen; er überschreitet dabei niemals die Grenzen der Schicklichkeit, der bestehenden Sozialsituation und des guten Geschmacks. Innerhalb dieser Grenzen läßt er jedoch seiner Kreativität, seinem Enthusiasmus und seiner schöpferischen Originalität völlig freien Lauf. Sein Ziel besteht nicht darin, die Frau zu verführen, sondern darin, zu zeigen, in welch vollendetem Maß er die Kunst der eindrucksvollen Komplimente beherrscht. Der innerlich soziale Nutzeffekt liegt in dem Vergnügen, das er der Frau mit seinem von dunklen Nebenabsichten ungetrübten Künstlertum bereitet, und in der einfühlsamen Wertschätzung, die ihm [die] Frau ... angesichts seiner künstlerischen Fähigkeiten zuteil werden läßt. In gewissen Fällen, in denen beide sich über die Natur dieses Spiels vollkommen im klaren sind, kann es zum Entzücken beider Partner eine durchaus extravagante Note bekommen. Ein Mann von Welt wird natürlich immer wissen, wann er aufhören muß, und er wird das Spiel nicht über jenen Punkt hinaus ausdehnen, an dem es aufhört, der Frau Freude zu machen (mit Rücksicht auf sie), oder an dem die Qualität der von ihm dargebotenen künstlerischen Leistungen nachzulassen beginnt (mit Rücksicht auf seinen eigenen künstlerischen Stolz)...
Die Frau benötigt eine gute Portion Weltklugheit, um ihre Rolle gut zu spielen, andererseits muß sie schon sehr stur und töricht sein, um sich einem solchen Spiel gänzlich zu versagen. Das passende Komplementärspiel für sie ist eine Variante des Spiels «Sie sind wirklich wundervoll, Herr Michelmeier!» («SISIWUM»), nämlich: «Ich bewundere Ihre Werke, Herr M.» ... Im allgemeinen verdirbt eine Frau das Spiel immer dann, wenn sie es nicht so sehr als literarisches ‹Schauspiel›, sondern mehr als ernsthaften Verführungsversuch betrachtet...
SOZIAL-PARADIGMA: Erwachsenen-Ich / Erwachsenen-Ich.
Erwachsenen-Ich (männlich): «Sehen Sie nur, wie glücklich ich Sie machen kann.»
Erwachsenen-Ich (weiblich): «Mein Gott, Sie machen mich wirklich glücklich.»
PSYCHOLOGISCHES PARADIGMA: Kindheits-Ich (männlich): «Sehen Sie nur, was für schöpferische Leistungen ich vollbringen kann.»
Kindheits-Ich (weiblich): «Mein Gott, Sie sind wirklich ein sehr schöpferischer Mensch.»
NUTZEFFEKTE: 1. Innerlich psychologisch – Schöpferische Tätigkeit und Bestätigung der Anziehungskraft. 2. Äußerlich psychologisch – Vermeidet die Zurückweisung sinnloser sexueller Annäherungsversuche. 3. Innerlich sozial – ‹Kavalier›. 4. Äußerlich sozial – Auf sie wird unter Umständen verzichtet. 5. Biologisch – Gegenseitiges ‹Streicheln›. 6. Existentiell – Ich kann mein Leben mit Charme und Anstand führen.

10. Haltungen und Verhaltensregeln aus der Themenzentrierten Interaktion

Themenzentrierte Interaktion (TZI) ist eine Methode für gute Gespräche in Gruppen, und zwar nicht eigentlich in therapeutischen Gruppen, sondern in irgendwelchen (thematischen) Arbeits- und Lerngruppen, insbesondere auch im Bereich des schulischen Lernens (Cohn & Terfurth, 1993; Lüthi, Lüthi-Peterson & Richard, 1992; Rietz, 1992). Darüber hinaus werden TZI-Erfahrungen aus der Wirtschaft (Greimel, 1992), der Politik (Rauch-Schumacher, Stocker-Meier & Vermot-Mangold, 1992) und der kirchlichen Arbeit (Scharer, 1992) gemeldet. Neuerdings wird auch eine Wirksamkeit der TZI in der Anwendung in Großgruppen beansprucht (Cohn & Klein, 1993a). Andererseits ist TZI durchaus auch im Zweiergespräch verwendbar.

Mit TZI versuchte Ruth C. Cohn, verschiedene Strömungen und Grundüberzeugungen der guten und hilfreichen Gesprächsführung zu integrieren. Die Methode wurzelt vor allem in der sog. humanistischen Psychologie (Maslow, 1973; Rogers, 1961; 1969). Einflüsse gingen auch von den amerikanischen Methoden der fünfziger und sechziger Jahre aus, nämlich von der psychoanalytischen Gruppentherapie, der Erlebnistherapie, der Gestalttherapie und von der Bewegung der Encountergruppen. TZI nimmt aber die Gemeinsamkeit in der Gruppe, den gemeinsamen Gesprächs- oder Lerngegenstand und überhaupt die objektive Situation ebenso ernst wie das subjektive Erleben (vgl. 10.1.2).

TZI ist nicht eine ‹Tiefentherapie› für schwerwiegende Störungen, schon eher eine ‹Breitentherapie› für Leute, die sensibler miteinander und mit sich selbst umgehen möchten; Ruth Cohn erhebt mit TZI auch einen gesellschaftstherapeutischen und -politischen Anspruch (Ballhausen & Schultze, 1992).

10.1 Anliegen der TZI

Das Anliegen der TZI besteht darin, im menschlichen Leben eine ausgewogene Verbindung subjektiver, sozialer und sachlicher Gegebenheiten zu erreichen.

10.1.1 Rationalität und Emotionen

Themenzentrierte Interaktion ist eine Konzeption der Kommunikation, die *Ruth C. Cohn* in den letzten vierzig Jahren unter diesem Namen verbreitet hat. Es geht ihr dabei darum, *Interaktionsanliegen* und *Sachanliegen* von Gruppengesprächen miteinander zu verbinden. Das halte ich in der Tat für ein wichtiges Anliegen in unserer Zeit.

Vereinfachend könnte man sagen, daß die Menschen unserer westlichen Kulturen innerhalb des letzten halben Jahrhunderts – mit Höhepunkt vielleicht in den fünfziger und frühen sechziger Jahren – die zwischenmenschlichen Interaktionen in besonderem Maß auf sachliche Anliegen konzentrierten (reduzierten). Diese wurden mit maximaler Rationalität verfolgt. Solche sachlichen (öffentlichen und privaten) Anliegen sind kleine und große, etwa: Aufbau einer konkurrenzfähigen Industrie, Erbauung und Finanzierung eines technisch hochstehenden Autobahnnetzes, Entscheidung über den Einbau neuer Lehrinhalte in die Schulcurricula etc. Das gilt selbstverständlich auch für die Erziehung, wie Cohn (1975, 112) einmal schrieb:

Als ich psychotherapeutische Bemühungen mit anderen Lernerfahrungen verglich, gewann ich den Eindruck, daß Gefühle im Klassenzimmer und in anderen Gruppen kaum einen angemessenen Platz finden. Wäre es nicht möglich und wünschenswert, eine Emanzipation des Gefühlslebens in allen Lehr- und Lerninstituten zu erreichen? Vielleicht könnte der Lehrer sowohl sich selbst als auch seinen Schülern das Recht auf die Bewußtheit der eigenen Gefühle zubilligen und an die Stelle einer heimlichen Sabotage von Gefühlen ein offenes Anrecht der Menschen auf Gefühle setzen. Schüler und Lehrer haben sowohl ein Anrecht auf die Realität ihrer Störungen als auch auf ihre schöpferischen Gefühle. Es erschien mir weise, diese Wirklichkeit zu bestätigen und sie als eine Tatsache anzusehen, anstatt sie zu unterdrücken.

In den sechziger und siebziger Jahren haben viele ihre eigene Innerlichkeit neu entdeckt, ihre Emotionen, und das insbesondere durch neue und persönlichere Formen der sozialen Interaktion. Selbsterfahrungsgruppen kamen auf, Meditationsmethoden, Gruppentherapieformen für Kranke und für Gesunde, neue Formen des (gemeinsamen) Wohnens und Haushaltens, die Herausforderung und die Freude an neuen Rollen (z.B. Kindergärtner, Pilotin, Hausmann). Die Menschen wurden sensibler, besonders auf eigene nicht-zugestandene Wünsche und auf soziale Beziehungen. An die Stelle der Sachzwänge sollten subjektive Kriterien des Wohlseins, der Entfaltung (Emanzipation) und der beglückenden Kreativität treten.

Beides sind Extreme, die als solche auf Dauer nicht befriedigen können. Sie gegenseitig zu versöhnen, war und ist das Anliegen der TZI. Ruth Cohn hat TZI in starkem Maße als Korrektiv des überbordenden sog. Experientialismus gedacht: «Dieses ‹mich nur um meine eigene Angelegenheit kümmern› scheint mir die neue ‹heilige Kuh› (oder das ‹goldene Kalb›) der über das Ziel hinausschießenden modernen Gesundheitsbewegung zu sein» (Cohn, 1975, 97). Und Matzdorf und Cohn (1983, 1273) doppelten nach: «Überbetonter Intellekt führt zum toten, tödlichen Lernen; überbetontes Gefühl zur Verwirrung; Überbetonung des Körpers zu Abhängigkeit und Sinnverlust.» Zum Ich und der sozialen Beziehung kommt nach Ruth Cohn von neuem wieder die Sache, die (Außen-) Welt (Kroeger, 1992).

10.1.2 Das Prinzip der dynamischen Balance

10.1.2.1 Das TZI-Dreieck

Ruth C. Cohn (1975) schlug vor, in der menschlichen Kommunikation eine Balance zwischen drei Polen anzustreben, nämlich zwischen der Sache, dem einzelnen und der Gruppe, oder zwischen dem Es (nicht im psychoanalytischen Sinn), dem Ich (auch nicht im psychoanalytischen Sinn) und dem Wir. Ruth Cohn stellt das immer wieder mit folgendem Dreieck dar.

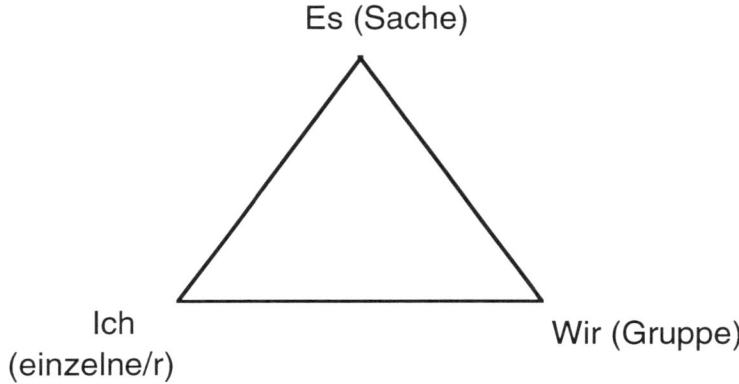

In ihrem Text von 1984 (Farau & Cohn, 1984, 352) ergänzte Ruth Cohn die drei Elemente durch ein viertes, das Umfeld oder den Globus (Globe; vgl. auch Langmaack, 1991):

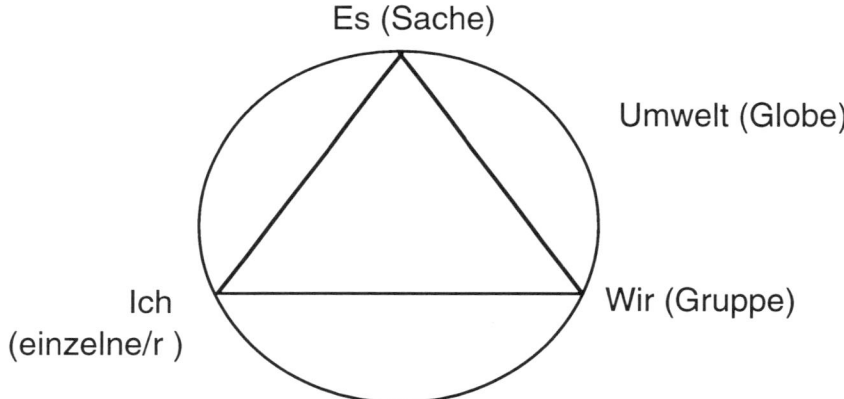

Diese Instanzen sind etwa folgendermaßen zu kennzeichnen:

– *Ich* (= die Person): Das was jeder oder jede für sich selbst ist, wie er oder sie sich wahrnimmt, insbesondere auch seine oder ihre Gefühle und Körperempfindungen. Diese Öffnung auf sich selbst führt nach Cohn durchaus nicht zu einem neuen Egozentrismus: «Je mehr ich mein Bewußtsein für mich selbst erweitere, umso deutlicher wird mir die Vielfalt innerer Strömungen und Motivationen; um so einfacher wird es auch zu verstehen, daß jeder Mensch anders ist und sein muß» (Farau & Cohn, 1984, 354).

– *Wir* (= die Gruppeninteraktion): Wenn Menschen miteinander interagieren, ist da mehr als die Summe der einzelnen Teilnehmerinnen und Teilnehmer. Es entstehen kognitive Gemeinsamkeit und eine gemeinsame emotionale Dynamik. «Eine Gruppe wird nicht dadurch gestärkt, daß Personen ihre Individualität aufgeben, sondern dadurch, daß diese sich in der jeweiligen Gemeinschaft aktualisieren... Nicht: Ich gebe mich auf für meine Gruppe (Familie, Freunde, Volk, Menschheit), sondern: Ich gebe mich ein» (Farau & Cohn, 1984, 354-355).

– *Es* (= das Thema oder die Aufgabe): TZI betrifft nur solche Gruppen, die sich aktuell einer gemeinsamen Aufgabe stellen, die also miteinander etwas besprechen, planen, verstehen oder lernen wollen. Typischerweise ist das Thema gegeben; es kann aber auch von der Gruppe gewählt werden. Ruth Cohn unterscheidet aber «generative, lebensfördernde Themen» von destruktiven und inhumanen. Die ersteren, die erwünschten, sind «solche, die sowohl allgemein-humanistische Werte als auch die Lebensbedürfnisse einer Gruppe einbeziehen und nicht auf die Leichen eines anderen Erdteils oder der Zukunft ihr Haus bauen» (Farau & Cohn, 1984, 355). – Diese Auswahl von Themen scheint mir eine starke (und doch wohl nicht notwendige) Einschränkung zu sein; es gibt eben auch weniger ‹schöne› Themen, die einen beschäftigen, weil sie Realität sind. Mir gefällt besser, was Ruth Cohn schon in einem Aufsatz von 1966 (nachgedruckt in Cohn, 1975) geschrieben hat, in dem sie Thema und Themaformulierung unterschied und der Gruppenleiterin resp. dem Gruppenleiter folgende Empfehlung gab: «Jede Überschrift, die Worte wie ‹Störungen› oder ‹Probleme› enthält, führt die Gruppe zur Entdeckung und Beschreibung von negativen Erlebnissen und Gedanken, während Titel wie ‹Zur Überwindung von ... Störungen› die Teilnehmer zu einer anderen Haltung ermutigt. Ich habe schlechte Erfahrungen mit Themen [sie meint wohl Titel; A.F.] gemacht, welche negative Assoziationen hervorrufen. ‹Schwierigkeiten im demokratischen Prozeß› würde jedenfalls ein schlechterer Titel sein als ‹Wege zur demokratischen Gruppenbildung›» (S. 113; vgl. auch Cohn, 1989, 36).

– *Der Globe* (= das Umfeld): Er umfaßt die «Geschehnisse außerhalb der Hier-und-Jetzt-Gruppe», weil auch sie in der Gruppe wirksam sind. Gelegentlich findet Cohn dafür fast mystische Worte: «Der Globe weitet sich zum Kosmos aus; denn alles hängt mit allem und allen zusammen, wann und wo es auch geschah, geschieht und geschehen wird» (Farau & Cohn, 1984, 356).

10.1.2.2 Balance-Akte

Nach Ruth C. Cohn brauchen Gruppen Gruppenleiterinnen resp. Gruppenleiter. Ihre Hauptaufgabe ist die Überwachung der Balance des Dreiecks. So

weit ich sehe, gibt Ruth Cohn dazu fast gar keine technischen Angaben, zeigt aber unzweideutig, worauf es ihr ankommt (Cohn, 1975, 115):

Als Gruppenleiterin bin ich mir nun der Dreieckspunkte Ich (Individuum), Wir (Gruppe) und Es (Thema) bewußt. Die Balance dieser drei Gegebenheiten ist nie vollkommen, sondern braucht eine relative, dynamische Ausgeglichenheit. Wenn die Gruppe sich mit dem Thema akademisch beschäftigt, erachte ich dieses nur für so lange als konstruktiv, als ich keine Zeichen von Interesselosigkeit in der Gruppe entdecke, nicht einzelne Teilnehmer als unbeteiligt oder gestört empfinde, und auch keine anderen generellen Gruppenzerfallssymptome auftauchen. Sonst lenke ich die Aufmerksamkeit vom Thema fort zur Person (Ich) oder zu Personen (Wir). Wenn die Gruppe sich umgekehrt nur für eine Person oder für ein Aufwallen von verschiedenen Gefühlen in der Gruppe zu interessieren scheint und sich damit in eine Therapie-oder Sensitivitätsgruppe zu verwandeln droht, schlage ich die Brücke zum Thema. In einer gut funktionierenden, erfahrenen Gruppe sind solche Direktiven weniger oft notwendig, da die Gruppe selbst sich zum Wächter der Methode fortentwickelt hat. Meiner Erfahrung nach sind jedoch führerlose Gruppen in interaktionellen Arbeitsseminaren unverläßlich; die führerlose Gruppe verwandelt sich unweigerlich entweder in eine Therapiegruppe oder in ein akademisches Seminar.
Wie es in klassischer analytischer Traumdeutung notwendig ist, der freien Assoziation Spielraum zu geben, um genügend Material zu bekommen, jedoch nicht endlos zu assoziieren (weil die Traumdeutung sonst verloren geht), so ist es in der interaktionellen Arbeitsgruppe wesentlich, die dynamische Balance der drei Beziehungspunkte durch ein Nicht-Zuviel und Nicht-Zuwenig zu erhalten. Es ist diese dynamische Balance, die die interaktionelle Arbeitsgruppe von anderen Kommunikationsmethoden unterscheidet. Das akademische Lernen bezieht sich fast nur auf das «Es» (das Thema), das psychologische auf das «Ich», die Gruppentherapie auf das «Ich-Wir». Die thematische interaktionelle Gruppe versucht die Dreiheit von Ich-Wir-Es in dynamischer Balance zu halten.

Daß TZI technisch eigentlich unspezifisch ist, belegt der folgende Abschnitt aus Farau und Cohn (1984, 369-370):

TZI kann alle Gruppentechniken mit einbeziehen, die ihren Axiomen nicht widersprechen und die für die jeweilige Lebens- und Arbeitsgruppensituation hilfreich sind. Die Anwendung solcher Techniken muß dem Vorhaben der Gruppe und den Vorkenntnissen, Fähigkeiten und Interessen der jeweiligen Gruppenleiter(innen) entsprechen (z.B. für bestimmte Fachbereiche, Gewerkschaften, Bürgerinitiativen, Kommissionen, Jugend- und Kindergruppen). TZI-Praktiker können je nach ihrer eigenen Situation und Fähigkeit hilfreiche Techniken anwenden: Meditationsübung, Rollenspiele, bestimmte Gestalttechniken, Gestaltungstherapie (Selbst- und Wir-Erfahrung mit Farben, Musik und Ton), verbale und nonverbale Kommunikations- und Wahrnehmungsübungen (nach innen und außen), Bewegungs- und Entspannungsübungen, Stoffvermittlungstechniken (Didaktik, Medien) und andere Hilfen aller Art für die jeweiligen Wissens- und Aktionsbereiche. Unerläßlich sind für professionelle TZI-Gruppenleiter Flexibilität im schöpferischen Ansatz sowie Kenntnisse, *wie Gruppenprozesse und Arbeitsklima durch Strukturen gefördert und wodurch sie behindert werden können.* Dazu gehören präzise Techniken der Aufteilung und Zusammenführung von großen und kleinen Gruppen,

Beziehungsklärung mit Ko-Leitern und Assistenten, Errechnen oder Ermessen der Relation zwischen verfügbarer Zeit und Personenanzahl; Homogenität und Heterogenität in der Gruppenzusammensetzung je nach Art oder Schwierigkeit des Themas oder der Aufgabe. Die meisten Mißerfolge bei der TZI-Gruppenarbeit resultieren aus Unkenntnis des jeweiligen Globe und nicht genügend durchdachtem Strukturieren im Prozeß. Wenn das menschliche und räumlich/zeitliche Umfeld, Vorbeziehungen und hierarchische Situationen nicht beachtet oder falsch beurteilt werden oder wenn die Aufteilung der Gruppe verwirrt, werden Aggression und Resignation gefördert und das Vertrauen geschädigt; der Prozeß wird so lange destruktiv bleiben, bis die Mängel behoben werden.

Während die Gruppenleiterin oder der Gruppenleiter in erster Linie die Aufgabe hat, auf die Einhaltung dieser Balance innerhalb der Gruppe zu achten, sollten die Mitglieder durch TZI-Erfahrung lernen, bei sich selbst auch diese Balance einzurichten und aufrecht zu erhalten (vgl. Belz, 1992a,b) als auch sich zunehmend freier und verantwortlicher in der Gruppe zu bewegen (Rubner & Rubner, 1992).

10.2 Axiome, Postulate und Regeln

Für die Gruppenteilnehmerinnen und -teilnehmer besteht ein ganzer Satz von Regeln, die einzuführen und deren Einhaltung zu überwachen eine wichtige Aufgabe des Leiters oder der Leiterin ist. Es handelt sich dabei um Regeln, die nicht nur der Strukturierung und der Disziplinierung des Gruppengesprächs dienen, sondern den einzelnen auch darüber hinaus als Kondensat von Lebensweisheiten hilfreich sein können. Diese Regeln, von Ruth Cohn *Hilfsregeln* genannt, basieren auf zwei *Postulaten*, die aus drei *Axiomen* abgeleitet sind.

10.2.1 TZI-Axiome

Unter Axiom versteht man in der Wissenschaftstheorie Ausgangssätze, die vom Autor oder Theorieurheber resp. der Autorin oder der Theorieurheberin gesetzt sind und die er resp. sie nicht zu beweisen beabsichtigt. Axiome sind meistens sehr allgemein und gelten dadurch für sehr viele Fälle. Obwohl sie nicht bewiesen sind, lassen sie sich allenfalls partiell rechtfertigen (für viele sind sie einleuchtend, sog. evident); ihre eigentliche Bewährung finden sie, indem die Ableitungen aus den Axiomen sinnvoll erscheinen, zu erwünschten Zuständen oder interessanten neuen Hypothesen führen. Ruth Cohn glaubt ihre Grundüberzeugungen oder Grundhaltungen mit drei Axiomen darstellen zu können; sie hat sie in den Publikationen von 1975, 1983 und 1984 im wesentlichen identisch festgehalten:

> **Axiom 1:** «Der Mensch ist eine psycho-biologische Einheit und ein Teil des Universums. Er ist darum gleicherweise autonom und interdependent. Die Autonomie des einzelnen ist umso größer, je mehr er sich seiner Interdependenz mit allen und allem bewußt wird» (Farau & Cohn, 1984, 357).

Dieses von Ruth Cohn als *anthropologisch-existentiell* bezeichnete Axiom demonstriert, warum sie ihr Menschenbild immer wieder als holistisch bezeichnet (Matzdorf & Cohn, 1992, 55).

Bedeutsam ist die Spannung zwischen Autonomie und Interdependenz: Obwohl wir die Termini für einander ausschließende Begriffe zu verwenden gewohnt sind, geht Ruth Cohn davon aus, daß sie einander bedingen. Das «Ich [steht] in der Beziehung zu sich selbst, ... zu einem Du, ... zur eigenen Familie, ... zu einer Institution, ... zur Gesellschaft, ... zur Welt und zum Kosmos» (Matzdorf & Cohn, 1992, 57).

> **Axiom 2:** «Ehrfurcht gebührt allem Lebendigen und seinem Wachstum. Respekt vor dem Wachstum bedingt bewertende Entscheidungen. Das Humane ist wertvoll, Inhumanes ist wertbedrohend» (Farau & Cohn, 1984, 358).

Ruth Cohn nennt dieses Axiom zu Recht ein *ethisches*; es ist im Gegensatz zum Axiom 1 nicht deskriptiv, sondern normativ.

Humanität ist ein häufig verwendeter Terminus bei Ruth Cohn. Sie definiert ihn allerdings nicht, beschreibt ihn aber wie folgt: «Human sein bedeutet zum Beispiel, keine Lebewesen zu quälen und nie mehr von ihnen zu töten, als zur Lebenserhaltung und -förderung (speziell der Menschen) nötig ist; wobei der Begriff des Tötens auch das Abtöten von seelischen und geistigen Fähigkeiten einbezieht» (Farau & Cohn, 1984, 358). Damit macht Cohn den Menschen und sein Gedeihen zur Norm allen Handelns. Im gleichen Abschnitt betont sie aber, daß man dieses Axiom auch religiös auffassen könne; und: «Da aber der Mensch nichts über absolute Seinsweisen wissen kann, ist der Wertkompaß nur im Hinblick auf den Bereich des menschlich Unabdingbaren zu verstehen» (Farau & Cohn, 1984, 358). – Was ist aber das «menschlich Unabdingbare»?

Das Axiom 2 spricht einmal vom Lebendigen und einmal vom Humanen. Diese scheinbare Vermischung muß man wohl so verstehen, daß es nach ihr human ist, alles Lebendige zu achten und zu schützen.

Axiom 3:   «Freie Entscheidung geschieht innerhalb bedingender innerer und äußerer Grenzen; Erweiterung dieser Grenzen ist möglich» (Farau & Cohn, 1984, 358).

Zu diesen erweiterbaren Grenzen sagt Cohn (1979, 876) anderswo: «Freiheit im Entscheiden ist größer, wenn wir gesund, intelligent, materiell gesichert und geistig gereift sind, als wenn wir krank, beschränkt oder arm sind oder unter Gewalt und mangelnder Reife leiden. Bewußtsein unserer universellen Interdependenz ist die Grundlage humaner Verantwortung.»

Ruth Cohn nennt dieses Axiom ein *pragmatisch-politisches*, weil es impliziert, daß die Freiheit des Menschen gesteigert werden kann durch materielle Sicherung, Bildung, Gesundheit etc., Bedingungen also, die bei uns weitgehend durch politische Prozesse gesichert werden müssen.

10.2.2 TZI-Postulate

Die TZI-Postulate sind Spielregeln für das Verhalten der Gruppenmitglieder. «Ihre Forderungen sprechen aus, wie die Axiome im persönlichen Leben und im Gruppenleben zum Ausdruck kommen sollen» (Farau & Cohn, 1984, 358).

Postulat 1:   «Sei dein eigener Chairman/Chairwoman, sei die Chairperson deiner selbst» (Farau & Cohn, 1984, 358).

Was das auf der intraindividuellen und interindividuellen Ebene etwa bedeutet, drückt die Autorin selbst umfassend aus (Farau & Cohn, 1984, 359-360):

Als meine eigene Chairperson bin ich der/die «Vorsitzende meiner inneren Gruppe», meiner verschiedenen Bedürfnisse und Bestrebungen. Ich versuche, mir diese auch in der Gruppensitzung bewußt zu machen: die körperlichen Empfindungen, die wechselnden Gefühle und die tief verankerten Grundstimmungen, die Wahrnehmung im Gruppengeschehen, die gedanklichen Eingebungen, Phantasien, Intuitionen, Urteile, Wertungen, Ansichten. Ich akzeptiere mich, wie ich bin – was meine Wünsche, mich selbst zu ändern, mit einschließt. Ich mache mir meine Gefühle bewußt und wäge ab: mein «ich soll» gegen mein «ich möchte»; und ich versuche meine Entscheidungen auch von körperlichen Fähigkeiten und Begrenztheiten abhängig zu machen, denen ich ebenso unterliege wie anderen natürlichen und sozialen Gegebenheiten: Menschen, Natur, soziale Wirklichkeit.

Die Aussage «Sei deine eigene Chairperson» in interaktionellen Gruppen bedeutet: «Übe dich, dich selbst und andere wahrzunehmen, schenke dir und andern die gleiche menschliche Achtung, respektiere alle Tatsachen so daß du den Freiheitsraum deiner Entscheidungen vergrößerst. Nimm dich selbst, deine Umgebung und deine Aufgabe ernst. Meine eigene Chairperson zu sein bedeutet, daß ich mich als einzigartiges, psycho-biologisches, autonomes Wesen anerkenne – begrenzt in Körper und Seele, in Raum und Zeit und lebendig im lernenden, schaffenden Prozeß. Ich bin verantwortlich für meine Anteilnahme und meine Handlungen, nicht aber für die der anderen. Ich kann jedoch anbieten und biete an, so gut ich kann. Ich bin nicht allmächtig; ich bin nicht ohnmächtig; ich bin partiell mächtig. Und ich bin immer nur meine eigene Leitperson und nie die des andern, außer wenn dieser seine Bewußtheit verliert oder noch nicht erreicht hat.»

| Postulat 2: «Störungen und Betroffenheit haben Vorrang».[1] |

Viele Störungen treten nicht zufällig auf; sie mögen mit dem Gruppengeschehen zu tun haben oder mit der Stellung eines Gruppenmitglieds zum Thema oder zu anderen Gruppenmitgliedern (Hecker, Hecker, Rubner, Rubner, Ruckdeschel, & Wolf-Hollander, 1992). Störungen haben zunächst intraindividuell Vorrang: Wenn ich gestört werde, ist das eine Realität, mit der ich umgehen muß; ob ich ihretwegen das laufende Gespräch unterbreche oder gar die Gruppe damit belaste, ist meine Entscheidung. Ockel und Cohn (1981, 268) meinen: «Störungen und Betroffenheiten haben Vorrang, ob wir es wollen oder nicht! Es kommt nur drauf an, wie wir mit ihnen umgehen; – darin liegt ein Teil unserer Freiheit.» Schwerwiegende Störungen zu übergehen ist auch durchaus nicht effizient:

Antipathien und Verstörtheiten können den einzelnen versteinern und die Gruppe unterminieren; unausgesprochen und unterdrückt, bestimmen sie Vorgänge in Schulklassen, in Vorständen, in Regierungen... Entscheidungen entstehen dann nicht auf der Basis realitätsbezogener Überlegungen, sondern unterliegen der Diktatur von Störungen (Farau & Cohn, 1984, 360).[2]

---

[1]   In der früheren Fassung war nur von Störungen die Rede, nicht auch von der Betroffenheit; letztere ist Ruth Cohn immer wichtiger geworden, in ihren Gruppensitzungen verwendet sie dafür den Ausdruck «passionate involvement». In der neuen Fassung von Matzdorf und Cohn (1992, 69) heißt es sogar: *«Beachte Hindernisse auf deinem Weg, deine eigenen und die von anderen. Störungen und Betroffenheiten haben Vorrang; ohne ihre Lösung wird Wachstum verhindert oder erschwert.»*

[2]   Entsprechend dem TZI-Dreieck würde ich hier ein drittes Postulat erwarten, die Sache oder das Es betreffend. Vielleicht könnte es so heißen: ‹Nimm das Thema, dem Du Dich verpflichtet hast, ernst; weiche nicht auf Ersatzthemen aus›. Ein allfälliges viertes Postulat könnte den Globus betreffen.

10.2.3 TZI-Hilfsregeln

Die TZI-Hilfsregeln sind Konkretisierungen der Postulate. Einige können auch gesehen werden als Mittel zur Einhaltung der Postulate. Sie gelten für alle Gruppenmitglieder (incl. Leiterin resp. Leiter). Falls die Gruppenmitglieder noch wenig geübt sind, diese Hilfsregeln einzuhalten, tritt die Leiterin oder der Leiter desto mehr in Funktion, denn ihre/seine Aufgabe ist es, auch auf die Einhaltung dieser Hilfsregeln zu achten (Cohn, 1975, 123).

Hilfsregel 1:   «*Vertritt dich selbst in deinen Aussagen; sprich per ‹Ich› und nicht per ‹Wir› oder per ‹Man›*».

Das Sprechen per ‹wir› und per ‹man› bewirkt, daß ich nicht die ganze Verantwortung für mein Handeln trage, gleichzeitig aber Verantwortung für das Handeln anderer an mich reiße und anderen ungefragt Verantwortung zuschiebe.

Ist das richtig? Bin ich wirklich nur für mich und nicht auch für andere verantwortlich? Will ich auch, daß sich nie jemand für mich (mit-) verantwortlich fühlt? – Diese Hilfsregel kann leicht mißverstanden werden. Ruth Cohn meint nicht Isolationismus oder Egoismus, sondern daß jeder Person ihr Teil an Autonomie garantiert bleibt.

Ich meine, wir tragen nicht Verantwortung für die freie Entscheidung anderer, sofern sie frei ist, wohl aber mitunter für die Voraussetzungen und Bedingungen, denen die ‹freie› Entscheidung unterworfen ist. Mein Handeln setzt für das Handeln anderer Bedingungen oder gar Grenzen (Wirkungen und Nebenwirkungen; beabsichtigte, in Kauf genommene und nicht beachtete), grenzt z.B. ihre Freiheit ein oder vergrößert sie auch; was diese anderen aber damit machen, müssen sie wieder selbst verantworten.

Wenn ich dieser Hilfsregel entsprechend per ‹ich› spreche, lasse ich nicht nur den Freiraum anderer relativ unangetastet, sondern werde ich mir auch gewahr, daß ich es bin, der für das von mir Gesagte die Verantwortung trägt.

Die Hilfsregel 1 scheint stark zeitgeistgeprägt zu sein. Es entspricht unserem Zeitgeist, das subjektive Wohlbefinden zur sozial sanktionierten Glücksnorm zu erheben. Es gab auch schon andere Zeitgeiste in der Geschichte. Gerade die verschiedenen religiösen Interpretationen der Christenbibel haben zu Zeiten «Abtötung» seiner Bedürfnisse, des «Fleisches», «Aufopferung» für die anderen, Sich-Abwenden von «dieser» Welt, «Verzicht», «Fasten» als des Menschen Glück bezeichnet. Zugegeben, nicht in der Meinung, daß das Glück auf ewig im Verzicht bestehe, sondern daß Verzicht in «dieser» Welt Genuß in «jener» Welt sicherstelle. – Ich wünsche mir diesen älteren Zeitgeist in dieser Form nicht zurück. Ich möchte selbst nicht unter Menschen leben, die sich abtöten und nur verzichten, sondern lieber unter ausgeglichenen, ernährten und befriedigten Menschen, die dadurch auch Reserve haben für die Milderung der Not anderer (in der Hoffnung, daß sie Not auch sehen und ihre ‹Reserve› auch einsetzen).

Eine vertretbare Interpretation der ersten TZI-Hilfsregel könnte dann sein: *Verantwortung für das eigene Handeln und nur für dieses, aber incl. Verantwortung für die Folgen dieses Handelns.* Diese Folgen sind sozial nicht indifferent; aber das bedeutet nicht nur persönlichen Verzicht und persönliche Einschränkung, schließlich kann auch darin Befriedigung liegen, die Mitmenschen glücklich zu sehen.

Man kann sogar empirisch belegen, daß Menschen, die nach dieser Regel handeln, persönlich glücklicher sind als andere und auch andere glücklicher machen (z.B. Rogers, 1961, dt. 1982, der nachwies, daß Menschen nach der Vergrößerung solcher Autonomie sich wohler schätzten als vorher; für eine Kurzfassung vgl. Flammer, 1996).

Hilfsregel 2:   «*Wenn Du eine Frage stellst, sage, warum du fragst und was deine Frage für dich bedeutet. Sage dich selbst aus und vermeide das Interview.*»

Diese Hilfsregel ist wenigstens in zweifacher Hinsicht begründbar. Erstens aus dem Verständnis der Kommunikation als eines gleichzeitigen Austauschs von Botschaften über Sachen, über die sprechende Person, über das Bild der angesprochenen Person, über die angebotene oder wahrgenommene Beziehung zwischen beiden und über die Intentionen des Sprechakts (vgl. Kapitel 6). Wenn also jemand eine Frage wirklich beantworten soll, sollte er oder sie sich über die Botschaften aller dieser Referenzpunkte klar sein. Und nur allzu oft kann eine einfache Sachantwort allein nicht befriedigen.

Diese Hilfsregel ist aber auch begründbar aus dem dritten Axiom, wonach die Freiheit des Antwortenden durch die Grenzen der Frage eingeengt ist. Diese Grenzen sollten sowohl möglichst weit sein als auch nicht mißverstanden oder falsch gesehen werden.

Wie manche andere Empfehlungen Ruth Cohns ist auch diese Hilfsregel nicht eine, die nur in der TZI bekannt ist. Vor allem die Bewegung der emanzipatorischen Erziehung postuliert seit Jahrzehnten die Begründung möglichst jeder Erziehungsmaßnahme: Ein Kind, das erfährt, *warum* Mama das Velofahren außerhalb des Quartiers nicht gestattet, übernimmt daraus situationsadäquatere und wo nötig flexiblere Modelle für die Selbstregulation, als wenn es nur Verbot und Strafe als Argumente hat. Sich nicht an diese Anweisung der Mutter zu halten, kann das Kind im ersten Fall als ‹dumm›, im zweiten Fall aber als ‹bös› interpretieren. Und Dummheit läßt sich oft leichter überwinden als Schuld. Überdies ist es motivierender, eine Regel aus Einsicht zu lernen als aus Gehorsam.

Hilfsregel 3:   «*Sei authentisch und selektiv in deiner Kommunikation. Mache dir bewußt, was du denkst, fühlst und glaubst, und überdenke vorher, was du sagst und tust.*»

«Du mußt nicht alles sagen, aber alles, was du sagst, soll echt sein» (Cohn, 1979, 877). Die Forderung nach Authentizität im Gespräch wurde auch von anderen erhoben, z.B. von Rogers und von Tausch und Tausch (1981). Sie ist nicht nur psychohygienisch wohltuend, sondern per definitionem eine Bedingung für gelungene und umfassende Kommunikation.

Von spezieller Brisanz erscheint mir die Forderung nach Selektivität, genauer nach «selective authenticity» zu sein (Cohn, 1975, 125). Das heißt wirklich: ‹Sag nicht alles!› Diese Regel hat für mich viele Seiten: (a) Man kann gar nicht ‹alles› sagen in dem Sinn, daß alle Information, die irgend jemand betrifft, als ‹Sache›, d.h. verbal und innert bestimmter Zeitgrenzen ausgesprochen werden könnte. (b) Wenn ich aber Information, die für das Verstehen wichtig ist, zurückhalte oder durch unwichtige Information ersetze, wird es problematischer (vgl. die Schwurformel: ‹Die Wahrheit, die ganze Wahrheit und nichts als die Wahrheit›). (c) Die Beurteilung dieser Selektivität hat sich nach der Sprecherabsicht zu richten. Wenn die ‹ganze› Wahrheit verletzen würde, aber ohne die Verletzung das Sprecherziel auch erreichbar ist, kann man ruhig auf Teile verzichten.

Ruth Cohn ist ganz kategorisch:

Kommunikationen verlangen Takt und Timing. Aufrichtigkeit ohne Selektivität kann schaden. Es kommt nicht nur auf den Aussprechenden, sondern auch auf den Empfangenden an. ‹Selektive Authentizität› war, historisch gesehen, meine passionierte Antwort auf den diktatorischen, undifferenzierten Anspruch vieler experientieller und Encountergruppen auf ‹totale Offenheit› (Farau & Cohn, 1984, 363-364).

Hilfsregel 4:   «*Halte dich mit Interpretationen von anderen so lange wie möglich zurück. Sprich statt dessen deine persönlichen Reaktionen aus.*»

Interpretationen aufgrund von Mißverständnissen lösen Ärger aus, belasten die Beziehungen und fordern zu Zurückweisungen, Richtigstellungen und Rechtfertigung von früher Gesagtem heraus. Kurz: Die Verletzung dieser Hilfsregel produziert allzu leicht eine Störung, die hernach Vorrang haben muß (Postulat 2).

Andererseits sind persönliche Reaktionen vom Partner durchaus als Feedback auf seine Botschaften verwendbar. Solche Rückmeldungen können einfache verbale Spiegelungen der Wahrnehmung sein, verbale Zusammenfassungen des Wahrgenommenen oder Äußerungen der eigenen emotionalen Reaktionen oder der eigenen kognitiven Assoziationen darauf.

Das folgende Beispiel geht hier bereits sehr weit, vermeidet aber doch ‹objektive› Interpretationen: Jemand jammert gequält über seinen Kollegen, betont aber immer wieder: «Ich mag ihn ja sehr, aber er kommt überall zu spät. Ich kann das kaum aushalten und ärgere mich insgeheim immer darüber. Ich möchte aber nicht mißverstanden werden: Ich hab ihn wirklich gern.» Man könnte nun interpretierend sagen: «Du willst anscheinend nicht nur deinen Kollegen vor deiner Wut schützen, sondern sie auch dir selbst nicht zugestehen, vielleicht weil du Angst hast, ihn zu verlieren.» Alternative (Schwerpunkt auf der Mitteilung der eigenen Gefühle): «Deine Schilderung löst in mir widersprüchliche Gefühle aus: Einerseits spüre ich Deinen Ärger über Dein Warten-müssen, und ich habe auch gesehen, daß du mit deiner Faust auf die Stuhllehne geschlagen hast, als Du davon redetest; andererseits höre ich aber, daß du deinem Kollegen nicht wehtun willst. Weiß er denn von deinem Ärger?»

Cohn (1979, 878) beschränkt die Empfehlung, Interpretationen zu vermeiden, auf die Motive: «Vermeide Interpretation der Motive anderer Menschen, gib statt dessen deine Reaktion zu dem, was du durch ihn erlebst.»

Hilfsregel 5:   «*Sei zurückhaltend mit Verallgemeinerungen.*»

Begründungen dieser Regel sind aus dem Gesagten leicht ableitbar (vgl. auch Kapitel 7).

Hilfsregel 6:   «*Wenn du etwas über das Benehmen oder die Charakteristika eines andern Teilnehmers aussagst, sage auch, was es dir bedeutet, daß er so ist, wie er ist (d.h. wie du ihn siehst).*»

Beispiel: «Ich mag es nicht, wenn Du während unseres Gesprächs immer wieder in die Zeitung schaust, weil ich mir dann nicht ernst genommen vorkomme.»

Hilfsregel 7:   «*Seitengespräche haben Vorrang. Sie stören und sind meist wichtig. Sie würden nicht geschehen, wenn sie nicht nötig wären (‹Vielleicht wollt ihr uns erzählen, was ihr miteinander sprecht?›).*»

Diese Hilfsregel ist natürlich nur in Gruppen relevant.

Hilfsregel 8:   «*Nur einer zur gleichen Zeit bitte.*»

Das ist für den verbalen Kommunikationskanal evident, im Sinne der Übersicht jedes Mitglieds über die ganze Gruppe aber auch für die nonverbalen Kanäle zu empfehlen. Da ja nonverbale Kommunikation besonders viel Beziehungsinformation enthält, wird die Desorientierung der übrigen Gruppe noch desto größer, wenn einzelne gestikulierend reagieren, während jemand noch am Reden ist.

Hilfsregel 9:   «*Wenn mehr als einer gleichzeitig sprechen will, verständigt euch in Stichworten, über was ihr zu sprechen beabsichtigt.*»

Eine solche Absprache anhand des Inhalts der Beiträge macht formale und autoritäre Prioritätsentscheidungen überflüssig.

Hilfsregel 10:   «*Beachte Signale aus deiner Körpersphäre, und beachte diese auch bei andern Teilnehmern.*»

Körpersignale können innere Widersprüche anzeigen oder einem die Bedeutsamkeit eines Gedankens oder einer Wahrnehmung aufschließen oder einfach physiologischen Ursprungs sein. Wenn sie störend sind verdienen sie Vorrang (Postulat 2).

10.3 Nachbemerkungen

TZI ist heute weit verbreitet. Sie wird auch explizit gelehrt, hat aber eigenartigerweise bis heute wenig systematische Forschung ausgelöst. Das hat vermutlich damit zu tun, daß kein Element der TZI ausschließlich bei der TZI vorkommt; TZI ist vielmehr eine Sammlung von Bewährtem in einer originellen Struktur.

Als Bewährungsprobe reicht für die meisten die persönliche Erfahrung mit TZI als Teilnehmer/Teilnehmerin oder als Leiter/Leiterin. Instruktive Protokolle über TZI-Sitzungen finden sich in Dehm (1992), Roch (1992) und Eichberger (1992).

TZI ist nicht an sich eine sichere Karte für gelungene Gespräche; die Auseinandersetzung mit ihren Axiomen, ihren Postulaten und Hilfsregeln ist aber hilfreich für jedermann, der seine Gruppenfähigkeit pflegen will.

Teil III. Ausgewählte spezielle Gesprächstypen

Im folgenden werden einige besondere Anwendungen der erarbeiteten Ideen über Gesprächsführung besprochen. Es sind jeweils nicht-ganz-einfache Situationen, die in ähnlicher Form, besonders bei sozialwissenschaftlichen Fachleuten, sehr häufig vorkommen, nämlich die geplante Rückmeldung für eine bestimmte Leistung oder ein bestimmtes Verhalten, das Prüfungsgespräch, das Bewerbungs- oder Vorstellungsgespräch und die Mitteilung einer schlechten Nachricht. Es gibt natürlich noch mehr typische schwierige Gesprächssituationen, etwa Kondolation, das Bewertungsgespräch zwischen Vorgesetzten und Untergebenen oder das Verhandlungsgespräch. Ich beschränke mich auf eine Auswahl.

11. Geplante Rückmeldung

11.1 Begriff, Zusammenhänge

Rückmeldung (= feedback; manchmal auch Rückkoppelung genannt) ist ein kybernetischer Begriff, war aber in der Biologie schon lange vor der entsprechenden technologischen Entwicklung bedeutsam (Beispiele: Blutdruckregulation, Heizungsthermostat). Psychologische Beispiele sind Verstehenssicherung im Gespräch, Gehen, Sprechen lernen.

Gespräche sind fragile Prozesse, darum muß ihre Wirkung regelmäßig rückgemeldet werden. Das geschieht z.B. über kleine Bemerkungen wie «Mhm», «ich verstehe», über verbale und über nonverbale Äußerungen der Überraschung, der Befriedigung, der Entrüstung, aber auch über Fragen und über explizite Verstehens-Kontrollen (vgl. Kapitel 5.6).

Dieses Kapitel gilt nicht solchen alltäglichen und allgegenwärtigen Rückmeldungen, sondern den ausführlich angelegten, häufig professionellen Rückmeldungen. Studierende erhalten z.B. Rückmeldungen für Seminararbeiten, für Examina, für Vorträge, sie geben Rückmeldungen über Vorlesungen und über Betreuungsangebote. Lehrlingen wird z.B. über ihren Lernfortschritt in einem bestimmten Bereich Rückmeldung gegeben. Inspektorinnen und Inspektoren geben Rückmeldungen nach Unterrichtsbesuchen, Lehrerinnen und Lehrer geben Rückmeldungen an die Schülerinnen und Schüler, Schulpsychologinnen und Schulpsychologen geben nach einer Abklärung der Schulfähigkeit Rückmeldungen an die Eltern, Eltern geben allenfalls zum Ende eines Jahres Rückmeldung an die Lehrpersonen ihrer Kinder, Vorgesetzte setzen sich mit ihren Untergebenen zu bestimmten Zeiten zusammen und besprechen die bisherige Zusammenarbeit, Chefinnen geben Rückmeldung nach der Probezeit eines neuen Angestellten, Touristen geben manchmal Rückmeldung an ihre Reiseleiter etc. etc.

11.2 Probleme und Ansprüche

Man könnte meinen, Rückmeldung zu geben sei eigentlich einfach: Man sagt ehrlich, was man gesehen hat, was man denkt, wie man das Erlebte beurteilt, was man vorschlägt und welche Entscheidung man allenfalls getroffen hat. Dennoch finden wir manchmal, es brauche Mut für ein ehrliches Feedback, und wir sind nicht immer sicher, was für ein Feedback wirklich konstruktiv ist.

Warum? Zum einen ist manche Wahrheit nicht so leicht anzunehmen, und die Feedback gebende Person möchte nicht wehtun. Zum anderen ist es oft nicht so sicher, was wirklich die Wahrheit ist. Und schließlich: Müssen wir immer die ganze Wahrheit und zu beliebiger Zeit aussprechen resp. entgegennehmen? Meistens erwarten wir doch, daß eine Rückmeldung Anlaß für einen Lernschritt, jedenfalls für eine Veränderung wird. Daraus ergeben sich spezifische Ansprüche an Rückmeldungen:

– Die Empfängerperson muß die Rückmeldung annehmen können. Wenn sie sich demontiert fühlt, wenn sie sich angegriffen fühlt, wenn sie die Kritik nicht gerechtfertigt findet, kann sie das Feedback nicht annehmen. Aber auch wenn ein Lob sichtlich nicht gerechtfertigt ist, ist es unangenehm: Wer für eine Kleinigkeit gelobt wird, erlebt, daß man ihm wenig zumutet; wer ein Routinekompliment kriegt, ist davon wenig beeindruckt oder gar verletzt.
– Die Empfängerperson muß aus Rückmeldungen lernen können. Wenn Rückmeldungen nur das betreffen, was nicht zu ändern ist, kann man daraus nicht lernen. Wenn alles gleichzeitig verkehrt ist, findet man sich schwerlich zurecht. Wenn man das Feedback nicht nachvollziehen kann, aber auch wenn es zu allgemein ist, kann man daraus keine vernünftigen Schlüsse ziehen und darum nicht lernen. Wenn andererseits nur Positives genannt wird in einer Art, daß man das Nichtgenannte als versteckte Kritik selber herausfinden muß, hat man oft wenig Klarheit (vgl. Arbeitszeugnis).

– Man muß durch Rückmeldungen ermutigt werden, sich zu verändern oder so zu bleiben, wie man ist. Wenn man glaubt, insgesamt auf dem guten Weg zu sein und wenn die kritische Rückmeldung einen konkreten Punkt nennt, den man noch verbessern kann, geht man gerne darauf ein. Wenn alles an einem verkehrt ist, mag man sich gar nicht erst aufraffen. Wenn man das Feedback nicht nachvollziehen kann, schlägt man es (innerlich) aus. Wenn man hinter dem Feedback Feindseligkeit oder Verachtung vermutet, regt sich in einem eher Abwendung oder Trotz.

11.3 Einige Grundregeln

Um mit diesen Ansprüchen zurecht zu kommen, könnten die folgenden ausgewählten Grundregeln hilfreich sein (vgl. auch Toelstede & Gamber, 1993).

11.3.1 Die sicherste Basis der Rückmeldung ist beobachtetes konkretes Verhalten

Wenn wir andere Menschen in Aktion wahrnehmen, sind wir meistens an ihren Einstellungen, Zielen und Emotionen interessiert, d.h. wir interpretieren das Gesehene oder Gehörte und machen uns ein ganzheitliches Bild (Heider, 1958; Hiebsch & Böttcher, 1986; Kelley & Michela, 1980; Nisbett & Borgida, 1975; Nisbett, Borgida, Crandall & Reed, 1976; Strack, 1988). Dieses Bild ist aber subjektiv; die beobachteten Personen könnten sich dadurch sehr unverstanden fühlen («Feedback ist nicht die ‹Wahrheit›»; Wieringa, 1981). Darum ist es ratsam, beim Feedback-Geben die natürliche Interpretationsneigung etwas zurückzuhalten und vor allem die folgenden *Unterstellungen* zu *vermeiden*:

– *Absichtsunterstellung*. Beispiel einer Mutter an die Jugendgruppenleiterin (ungünstig): «Sie haben zu sehr versucht, Ihre Gruppe auf Biegen und Brechen zur Volleyball-Siegerin zu machen», statt (günstiger) «Sie haben mit Ihrer Gruppe sehr häufig Volleyball gespielt und selten Unihockey und andere Spiele». Oder ein Gast zum Koch, zur Köchin (mit dem Nebenton, daß auch die Absicht nicht einmal erreicht wurde): «Sie haben sich wirklich Mühe gegeben für dieses Nachtessen.»
– *Haltungsunterstellung*. Beispiel: «Sie haben Mühe mit Kundinnen wie Frau Mayer»; besser wäre: «Sie waren sehr kurz in Ihrer Antwort auf die Frage der Kundin nach anderen abwaschbaren Tapeten».

- *Eigenschaftsattribuierung.* Beispiel: «Sie sind ein freundlicher Lehrer» (positiv, aber nicht optimal), besser wäre: «Daß Sie auf Maxens Frage näher eingegangen sind, hat ihn sichtlich gefreut».
  Oder über eine Seminararbeit: «Sie sind nicht sehr ordentlich» (ungünstig) statt «Das Literaturverzeichnis ist nicht einheitlich dargestellt» (o.k.).
- *Abstützen auf Gerüchte.* Beispiel: «Scheints sind Sie oft unpünktlich» statt: «Sie sind am Montag und am Donnerstag dieser Woche zu spät zur Arbeit gekommen».

11.3.2 Auch Verhaltensbeschreibungen sind nicht interpretationsfrei und darum weitgehend subjektiv

Wenn wir versuchen würden, ‹alles› zu sagen, was wir sahen und das möglichst exakt, wären wir unerträglich ausführlich (vgl. Beobachtungspraktikum im Psychologiestudium). Wir fassen darum zusammen, durchaus teilweise subjektiv. Aber selbst die Auswahl des Beobachteten und des Zurückgemeldeten ist in mehreren Beziehungen subjektiv:

- *Selektion.* Was wähle ich wirklich aus? Was ist wichtig und gewichtig? Was ist konkret genug und auch korrigierbar? Was lobe ich? Warum gerade das? Beispiele von ungünstigen Äußerungen des Leiters eines Forschungspraktikums: «Ihre Protokollführung ist nachlässig» (inhaltlich? formell? Maßstab? Wie sollte sie denn sein?).
  «Sie haben zu viele Versuchspersonen durch Nachlässigkeit verloren» (welche? welches Verhalten war denn ungünstig?).
- *Interpunktion.* Watzlawick, Beavin und Jackson (1967, dt. 1969) haben nachdrücklich auf das *Interpunktionsproblem* aufmerksam gemacht. Damit meinten sie, daß aus einer Interaktionssequenz immer ein Ausschnitt zur Beobachtung oder Kommentierung gewählt wird, daß dieser Ausschnitt willkürlich ist, uns aber hernach durch seine Struktur übermäßig beeindruckt. Wenn ich sage, daß eine Gruppenleiterin laut ins Gruppenzimmer schrie und die Kinder darauf ganz verängstigt reagierten und kein gutes Gesprächsklima aufkommen wollte, dann sehe ich nur die Gruppenleiterin als Übeltäterin. Wenn ich aber noch einbeziehe, was unmittelbar vorausging, nämlich daß Hans Wasserfarbe ins Aquarium schüttete, dann erhält plötzlich Hans die Schuld für den mißglückten Nachmittag. Was aber ging Hans' Verhalten voraus?
- *Interpretation.* Manchmal wollen wir auf Interpretationen durchaus nicht verzichten. Je mehr eine Äußerung aber interpretativ ist, desto mehr sollte ersichtlich sein, worauf sie abgestützt ist. Also z.B. lieber nicht:

«Die Kinder haben die Aufgabe nicht verstanden», sondern eher: «Aus den gegenseitigen Fragen der Kinder schließe ich, daß die Kinder die Aufgabe nicht sicher auf Anhieb verstanden haben.»

11.3.3 Meine Rückmeldung kommt von mir

Selbst wer beruflich legitimiert und verpflichtet ist, Rückmeldungen zu geben, gibt sie aus der eigenen Perspektive. Autorität macht nicht automatisch objektiv; allerdings gestattet und verpflichtet Autorität zu wesentlichen und klaren Aussagen, die mehr als irgendwelchen subjektiven Eindrücken entsprechen. Fachpersonen können ihre Rückmeldung auch mit Bezug auf mehr oder weniger anerkannte Prinzipien, eventuell wissenschaftliche Theorien, rechtfertigen.

Auch für die Rückmeldung gelten die fünf Referenzebenen (Kapitel 6): Ich teile etwas mit, stelle mich dar, habe ein Partnerbild, biete eine Beziehungsform an und will schließlich etwas erreichen. Es ist also aussichtslos, Rückmeldung zu geben und sich selbst verbergen zu wollen. Wenn wir das versuchen, entsteht die Frage nach der Ich-Botschaft, ein weites Feld für die Interpretation durch den Empfänger oder die Empfängerin der Rückmeldung. Beispiele:

- «Ich glaube, die Kinder haben die Aufgabe nicht wirklich verstanden» und nicht «Die Kinder haben die Aufgabe nicht verstanden», sofern nicht ein allgemein akzeptabler Beleg für das Nichtverstehen vorliegt.
- «Diesen Gaspacho mag ich sehr» (statt: «Das ist genau der richtige Gaspacho»).
- «Der Wechsel der Aktivitäten in Ihrer Spielgruppe hat mich überzeugt, vor allem weil Sie dadurch immer wieder die Aufmerksamkeit von Hans ansprechen konnten.»

Je nach Situation ist aber Vorsicht am Platz für persönliche Äußerungen. Die Mutter eines Kindes, ein Schüler, eine Praktikantin lernt ja nicht unseretwegen. Und mit der Rückmeldung sollten wir nicht unnötig extrinsische Motivation fördern. Diese ist u.U. nämlich weniger dauerhaft, macht abhängig von der extrinsischen Verstärkung und lenkt von der Sache teilweise ab (vgl. Amabile, DeJong & Lepper, 1976; Condry, 1977; Flammer, 1990b; Heckhausen, 1980; Lepper & Greene, 1975).

11.3.4 Die Feedback-Auswahl kann fair oder unfair sein

Wenn bei früherer Gelegenheit abgemacht worden ist, daß vor allem ein ganz bestimmtes Verhalten geübt, ein bestimmtes Ziel erreicht werden sollte, dann gehört es zur Fairneß der Rückmeldung, daß sie auch vor allem darauf konzentriert ist (vgl. Liebel, 1978). Das gilt insbesondere für Anfängerinnen und Anfänger in einem Ausbildungskurs.

11.3.5 An jeder Person und ihrem Verhalten gibt es positive und negative Aspekte

Wenn man nur erfährt, was nicht gut ist, hat man unmittelbar noch nichts Neues gelernt und auch nichts Altes gefestigt. Und: Nur Negatives zu erfahren, entmutigt.

11.3.6 Rückmeldungen sind persönlich und deshalb diskret auszuführen

Im Prinzip gibt man Rückmeldungen unter vier Augen. Wenn die Anlage so ist, daß eine ganze Gruppe oder eine Schulklasse davon zu lernen hat, mag man die Rückmeldung (halb-) öffentlich geben. Sehr persönliche Dinge wird man dennoch zu dieser Person allein sagen.

11.4 Ausgewählte Tips

Die folgenden Tips sind handlungsrelevante Schlußfolgerungen aus dem bisher Gesagten.

11.4.1 Für das Erteilen von Rückmeldungen

1. Wichtige Rückmeldungen sollte man nicht zwischen Tür und Angel geben. Eher ist mit der Ansprechperson ein bestimmter Zeitpunkt und ein bestimmter Ort auszumachen. Dann kann sich auch die Ansprechperson darauf einrichten. An dieser Sitzung sollte man dann aber nicht gleich noch allerlei anderes erledigen («was ich Dir auch schon lange mal sagen wollte...»).

2. Wenn die Rückmeldung ein punktuelles Ereignis oder eine genau bestimmte Zeitspanne betrifft, ist zu empfehlen, die Rückmeldungen jeweils möglichst bald nach dem zu besprechenden Ereignis zu geben.

3. Beschränken Sie Ihre Rückmeldung auf wenige ausgewählte Punkte.

4. Konzentrieren Sie sich auf solche Punkte, die weiteres Lernen ermöglichen (Neues versuchen, Altes verlassen, Gelungenes behalten).

5. Nennen Sie wenn immer möglich auch Positives (nur wenn vernünftig möglich!).

6. Beziehen Sie sich auf konkret Beobachtetes, nie auf Gerüchte.

7. Fragen Sie die Partnerperson allenfalls nach der Absicht, die hinter einem bestimmten Verhalten stand.

8. Lassen Sie erkennen, daß Sie aus Ihrer subjektiven Perspektive sprechen. Dennoch sollten Sie vorsichtig sein mit Äußerungen wie «hat mir gefallen», «hat mir Freude gemacht»; auch Schülerinnen und Schüler lernen letztlich nicht ihrer Lehrperson zuliebe (extrinsische Motivation).

9. Geben Sie der Ansprechperson Gelegenheit, sich zu den Kritikpunkten zu äußern. Äußern Sie sich aber zuerst zusammenhängend und geben Sie dann das Wort zur Stellungnahme.

10. Halten Sie eine klare Reihenfolge ein: Rückmeldung (Ansprechperson hört zu, redet nicht drein); Rück-Rückmeldung (durch die angesprochene Person, besonders in Form von Klärungsfragen – vgl. 11.4.2); evtl. Blick in Zukunft (Konsequenzen, Erwartungen, nächstes Gespräch).

11. Wählen Sie einen Ton, der zum Lernen und Experimentieren ermutigt: in der Sache klar, im Ton konziliant.

12. Vermeiden Sie Persönlichkeitscharakterisierungen.

13. Vermeiden Sie vor allem Persönlichkeits(ab)wertungen.

14. Seien Sie zwar selektiv, aber ehrlich.

15. Versichern Sie sich im Zweifelsfall, daß Sie richtig verstanden worden sind.

16. Es gibt Situationen, in denen sind Rückmeldungen schriftlich festzuhalten (Arbeitszeugnis, evtl. Karrierebesprechung, wiederholte disziplinarische Beanstandungen); solche Rückmeldungen sollten voraus wenn möglich auch noch mündlich besprochen werden.

17. Rückmeldungen sind im allgemeinen nicht öffentlich oder dann nur für einen genau beschriebenen Adressatenkreis bestimmt.

11.4.2 Für das Entgegennehmen von Rückmeldungen

1. Wenn Sie Rückmeldung erhalten, hören Sie in erster Linie zu.

2. Bevor Sie auf die Rückmeldung reagieren, vergewissern Sie sich, daß Sie richtig verstanden haben. Fragen Sie!

3. Bestreiten Sie Ihrer Partnerperson nicht ihre eigene subjektive Perspektive.

4. Wenn Sie aus Kritik oder Lob lernen wollen, können Sie die Expertise der Partnerperson evtl. noch weiter nutzen, indem Sie sie fragen, was sie vorschlage oder ob sie diese oder jene andere Lösung für gut resp. besser halten würde.

5. Die Verarbeitung der Rückmeldung muß nicht in der gleichen Sitzung abgeschlossen werden; machen Sie sich allenfalls Notizen.

6. Seien Sie zurückhaltend mit Rechtfertigungen. Begründen Sie allenfalls Ihr Verhalten, Ihre Pläne.

7. Sie müssen miteinander nicht in allen Punkten einig werden.

8. Was Sie als Angriff erleben, muß nicht als Angriff gedacht sein. Und wenn schon, dann können Sie vielleicht auch daraus lernen (vgl. Wieringa, 1981, 311).

12. Das Prüfungsgespräch

Prüfungen, insbesondere Abschlußprüfungen sind für die meisten Studierenden ebenso wie für die Lehrlinge sowohl ein lang ersehntes Ziel als auch eine gefürchtete Hürde. Wer die Hürde erfolgreich überspringt, befindet sich schlagartig in einer veränderten beruflichen und gesellschaftlichen Situation; wer strauchelt, muß die nahe geglaubte Realisierung seiner/ihrer Träume auf längere Zeit hinausschieben. Wen wundert's, daß Prüfungen aufregende Ereignisse sind.

Für die Prüfenden selbst sind Prüfungen eine anstrengende Berufspflicht, oft Mitfreude mit den Abschließenden, manchmal als Zeitverlust empfunden, auf jeden Fall eine Aufgabe von hoher Verantwortung.

Daß Prüfende ihre Arbeit meistens als besonders anstrengend empfinden, hat u.a. damit zu tun, daß die Durchführung einer Prüfung eine Doppelaufgabe ist. Einerseits muß man mit großer Objektivität und in kurzer Zeit zu einer gerechten Bewertung gelangen, und andererseits ist die Prüfung so zu gestalten, daß die geprüfte Person wirklich ihr Bestes geben kann.

Auch die geprüfte Person sieht sich vor zwei große Aufgaben gestellt, die allerdings gestaffelt erfüllt werden, nämlich sich zuerst den Prüfungsstoff gründlich anzueignen (Prüfungsvorbereitung) und dann das Gelernte im Prüfungsgespräch optimal zu verwerten. Daß das dann innert kurzer Zeit gelingen muß, erhöht bei vielen Prüflingen die Angst.

12.1 Prüfungsgespräche sind keine ‹normalen› Gespräche

Wenn wir Prüfungsgespräche nach den in diesem Buch entwickelten Kriterien analysieren, erkennen wir sie in vieler Hinsicht als untypisch.

Beispielsweise fragt da eine Person gar nicht explizit nach Dingen, die sie nicht weiß. Sie will ja nur wissen, ob die andere Person das auch weiß, fragt aber nicht, ob sie es auch weiß (was mit Ja oder Nein beantwortet werden könnte), sondern fragt, als ob sie selbst es nicht wüßte, reagiert dann aber auf die Antwort oft mit Kommentaren, aus denen hervorgeht, daß sie es doch besser weiß resp. von Anfang an besser wußte.

In Wirklichkeit weiß aber die befragte Person, daß es sich um ein Als-ob-Spiel handelt. Sie weiß auch, daß die fragende Person darauf aus ist, ihre Partnerdefinition (Kapitel 6.2.3) aufzubauen. Darum geht es der befragten Person auch darum, sich selbst möglichst gut darzustellen, was sie nach den speziellen Spielregeln am wirksamsten tut, wenn sie das Als-ob-Spiel gut spielt und die Frage mit Sachinformation so beantwortet, als ob es eine echte Frage gewesen wäre.

Natürlich kann sie die Selbstdarstellung – um die allein es ja geht – auch zur expliziten Botschaft machen. Sie tut das insbesondere entschuldigend, wenn sie die Prüfungsfrage nicht befriedigend beantworten kann. Von solcher expliziter Selbstdarstellung verträgt aber die fragende Person nicht viel. Darum bleiben beide beim Als-ob-Spiel und stören sich nicht an der Verletzung normaler Gesprächskonventionen, weil sie ja beide darum wissen resp. wissend die im Prüfungsgespräch üblichen speziellen Konventionen einhalten.

Dennoch gibt es Möglichkeiten, Examina ohne dieses Als-ob-Spiel durchzuführen, indem man als Prüfender wirklich nur echte Fragen stellt resp. die meisten Fragen ersetzt durch explizite Sprechhandlungen von der Art: «Ich möchte wissen, was Sie zu X wissen oder wie Sie mit dem Thema X umgehen» oder : «Können Sie mir sagen...» oder «Wie sehen Sie denn das und das?» oder «Was glauben Sie, warum...?» etc.

Nicht daß dadurch das Gespräch zu einem alltäglichen würde. Nach wie vor ist ein Examensgespräch extrem asymmetrisch, indem im wesentlichen nur eine und immer die gleiche Person fragen, bitten, dreinreden, lenken, Thema wechseln darf.

✗ Für Flammer fünftes Element neben 4 Botschaften S.v.Thun

216

12.2 Prüfungsangst

Gerade aus dieser Asymmetrie entsteht die vielbeklagte Prüfungsangst. Es gibt Examinierende, die die Meinung vertreten, auf solche Angst sei keine Rücksicht zu nehmen, da das Berufsleben immer wieder Bewährungsproben abverlange. Sicher, das Leben hält noch manche Prüfung bereit, und die konzentrierte Leistung im Examen erfordert nun mal volle Aufmerksamkeit, was natürlicherweise eine gewisse Aufregung mit sich bringt. Aber es gibt Angstfaktoren in der Prüfung, die in dieser Konzentration sowohl ungewöhnlich als auch mit Blick auf das Examensziel unerwünscht sind. Vor allem zwei Ängste verdienen nähere Beachtung.

Zunächst geht es in der Prüfung um die geprüfte Person selbst und ihre Zukunft. Auf dem Spiel stehen Selbstwert, persönliche Anerkennung, die Berufslaufbahn. Wer geprüft wird, muß oft gleichzeitig vor der Prüfperson, vor Freunden und Freundinnen, vor seinem oder ihrem Lebenspartner, vor den Eltern, vor dem allfälligen Arbeitgeber bestehen, denn der Ausgang der Prüfung wird nicht geheim bleiben.

Sodann ist das Gefühl, der Professorin oder dem Lehrer ausgeliefert zu sein, nie so groß wie in der Prüfung. Und dieses Gefühl täuscht nicht. Auch wenn sich die Prüfenden alle Mühe geben, sind viele unaufgedeckte Mißverständnisse und unglückliche Zufälle möglich; die Entscheidung bleibt bei der Prüfperson; ein Angstbonus in der Bewertung ist problematisch und meist nicht möglich, das weiß auch die geprüfte Person.

Angst in diesem Ausmaß ist nicht nur höchst unangenehm, sie beeinträchtigt die Leistungsfähigkeit gewaltig. Aus der psychologischen Forschung wissen wir, daß Angst rigide macht. Die Einfälle fließen deshalb viel langsamer. Angst engt auch das Präsenzgedächtnis ein: Ein Mensch im Angstzustand kann weniger Gesichtspunkte gleichzeitig berücksichtigen als ein Mensch im Normalzustand; dadurch wird anspruchsvolles Denken unmöglich. Angst hat auch die Tendenz, Bewußtsein dauernd mit gegenstandsfremden Ideen zu absorbieren, nämlich mit Gedanken über sich selbst, über sein mögliches Versagen, ja über den Angstzustand selbst. Ein Prüfling, der sich vor seiner eigenen Angst fürchtet, wird sie bestimmt kriegen und bald von ihr völlig ausgefüllt sein. Und dabei sollte er eine optimale Prüfung hinlegen!

Da nun einmal solche Ängste nicht einfach studentische Charakterschwächen sind, sondern in der höchst asymmetrischen Situation der Prüfung eine reale Basis haben, muß es sich die prüfende Person zu ihrer Aufgabe machen, wenigstens jene Angstfaktoren abzubauen, die in ihrer Macht liegen.

Einer davon ist die Unsicherheit über den zu lernenden Prüfungsstoff.[1] Andererseits tun auch Prüflinge gut daran, sich über ihre Ängste und ihre Angstanfälligkeit klar zu werden und Strategien zu deren Überwindung einzüben, notfalls spezielle Beratung aufzusuchen. Es gibt auch hilfreiche publizierte Anleitungen, z.B. von Wolf & Merkle (1995).

12.3 Prüfungsstoff

In mündlichen Prüfungen lassen sich Prüfende nicht gerne starre Stoffabgrenzungen auferlegen. Und je höher die Bildungsstufe ist, desto mehr befindet sich das relevante Wissen im Fluß der Fortschritts; da sind genaue Grenzen tatsächlich schwierig anzugeben. Aber verbindliche Abgrenzungen müssen dennoch sein, damit sich die Prüflinge mit einiger Verläßlichkeit entsprechend den Anforderungen vorbereiten können. Wie lassen sich die Vorstellungen der Prüfpersonen über den Prüfungsstoff den zu Prüfenden mitteilen? Ich exemplifiziere am Beispiel der Abschlußprüfungen an der Universität.

Der Stoffumfang kann als Grobformulierung in Form von Bücherlisten, Kapitelnennungen oder detaillierten Inhaltsverzeichnissen mitgeteilt werden. Ich sehe an geisteswissenschaftlichen Fakultäten die Form sich weiterum bewähren, daß die Studierenden selbst für die Abschlußprüfung der Prüfperson frühzeitig und anhand eines vorgegebenen Rahmens eine persönliche Zusammenstellung mit Quellen zur Genehmigung unterbreiten.

Damit ist aber die Menge der möglichen Examensfragen noch lange nicht als endliche und eindeutig formuliert. Das können aber die Prüfenden in dieser Weise in den meisten Fällen nicht (vgl. 12.4). Dazu kommt das Problem, *wie* denn der Prüfungsstoff beherrscht werden soll. Wird auswendiges Hersagen erwartet oder konstruktives Kombinieren oder metawissenschaftliches Hinterfragen etc.? Für die Feinkommunikation nicht nur des Stoffes, sondern auch der erforderlichen Art des Umgangs damit führt meines Erachtens kein Weg am gemeinsamen Seminar oder an der gemeinsamen Übung, an der gemeinsamen Arbeitserfahrung vorbei, es sei denn, es werde nur Gedächtnisstoff geprüft – aber dann empfehle ich die schriftliche Prüfung. Auch wegen dieser Feinkommunikation meine ich, daß außer in Notfällen wie krankheitsbedingter Aushilfe niemand prüfen sollte, bei dem oder der die zu prü-

---

1 Prüfungsangst beeinträchtigt manche Prüflinge derart stark, in der Prüfung und in den Wochen vor der Prüfung, daß sie sich nicht scheuen sollten, professionelle Hilfe der psychologischen Studienberatung entgegenzunehmen. Hilfreiche Anleitung kann in gewissen Fällen auch aus spezieller Literatur gewonnen werden, z.B. aus Gourmelon, Mayer und Mayer (1992), Kossak (1992) oder Weiss (1989).

fende Person nicht wenigstens ein mündliches Seminar, eine Übung oder dergleichen besucht hat. Im Fachgespräch mit den Prüfenden erfahren die Prüflinge am besten die Feinheiten, die in den Zielvorstellungen der Prüfenden enthalten sind.

Es versteht sich von selbst, daß die persönliche Bekanntheit zwischen Prüfenden und Geprüften nicht nur die Absprache über den Prüfungsstoff leichter macht, sondern überhaupt das Risiko von Mißverständnissen und Blockierungen in der Prüfung reduziert. Klare Absprachen können auch die manchmal schwer beeinträchtigende Angst und unkontrollierte Versagensphantasien in den Wochen vor der Prüfung reduzieren (Spandl, 1971).

12.4   Prüfung als Stichprobe

Meistens ist der Prüfungsstoff um Potenzen größer als die Auswahl, die in der einzelnen Prüfung wirklich besprochen werden kann. Viele Geprüfte haben nach der Prüfung das Gefühl, sie hätten eigentlich gar nicht so viel lernen müssen. Mag sein; die Prüflinge tun aber gut daran, sich bereits vor der Prüfung klar zu werden, daß die gestellten Prüfungsfragen nur eine Stichprobe darstellen und daß nur weniges drankommen kann. Es läßt sich eben normalerweise nicht vorhersagen, welche Auswahl die prüfende Person treffen wird.

Natürlich kann man mit dieser Stichprobenauswahl Glück und Pech haben. Ich habe als Prüfender gute Erfahrung damit gemacht, in jeder Prüfung drei möglichst unterschiedliche Themen für je ein Drittel der Zeit anzusprechen, und diesen Themenwechsel auch dann zu vollziehen, wenn das Gespräch sich auf einer noch so ‹ergiebigen Spur› befindet. Dieses Verfahren erhöht die Verläßlichkeit, die sog. Reliabilität, der Prüfung.

Allerdings läßt sich dieses Verfahren schlecht durchführen, wenn die Prüfung sehr kurz ist. Aber ich sehe sowieso keine Möglichkeit, eine anspruchsvolle mündliche Prüfung verläßlich innert 15 oder 20 Minuten durchzuführen; eine halbe Stunde betrachte ich als Standard und für akademische Abschlußprüfungen als Minimum. Kurzprüfungen sind nur als Teilprüfungen zu rechtfertigen und sind in jedem Fall besonders angsterzeugend. Wenn der Zeitaufwand für die Prüfenden sonst zu groß wird, sollte vielleicht die Lösung versucht werden, der Kandidatin oder dem Kandidaten bereits eine Viertelstunde voraus die Hauptfragen schriftlich abzugeben.

Auch über solche Verfahrensaspekte, besonders über die allfällige Dreiteilung der Prüfung, empfehle ich, die Prüflinge im voraus zu informieren. Das wirkt bereits während der Vorbereitungszeit entlastend: Die Angst, genau in jenem *einen* Thema nicht gut vorbereitet zu sein, ist dann nicht mehr gerechtfertigt.

12.5 Prüfungseinleitung

Ob dem eigentlichen Prüfungsgespräch etwas small talk vorausgehen soll oder nicht, hängt von der Prüferpersönlichkeit und auch vom Bekanntheitsgrad der beiden ab. Bestimmt aber gehört small talk nicht notwendigerweise zu einer guten Prüfung.

Jeder Prüfende sollte in seinem eigenen Stil eine Atmosphäre der Freundlichkeit und der Ruhe herstellen. Die Kandidatin oder der Kandidat bringt noch genug Spannung mit. In einem Protokoll aus Interviews mit Examenskandidaten[1] ist zu lesen:

Die erste Viertelstunde habe ich praktisch kein Wort herausgebracht. Das war schlimm. Nachher lief es dann. Ich weiß noch, D. saß ganz entspannt da, schlug die Beine übereinander und guckte mich schaurig freundlich an. Der wurde überhaupt nicht nervös oder sauer.

In einem andern Interview hieß es aber:

Ich hatte mich gut vorbereitet. Der machte eine unpersönliche Atmosphäre, las die erste Frage vom Blatt ab. Da ging mir sofort der Laden runter, ich konnte kaum folgen... Ich konnte auf die erste Frage nicht antworten. Dann las er die zweite vor, da wurde es noch schlimmer. Irgendwann bin ich vom Stuhl hochgesprungen und war in Richtung Tür... Daraufhin bot er mir an, fünf Minuten zu warten. Mir war sterbenselend, aber es ist dann doch irgendwie gegangen.»[2]

Der Einstieg in eine Prüfung soll nicht anspruchsvoll sein; es soll erst überhaupt mal ein Gespräch zustande kommen. Während der Prüfer oder die Prüferin meist vertraut ist mit der ganzen Prüfungssituation, sind der zu prüfenden Person ja oft Situationen, Raum und Beisitzer unbekannt. Sie muß sich aber darin zurechtfinden. Entscheidend ist häufig, daß sie sich erst selbst mal in diesem Raum und in dieser Situation sprechend erfahren sowie spüren kann, ‹daß es geht›.

Ich empfehle, als erste Frage oder Aufgabe nicht nur eine einfache, sondern auch eine ziemlich offene zu stellen. Und im Vorgespräch – Wochen vor der Prüfung – empfehle ich den Prüflingen, sich dann diese erste Frage zunächst kurz durch den Kopf gehen zu lassen, sie dann als Einladung zum Einstieg anzunehmen und in jene Richtung zu beantworten, in der sie sich am sichersten fühlen. Entsprechend ist Prüfenden zu empfehlen, Prüflinge am Anfang nicht gleich zu unterbrechen; die relativ offene Frage soll der Prüf-

---

1   von Frau Dr. Margarethe Vollrath vom Psychologischen Institut der Universität Zürich freundlicherweise zur Verfügung gestellt.

2   Weitere interessante Interviews finden sich in Adl-Amini (1983).

ling nutzen, der Prüfperson erst mal zu zeigen, wie er mit diesem Ausschnitt aus dem Fach umgeht. Erst nach Minuten lade ich als Prüfender durch Nachfragen zur Einengung der Frage und zur Präzisierung oder zur Anhebung des Niveaus ein. Wenn die geprüfte Person einen Moment nachdenkt, sollten wir Prüfenden das Schweigen aushalten und nicht gleich die Frage präzisieren oder verändern, sonst kommt der sorgfältige und etwas langsame Kandidat gar nicht mit.

So sehr es einem Prüfling unbenommen oder gar empfohlen sein soll, eine offene Frage in Richtung seiner Stärken zu interpretieren und zu beantworten, so wenig darf jedoch der oder die Prüfende nach erfolgter Einleitung das Umgehen präziser Fragen oder das Ausweichen auf Nebensächlichkeiten akzeptieren. Auch darauf zu achten, gehört eben zur Doppelaufgabe des Prüfers und der Prüferin. Mißverständnisse sind immer möglich; darum ist manche Frage in Ruhe nochmals oder in neuer Formulierung zu stellen. Erneuter Mißerfolg soll (vernehmlich) registriert werden; hernach ist zum gleichen Punkt nicht mehr zu insistieren.

Das ist gar nicht immer leicht. Es ist für den Kandidaten und die Kandidatin durchaus legitim, mit einem Wortschwall oder wilden Assoziationen den Prüfer zu beeindrucken; aber es ist des Prüfers Aufgabe, jene Stichproben an Wissen und Können zu verlangen, die zu prüfen er entschieden hat. Und wenn eine Kandidatin durch gezielte Auslassung aller Sprechpausen zwischen den Sätzen den Professor ausschaltet, dann sollten die guten Kommunikationsgewohnheiten ihn nicht daran hindern, ihr auch mal ins Wort zu fallen. Kämpfen Sie als Prüfperson nicht ums Wort, sondern nehmen Sie es sich einfach, in aller Ruhe.

12.6 Blockaden

Die bisher genannten Maßnahmen garantieren natürlich nicht, daß das Prüfungsgespräch nicht doch einmal ins Stocken gerät oder erst gar nicht zustande kommt. Ist ein Kandidat oder eine Kandidatin sichtlich höchst aufgeregt, dann sollte der Prüfer wie irgend ein spontaner Mitmensch direkt darüber sprechen, etwa so: «Ich sehe, Sie sind aufgeregt; ich lasse Ihnen Zeit...» Oder: «Wie fühlen Sie sich denn?» Oder: «Ich kann mir vorstellen, daß Sie aufgeregt sind; damit wir ins Gespräch kommen, möchte ich Sie bitten, das erste Examensthema selbst vorzuschlagen. Wählen Sie ein einfaches.»

Die Schwierigkeiten können aber auch fachlich sein und auf Vorbereitungslücken basieren. Wenn eine Kandidatin oder ein Kandidat irgendwo wirklich nicht weiter kommt, auch nach wiederholtem Anlauf nicht, ist die Aufgabe des Prüfers in den meisten Fällen einfach: Registrieren und ein anderes Thema wählen. Dabei sollte dieses Registrieren zwar durchaus vernehmlich, aber doch nicht penetrant sein, etwa so: «Ich glaube, da kommen wir nicht weit; ich schlage ein anderes Thema vor». Das möchte ich auch dem Prüfling zubilligen, ja vorschlagen. Das gibt zwar einen Bewertungsabzug, eröffnet aber die Chance, in anderen Bereichen Stärken zu zeigen. Sollte der Beisitzer ein offensichtliches Mißverständnis feststellen, sollte es ihm kollegial unbenommen sein, die prüfende Person darauf aufmerksam zu machen oder seinerseits eine Neuformulierung der Frage zu versuchen.

12.7   Prüfungszeit ist kostbar

Obwohl der zu prüfenden Person alle Zeit gelassen werden sollte, die sie zur Entfaltung ihres Könnens braucht, ist von den Examinierenden zu fordern, daß sie selbst keine Zeit vergeuden – wieder eine Doppelaufgabe. Erstaunlich häufig kommt es z.B. vor, daß ein Prüfling gerade einfache Dinge nicht weiß oder vermeintlich nicht weiß. Von einem gewissen Zeitpunkt an ist weiteres Warten weder gesprächspsychologisch günstig noch diagnostisch ergiebig. Ich erinnere mich an eine solche Situation, die ich als Beisitzer beobachtet habe. Mein nachträgliches Gespräch mit dem Prüfenden ergab, daß ihn eine längere Stockung sehr geärgert hatte, weil er auf dem leider fehlenden Wissen die ganze weitere Prüfung hatte aufbauen wollen; «dabei war es eine so leichte Frage». Für den Prüfling sind solche Warteszenen nicht weniger ärgerlich, vor allem wenn er später merkt, daß er eine viel anspruchsvollere Antwort gesucht hat, als sie der Prüfer erwartet hatte. In solchen Fällen ist dem Prüfenden zu raten, das Fehlende selbst zu liefern und mit der Prüfung voranzugehen.

Selbstverständlich lernen Kandidatinnen und Kandidaten nicht den Prüfenden zulieb; und doch fällt es den Prüfenden manchmal schwer, sich über ungenügende Leistungen nicht zu ärgern oder sich gar persönlich beleidigt zu fühlen. In einem anderen Interview von Dr. M. Vollrath mit einer Studentin steht zu lesen:

In der nächsten Prüfung legte mir der Prüfer einen Text vor und sagte: ‹Den kennen Sie sicher!› Ich kannte ihn nicht! Las ihn vor, so gut ich konnte, und je mehr er mir signalisierte, daß ich das eigentlich kennen müßte, desto mehr hat es mir abgestellt.

Wenn einem Kandidaten oder einer Kandidatin ein Thema – trotz aller Vorgespräche – in der Vorbereitung entgangen ist oder wenn er resp. sie ‹spekuliert› hat (Spekulieren ist ein Prüflingsrecht, wenn auch ein riskantes), dann empfehle ich ihm oder ihr, das dem Examinator während der Prüfung zu signalisieren und um ein neues Thema zu bitten. Ein solcher Ausfall ist durch den Prüfenden oder die Prüfende in Ruhe zu akzeptieren und zu verrechnen, als Teilnote oder wie auch immer. Wir sollten nämlich versuchen, den Funktionsunterschied zwischen Unterricht und Prüfung einzuhalten. Prüfende geraten immer wieder in die Versuchung, in der Prüfung nichts Falsches unkorrigiert zu lassen, nichts Wichtiges, das nicht gewußt wird, wenigstens jetzt noch zu klären oder gar zu dozieren. Das bringt in Wirklichkeit nichts, irritiert den Kandidaten, verbraucht wichtige Prüfungszeit und strengt den Prüfenden ungeheuer an. Insbesondere haben ein dozierender Prüfer oder eine dozierende Prüferin hernach kaum die hinreichende Information, eine ungenügende Prüfung auch mal als solche zu taxieren.

12.8   Evaluation

Prüfungen werden zum Zweck der Bewertung des erreichten Lernstands durchgeführt. Die Gesamtnote mag eine Berechnung aus Teilnoten darstellen, die Teile aber sind weitgehend informell zu beurteilen, wenn sie umfassend und auf allen Ebenen in so kurzer Zeit beurteilt werden müssen.

Wo es geht, sollte der Prüfling nach der Beratungspause die Note erfahren. Soll der Prüfer auch während der Prüfung dauernd evaluative Hinweise geben? Ich meine nicht, aber es gibt doch wichtige Ausnahmen. Eine Ausnahme ist die genannte: Wenn die Prüferin oder der Prüfer zur Wahrung weiterer Chancen des Prüflings die Peinlichkeit aussichtslosen Schweigens oder umständlichen Stotterns oder gesprächigen Nichtssagens vermeidet und das Thema wechselt, dann sollte auch der Prüfling das registrieren können, ohne Pathos und ohne großen Zeitaufwand. Ich meine nämlich, daß es einer geprüften Person nicht passieren sollte, daß sie in der Prüfung das sorglose Gefühl hat, gut dran zu sein, und hernach erfährt, daß sie bei weitem ungenügend war. Darum auch unterbreche ich als Examinator gesprächige Nichtssager und präzisiere ich ihnen gegenüber meine Anforderungen. Eine Ausnahme ins Gegenteil ist angezeigt, wenn ein Kandidat oder eine Kandidatin sichtlich zu wenig an sich selbst glaubt und sich aus zu großer Angst nicht entfalten kann. Dann kann eine positive Zwischenbewertung, sofern sie sachlich gerechtfertigt ist, wertvolle Hilfe geben.

12.9   Zusammenfassende Empfehlungen für Prüfende

Eine gewisse Prüfungsaufregung ist normal; Prüfungsangst aber beeinflußt die Prüfung und macht sie für alle Beteiligten unangenehm. Deshalb empfehle ich den Prüfenden:

– Prüfungsstoff im voraus genau vereinbaren
– Sich im Seminar, in der Übung kennenlernen
– Mehrere und verschiedene Themen in einer Prüfung ansprechen
– Freundliche und ruhige Atmosphäre schaffen
– Schwere Angst ansprechen
– Einstiegsfrage leicht und offen halten
– Zum Antworten Zeit lassen
– Umgehung der Aufgabe nicht zulassen
– Bei aussichtslosen Aufgaben Thema wechseln
– Prüfen, nicht Unterricht nachholen
– Mindestdauer für eine Abschlußprüfung: 30 Minuten

12.10   Zusammenfassende Empfehlungen für Prüflinge

In der Prüfung und in der Vorbereitung dazu will man ja wirklich das Beste. Das garantiert noch nicht, daß man sich optimal einstellt und verhält. Darum noch einmal zusammengefaßt einige Empfehlungen:

– Bemühen Sie sich um eine klare Beschreibung des Prüfungsstoffs.
– Der Prüfungsstoff darf und soll eingegrenzt sein; nehmen Sie sich nicht vor, zur Sicherheit «alles» zu lernen, das schaffen Sie doch nicht.
– Sorgen Sie dafür, daß Sie die prüfende Person persönlich kennen; besuchen Sie ihren Unterricht, ihr Seminar.
– Überlegen und entscheiden Sie für die Vorbereitung eine Zeiteinteilung, und halten Sie sich daran. Machen Sie Wochen- und evtl. Tagespläne, nehmen Sie sich bestimmte, nicht zu lange Arbeitszeiten mit Pausen sowie Ruhezeiten vor.
– Unterscheiden Sie Zeiten für das Neulernen und für das Repetieren. In den letzten Tagen sollten Sie kaum noch Neues dazulernen, schon gar nicht kurz vor der Prüfung.
– Aufregung und gelegentliche Angst vor der Prüfung ist normal, aber nicht obligatorisch. Es gibt Prüflinge, die finden sich nur dann richtig vorbereitet, wenn sie durch Panikphasen und schlaflose Nächte gegangen sind. Solche Erwartungen an einen selbst sind irrational.

- Arbeiten Sie an ihrer Vorbereitung nicht bis zur letzten Stunde vor der Prüfung. Gönnen Sie sich am letzten Tag vor der Prüfung etwas körperliche Erholung in Form eines Spazierganges oder einer Wanderung oder indem Sie etwas musizieren oder Musik hören. Nehmen Sie Abstand von den Tausend Details, die Sie gelernt haben, und bemühen sich um Übersicht und große Einteilungen des Stoffs.
- Vergegenwärtigen Sie sich die wahrscheinliche Prüfungssituation vor, stellen Sie sich eine mögliche, etwas allgemeine Frage und geben Sie darauf für sich selbst eine gut überlegte Antwort im Zeitlupentempo, nämlich ganz konzentriert, präzis und ohne Hast.
- In der Prüfung selbst dürfen Sie sich Zeit lassen. Ruhige und langsame Antworten machen einen guten Eindruck. Wenn die prüfende Person möglichst viel ‹durchbringen› will, muß sie selbst dafür besorgt sein; es ist nicht an Ihnen, zu pressieren.
- Antworten Sie auf alle Fragen wesentlich und zentral. Die Strategie, zuerst Kleinigkeiten und alle Wenn und Aber zu bereinigen, um nachher zum Wesentlichen zu kommen, lohnt sich meistens nicht, weil vorher schon wieder neue Fragen kommen können.
- Wenn die Frage weit ist, ziehen Sie in der Antwort Themen an, die Sie gut kennen; möglicherweise fragt die prüfende Person dazu weiter.
- Wenn Ihre Angst Sie überschwemmt und blockiert, dürfen Sie es sagen.
- Wenn Sie meinen, eine Frage würde nicht in den abgesprochenen Stoff passen, sagen Sie, daß Sie sich mit diesem Thema für die Prüfung nicht beschäftigt haben.
- Wenn Sie eine wichtige Frage nicht beantworten konnten, grämen Sie sich nicht; die Bilanz erfolgt erst am Schluß. Denken Sie an Eishockey-Mannschaften, die bei für sie ungünstigem Torverhältnis bis zum Schluß kämpfen; es können immer noch Tore fallen.

13. Das Bewerbungsgespräch

Wenn Sie zu einem Bewerbungsgespräch eingeladen sind, sind Sie wahrscheinlich etwas aufgeregt. Zwar bedeutet diese Einladung bereits einen ersten Erfolg: Immerhin ist Ihre Bewertung aus einer wahrscheinlich größeren Menge in die engere Auswahl gelangt. So sehr das Ihrem eigenen Selbstwertgefühl gut tun mag, so wenig ist damit die angestrebte Stelle schon zugesagt. Zuvor müssen Sie sich nun ganz persönlich zeigen und bewähren! Es ist natürlich, daß viele dann Angst haben oder zumindest aufgeregt sind. Viele fragen sich ausgesprochen: Werde ich gefallen? Wird mir das richtige Wort im richtigen Moment einfallen? Ist die ausgeschriebene Stelle auch wirklich attraktiv oder vielleicht doch eine Position, auf der schon manche ‹verheizt› worden sind oder auf der sich schon manche langweilten oder über den Chef oder die kollegiale Umgebung geärgert haben?

13.1 Die Vorbereitung

Um grobe und dumme Fehler zu vermeiden, lohnt es sich, sich voraus einige Dinge klarzumachen.

13.1.1 Die Sitzungsabsprache

Wenn Sie telefonisch eingeladen werden oder wenn sonstwelche Interaktion mit der einladenden Stelle stattfindet, dürfen Sie fragen, (1) wer an diesem Gespräch teilnehmen wird, (2) ob Sie den Arbeitsplatz sehen (und evtl. Arbeitskolleginnen oder -kollegen antreffen) werden und vielleicht auch, (3) bis wann das Gespräch oder die Begegnung etwa dauern werde. Wer auch noch anderes zu tun hat, als sehnlichst darauf zu warten, den Firmenvertreter sprechen zu dürfen, darf zu verstehen geben, daß er oder sie jenen betreffenden Tag wie die anderen planen will. Natürlich ist die Information über die Besprechungsdauer auch wichtig für die Einstellung darauf, was etwa zur Sprache kommen kann und Platz findet.

13.1.2 Die mentale Vorbereitung

Es ist hilfreich, sich voraus die wahrscheinlichen Fragen der einladenden Person auszudenken und sich die möglichen Antworten darauf zurechtzulegen. Auf manche Frage lassen sich ja viele Dinge sagen, aber es ist eher verwirrlich für den oder die Adressaten/in, wenn Sie dann ad hoc ein ganzes Dutzend Aspekte zusammenkramen. Wenn Sie z.B. gefragt werden, warum Sie sich für diese Stelle interessieren, sagen Sie am besten direkt, was den Ausschlag für die Bewerbung gab, vielleicht noch einen zweiten und allenfalls einen dritten Grund. Sie können aber z.B. darauf verzichten, frühe Kindheitserfahrungen, eingebettet in familiale Spezifitäten und die besonderen Umstände (z.B. Ferien im Macciatal) des Langen und Breiten zu schildern, nur um glaubhaft zu machen, daß Sie die Stelle eines Fahrzeugdisponenten bei einer Kieshandlung im Tessin interessiert. Oder: Fachpsychologinnen und -psychologen brauchen nicht zu betonen, daß sie an Kindern und an sozialen Beziehungen schon immer Interesse hatten.

Natürlich gibt es oft auch mehr oder weniger heikle Fragen: Warum wollen Sie die aktuelle Stelle verlassen? Warum sind Sie seit sechs Monaten arbeitslos? Sind Sie vorbestraft? Warum haben Sie keinen Führerausweis? Warum haben Sie Ihre Matura erst mit 24 Jahren erreicht? Ich will unten auf einige dieser heiklen Punkte eingehen; hier ist wichtig zu betonen, daß man sich die Antwort darauf schon vorher zurechtlegen kann. Dabei ist es wichtig, daß man in relevanten Dingen nichts vormacht und auf berechtigte Fragen nicht lügt. Das würde irgendwann doch bekannt, und in schwerwiegenden Fällen kann man dafür sogar belangt werden. Auf jeden Fall gäbe es bald Ärger. Also: Wenn man kaum Englisch kann, soll man nicht einfach behaupten, man könne Englisch, nur weil man z.B. schon zweimal in England den Urlaub verbrachte. Aber man darf sagen, daß man einstweilen erst englische Grundkenntnisse habe, aber entschlossen wäre, einen Englisch-Abend-kurs für Fortgeschrittene zu belegen.

Zur mentalen Vorbereitung gehören auch die Fragen, die Sie als Stellensuchende(r) klären möchten. Es kann durchaus sinnvoll sein, diese Punkte aufzuschreiben und allenfalls die schriftliche Liste im Verlauf des Gesprächs zu konsultieren. Keine Angst, daß Sie damit Ängstlichkeit oder Gedächtnisschwäche demonstrieren; viel eher wirkt das als Gewissenhaftigkeit und als wirkliches Interesse an der Sache. Man darf auch nach dem Lohn fragen, ohne geldgierig zu wirken, oder nach dem Arbeitsplatz, danach, ob man in einem Nichtraucherbüro sitzen würde, wie flexibel die Arbeitszeiten zu gestalten seien, wie es mit Überzeiten und saisonalen Schwankungen des Arbeitsanfalls stehe, wie sehr und wie der Betrieb informatisiert sei, wie groß der Frauenanteil der Belegschaft sei, wie groß etwa die Personalrotation in der Firma sei, warum die Vorgängerin die Stelle verließ, ob der gleichzeitige Besuch einer Abendschule willkommen wäre oder stören würde etc.

Diese Vorausüberlegungen können auch etwas von Ihrer Angst wegnehmen. Sie müssen ja in der Tat nicht froh sein, *irgend eine* Stelle zu kriegen. Sie möchten sicher sein, daß Ihnen die Stelle gefallen wird und daß Sie Ihre Arbeitskraft und den nächsten Lebensabschnitt nicht leichtsinnig vergeben. Also: Die Situation ist zwar asymmetrisch: Sie suchen Arbeit, der Gesprächspartner hat Arbeit zu vergeben; aber in mancher Beziehung ist die Situation symmetrisch: Sie wollen beide ein befriedigendes Anstellungsverhältnis.

Wenn Sie einen guten Freund oder eine gute Freundin haben, ist es wahrscheinlich hilfreich, Ihre Vermutungen, Ihre typischen Antworten und auch Ihre eigenen Fragen mit dieser Person voraus zu besprechen. Wenn Sie für einander viel Verständnis haben, könnten Sie sogar zusammen ein Rollenspiel durchführen. Spielen Sie dabei mehrere Versionen durch und spielen Sie selbst nicht nur die Besucherrolle, sondern auch die Rolle der einladenden Person, damit Sie sehen, worauf es dieser Person ankommen könnte.

13.1.3 Kleidung und Aufmachung

Durch seine Kleider stellt man sich auch dann dar, wenn man wenig Wert auf Kleider legt. Und selbst wenn die empfangende Person nicht besonders auf Kleider achtet, beeinflussen Ihre Kleider den Eindruck doch, insbesondere dann, wenn sie nicht passend sind.

Im allgemeinen stellt man sich während der Arbeitszeit und in Arbeitsräumen vor. Dann sind also festliche Kleider nicht angemessen, auch wenn man versucht ist, der empfangenden Person dadurch Respekt zu erweisen. Ich empfehle, solche Kleider zu tragen, wie Sie sie künftig auch zur Arbeit tragen würden, vielleicht um eine winzige Nüance ausgesuchter.[1] Analoges gilt für Schmuck, Parfum und Schminke. Wenn Sie normalerweise lackierte Fingernägel tragen, dann natürlich auch bei der Vorstellung. Als Faustregel kann gelten: Die neue Chefin oder der neue Chef soll sich ein Bild davon machen können, wie Sie im Anstellungsfall erscheinen möchten. Keine Mogelpackung!

13.2   Das Vorstellungsgespräch selbst

13.2.1   Ankunft und Anmeldung

Pünktlich und nicht außer Atem anzukommen, liegt auch in Ihrem Interesse, sonst können Sie das Gespräch ja nicht ruhig und gefaßt führen. Sich zwei oder drei Minuten vor dem exakten Termin bei der Anmeldung oder im Sekretariat zu melden, ist o.k., länger voraus sollte es nicht sein. Sie können nicht durch Eifer imponieren, indem Sie schon eine Viertelstunde zu früh an die Türe des einladenden Chefs klopfen. Auch wenn eine Freundin oder ein Freund Sie begleitet und moralisch unterstützt, soll er oder sie außerhalb des Gebäudes bleiben oder jedenfalls nicht bis zur Anmeldung kommen.[2]

13.2.2   Jetzt gilt's

Freundlich, nicht beflißen und unterwürfig; so ruhig es eben geht, aber auch nicht mit gespielter Nonchalance; aufmerksam und bereit zu reagieren, aber nicht gesprächig und selbst Small-talk initiierend. Zunächst hat bestimmt die einladende Person das Wort; sie wird jetzt Fragen stellen, die Firma erklären, den Arbeitsplatz schildern, Ansprüche und Anforderungen wiederholen oder präzisieren. Sie selbst antworten, wo nötig, nicht langfädig. Dennoch: Jeder Gedanke, den Sie mitteilen wollen, hat das Recht auf sein Stücklein gesprochene Sprache, d.h. Sie müssen nicht eilen, Sie brauchen auch ihre Worte nicht bescheiden zu hauchen. Nach einer Weile, wenn es gerade paßt, und gegen Ende immer ausdrücklicher, übernehmen Sie die Initiative

---

1   Natürlich stellt sich ein Chemiker nicht im Labormantel vor, sondern in den Kleidern, in denen er zur Arbeit käme.

2   Für ganz praktische Ratgeberliteratur über zu Fragen wie Titelverwendung in der Anrede, übers Warten im Vorzimmer etc. vgl. z.B. Coelius (1995) oder Manekeller und Schoenwald (1988).

und stellen noch alle Ihre Fragen, die bisher offen geblieben sind. Und wenn Sie glauben, alle gestellt zu haben, dürfen Sie Ihren Notizzettel konsultieren und sagen, daß Sie sehen möchten, ob Sie alles Ihnen Wichtige geklärt hätten.

Schauen Sie der Gesprächspartnerin oder dem Gesprächspartner in die Augen. Schüchternheit ist nicht gefragt. Und schließlich wollen auch Sie einen Eindruck über die Gesprächspartnerin oder den Gesprächspartner erhalten.

So wie Sie Ihre Fragen auf einem Blatt Papier vorbereitet haben mögen, so kann es sinnvoll sein, sich zu den Antworten, die Sie erhalten, Notizen zu machen.

Und nun zu einigen heiklen Punkten.

13.2.2.1 *Immer die Wahrheit und die ganze Wahrheit sagen?*

Auf Fragen, die für die besprochene Stelle sichtlich relevant sind, ist nur die Wahrheit angebracht. Wenn Sie als Gärtnerbewerber nach allfälligen Rückenproblemen gefragt werden, dürfen Sie sie nicht verschweigen, wenn Sie welche haben. Wenn Sie als Reiseleiterbewerberin für den Bereich Ferner Osten nach der Vertrautheit mit Japan gefragt werden, dürfen Sie sie nicht einfach behaupten, wenn Sie nur einmal für drei Tage in Tokyo weilten. Wenn Sie als Anwärterin auf eine psychologische Forschungsstelle gefragt werden, ob Sie mit LISREL Erfahrung haben, sollten Sie nicht im mutigen Vertrauen, es bis zum Stellenantritt noch rasch zu lernen, ja sagen; aber Sie dürfen sagen, daß Sie sich zutrauen, dieses Manko in kurzer Zeit wettzumachen.

Es gibt aber Fragen resp. Antworten, die für die ausgeschriebene Stelle gar nicht relevant sind. Wenn man gefragt wird, ob man gesund sei oder sich gesund fühle, braucht man nicht eine lange, aber alte und überstandene Krankheitsgeschichte zu erzählen. Wenn man gefragt wird, ob man in der Stadt wohne, ist es nicht nötig zu sagen, daß einem gerade die Wohnung gekündigt wurde (sofern man entschlossen ist, eine neue zu suchen). Man muß auch dann nicht die ganze Wahrheit sagen, wenn man gerade jetzt in einer Notschlafstelle untergebracht ist (weil man ohne Stelle und wegen speziellen privaten Gründen aktuell eben nicht genug Geld für eine eigene Wohnung hat).

Auf gewisse Fragen, z.B. nach religiöser Überzeugung oder Gewerkschaftszugehörigkeit, richtig zu antworten, dispensiert sogar das Gesetz (mehr dazu in Böhm & Justen, 1984; oder Coelius, 1995). In Zeiten des Arbeitsplatzmangels ist es allerdings für Stellensuchende schwierig, immer souverän zu bleiben (Lepschy, 1995, 98-127). Wer z.B. eine Journalistin familiär an einen Arbeitsort gebunden ist ein Arbeitsangebot nur bei einer Zeitung findet, deren politische Ausrichtung mit der ihren nicht übereinstimmt, muß für sich und im Gespräch mit dem Stellenanbieter diesen Konflikt und den möglichen Umgang damit offenlegen. Die Verpflichtung, seine Arbeitszeiten nach dem Arbeitsanfall auszurichten, kann ebenfalls arg mit der persönlich-sozialen Einbindung konfligieren (Yate, 1988).

Nach meiner Erfahrung haben Frauen im Gegensatz zu Männern im Durchschnitt (!) die Tendenz, ihre Kompetenzen eher bescheiden darzustellen. Wenn Sie eine Frau sind und von sich wissen, daß Sie im allgemeinen eher schüchtern und bescheiden auftreten, dürfen Sie sich im Vorstellungsgespräch allein aus Gründen des fairen Vergleichs mit männlichen Bewerbern etwas Mut machen, von sich ein positives Bild zu zeichnen.

13.2.2.2 *Persönliche Pläne und Hoffnungen*

Es kann vorkommen, daß ein Arbeitgeber Mutterschaftsurlaube ‹elegant› vermeiden will. Der Frage, ob ein Paar im Sinn hat, bald Kinder zu haben, darf man getrost ausweichen. Etwa so: «Das müssen wir sehen; das kommt unter anderem auf unsere Karrieremöglichkeiten an.» Wenn ein Arbeitgeber deutlich macht, daß er jemanden sucht, der auf Jahrzehnte bleibt, darf man (auch ehrlich) sagen, daß man das natürlich beim gegenwärtigen Informationsstand nicht wisse; aber man sei nicht unter allen Umständen abgeneigt, die neue Stelle zur Lebensstelle werden zu lassen, wenn sie einem wirklich gefalle. Wenn eine Lehrerin gefragt wird, ob sie allenfalls auch wie ihre Vorgängerin nebenher an der Uni Veranstaltungen belegen wolle und deshalb für die Schule «wenig Zeit habe», so muß sie nicht versprechen, daß sie das nie wollen werde, aber allenfalls, daß sie das unmittelbar nicht im Sinn und durchaus Verständnis für diese Sorge habe.

13.2.2.3 *Fragen verraten auch den Frager*

Was antworten Sie, wenn Sie gefragt werden, ob Sie auch zu jenen gehören, die permanent auf Frauenrechten pochen? Da könnte statt einer Antwort auch mal eine (anständige) Gegenfrage gerechtfertigt sein, etwa: «Haben Sie da Schwierigkeiten in Ihrer Firma?»

Der Arbeitgeber könnte auch fragen: «Kann ich annehmen, daß Sie nicht auch wie gewisse frühere Mitarbeiterinnen entsprechend heutiger Mode immer gleich sexuelle Belästigung wittern, wenn Sie mit jemandem Probleme haben?» Wenn Sie darauf z.B. antworten: «Ich sehe nicht, wie das zu Ihrer Entscheidung über Anstellung oder Ablehnung einer Bewerberin beitragen soll» und sich dadurch unter Umständen die Stelle vermasseln, muß Ihnen das nicht leid tun.

13.2.2.4 *Sie sind nicht besser, wenn Sie andere schlecht machen*

Es kann natürlich vorkommen, daß Sie eine Stelle verlassen wollen, weil Sie mit einer Chefin oder einem Mitarbeiter nicht zurecht kommen. Das dürfen Sie durchaus sagen, aber mit vernünftiger Zurückhaltung in der Interpretation. Z.B. so: «Ich möchte in meiner Arbeit gerne andere Schwerpunkte setzen, als sie mein gegenwärtiger Chef wünscht», oder: «Ich fühle mich im gegenwärtigen Arbeitsklima nicht ganz wohl», oder: «Mein Arbeitspartner und ich haben unterschiedliche Auffassungen über den Einbezug von Eltern in die Erziehungsberatung, und ich glaube, daß mir Ihre Stelle besser entspricht als die aktuelle.» Natürlich müssen Sie sich darauf einstellen, Ihre persönliche Position etwas näher erklären zu müssen.

Klagen Sie nicht Ihren aktuellen Chef oder eine Mitarbeiterin an. Ihr neuer Chef hat dort keinen Einfluß; und er wird Sie nicht für desto besser halten, je schlechter Sie ihren bisherigen Chef machen. Im Gegenteil: Er muß befürchten, daß Sie eines Tages auch über ihn so sprechen könnten.

13.3 Der Abschluß

Wann das Gespräch fertig ist, entscheidet die einladende Person; sie schließt das Gespräch ab. Wenn sie geschickt ist, fragt sie Sie, ob Sie noch etwas zu fragen oder zu sagen haben. Und sie wird auch sagen, wie es jetzt weiter geht, vor allem, bis wann Sie Bericht haben werden.

Machen Sie Ihrerseits den Abschluß schlicht und kurz. Bedanken Sie sich für das Gespräch (jetzt und nicht in der Einleitung) und fügen Sie bei, daß Sie sich freuen würden, bald wieder von der Person zu hören.

13.4 Ein Wort für die Stellenanbieterin oder den Stellenanbieter[1]

Ein Gespräch mit einer Bewerberin oder einem Bewerber ist keine einfache Sache. Ihre Entscheidung ist folgenschwer für Sie und Ihre Arbeitseinheit. Die eben dargestellten Überlegungen sollen Ihnen gestatten, dem Bewerber

---

1   Zu diesem Thema gibt es viel Ratgeberliteratur, z.B. Swan (1990).

oder der Bewerberin ein bißchen in die Karten zu blicken. Daraus ergibt sich auch manches für Ihr eigenes Verhalten. Ich nenne hier nur noch einige komplementäre Aspekte.

Zwar entscheiden Sie darüber, wem die Stelle schließlich angeboten werden soll; es dient aber Ihrer Sache, wenn die Bewerberin oder der Bewerber informiert mitentscheidet. Schildern Sie darum die Arbeitssituation und die Anforderungen möglichst realistisch und sagen Sie, worauf es Ihnen besonders ankommt; so kann er oder sie sich schon selbst zurückziehen, wenn er oder sie glaubt, der Stelle nicht gewachsen zu sein.

Wenn andere mitentscheiden und wenn die gesuchte Person mit wichtigen anderen Chargierten Ihrer Unternehmung zusammenarbeiten muß, bitten Sie diese, mit der Bewerberin oder dem Bewerber auch ein Gespräch zu führen. Sprechen Sie allenfalls ab, wer vor allem worüber spricht. Vielleicht auch kann einer ihrer unterstellten Mitarbeiter die Stelle besser beschreiben als Sie selbst. Wenn Sie mehrere sind, die sich beteiligen, führen Sie nacheinander Zweiergespräche. Das gibt mehr unabhängige Eindrücke und kostet Sie weniger Zeit. Überdies wirkt die Gesprächssituation für die Bewerberin oder den Bewerber unnötig bedrohlich, wenn er oder sie gleich drei oder mehr Firmenvertretern gleichzeitig gegenübersitzt und es allen ‹recht machen› muß.

Im übrigen lohnt es sich auch für Sie, sich voraus die Punkte zu notieren, die Sie klären möchten. Wenn Sie auf Ihre Notizen schauen, sind sie deshalb nicht zu wenig ‹souverän›, sondern Sie (und Ihre Firma) wirken geordnet und gewissenhaft. Auch dürfen Sie über die Antworten Notizen machen.

Machen Sie sich voraus klar, wie lange das Gespräch dauern soll, lassen Sie das auch den Besucher oder die Besucherin wissen und halten Sie sich daran.

14. Eine schlechte Nachricht überbringen

Das Überbringen einer schlechten Nachricht stellt besondere Anforderungen an die Gesprächsführung. Darüber nachzudenken sensibilisiert für allerhand Gesprächsbedingungen und -schwierigkeiten. Ein solches Gespräch ist aber auch an sich so wichtig, daß man in der Ausbildung einmal darüber gesprochen und es geübt haben sollte.

Es wird berichtet, daß im Altertum Überbringer von schlechten Nachrichten gelegentlich umgebracht wurden. Wenn das auch heute kaum vorkommt, ist es nach wie vor unangenehm, schlechte Nachrichten überbringen zu müssen, wie es folgende Beispiele leicht nachfühlen lassen:

- Mitarbeiterinnen oder Mitarbeitern den Beschluß über die Aufhebung ihrer Abteilung mitteilen
- eine Wohnung kündigen
- als Lehrerin den Eltern den Entscheid über die Nichtbeförderung eines Kindes mitteilen
- Nachbarn, die aus den Ferien kommen, mitteilen, daß in ihre Wohnung eingebrochen worden ist
- als Arzt die Diagnose einer unheilbaren Krankheit eröffnen
- mitteilen, daß eine Bewerberin eine Stelle nicht erhält
- gegenüber einem geschätzten Menschen das Angebot einer Stelle ausschlagen
- Eltern mitteilen, daß ihr Sohn verunglückt ist

Natürlich ist das *Empfangen* einer schlechten Nachricht unangenehm. Warum ist auch das *Überbringen* einer schlechten Nachricht unangenehm? Vor allem,

– weil man selbst die unangenehme Sache im allgemeinen durchaus nicht wünscht
– weil man der Gesprächspartnerin oder dem Gesprächspartner nicht weh tun will
– weil man Angst hat, mit den ausgelösten Emotionen der Gesprächspartnerin oder des Gesprächspartners nicht zurechtzukommen
– weil diese Emotionen und überhaupt das Verhalten der Gesprächspartnerin oder des Gesprächspartners schlecht vorhersagbar sind und man sich deshalb in großer Ungewissheit befindet
– weil man sich gelegentlich für die Wirkung der schlechten Nachricht verantwortlich fühlt und auch glaubt, die Wunden selbst und sofort heilen zu müssen
– weil man fürchtet, mit der schlechten Botschaft identifiziert zu werden, wodurch man selbst ‹schlecht› erscheint. Wir schützen eben unser gutes Bild vor anderen und vor uns (Bradley, 1978; Flammer, 1990).

Aus diesen Befürchtungen und Schwierigkeiten heraus haben viele Menschen die spontane Neigung, ihre Aufgabe durch unzweckmäßiges Verhalten noch schwieriger zu machen. Beispielsweise zögern sie sehr lange, bis sie die ‹Katze aus dem Sack› lassen. Das ist vor allem dann unangenehm, wenn die Ansprechperson längst gemerkt hat, daß das ‹dicke Ende› noch folgt.

Manche Menschen müssen auftragsgemäß etwas mitteilen, das sie nicht selbst oder nicht allein beschlossen haben, sondern was durch ein Gremium oder eine Kommission festgelegt worden ist. Da kann es passieren, daß die Ansprechperson den Beschluß hinterfragt und nicht gleich annehmen will. Die Überbringungsperson kann dann versucht sein, sich selbst vom Entscheid zu distanzieren oder gar sich verpflichtet zu fühlen, den Entscheid persönlich und auf der Stelle zu rechtfertigen, was bei der typischen Emotionalität der Ansprechperson in solchen Situationen gar nicht ‹ankommen› kann. Manchmal überkommen die Überbringperson selbst auch Zweifel über die Richtigkeit der Entscheidung. Manchmal auch fühlt sich die Überbringperson durch Zweifel und Gegenargumente der Ansprechperson persönlich angegriffen und gerät in Gefahr, einen Gegenangriff zu lancieren. Dann wird es sehr ungemütlich.

Man kann aber auch zu wenig sagen. Eine zu knappe Mitteilung ohne Gewährung von etwas Raum für die ersten Frustrationen oder die Trauer ist unmenschlich. Man sollte dann noch etwas dabeibleiben, aber man weiß oft nicht, was man tun oder sagen soll.

Könnte es auch sein, daß Leute gerne eine schlechte Nachricht überbringen? Was wären die Motive, was die Vorteile?

- Persönliche Überlegenheit («*mein* Kind ist *nicht* sonderschulungs–bedürf-tig»)
- Macht («ich verteile Schicksale»; «ich habe einen Informationsvor-sprung»)
- Aggression («ich binde jetzt Ihre arroganten Ansprüche zurück»)
- Genugtuung («jetzt bin ich mal auf der besseren Seite»; «Schadenfreude»)
- Rache («endlich kann ich mich entschädigen für Unbill, die mir wi-derfahren ist»)
- Fachkompetenz («ich kann wehtun und wieder trösten; Sie werden sehen, wie geschickt ich es machen werde»)
- Helferselbstbild («Sie werden mich brauchen»)
- Selbstwert («ich werde gut und einfühlend sein zu Ihnen»)
- Sensationsgier

Hier geht es darum, wie man mit den vielfältigen Schwierigkeiten der Aufgabe, eine unangenehme Nachricht überbringen zu müssen, zurecht kommen kann. In vielen Fällen meiner eigenen Erfahrung hat sich das folgende Ablaufmodell bewährt:

1. Kurze Einleitung
2. Mitteilung der schlechten Nachricht
3. Verarbeitung der ausgelösten Gefühle
4. Ein nächster Schritt

14.1 Kurze Gesprächseinleitung

Das Wichtigste an der Einleitung ist, daß sie kurz ist. Sie besteht (gegebe-nenfalls) in der Begrüßung und der Ankündigung, worüber gesprochen werden soll, zum Beispiel:
- «Guten Tag, Herr Berger. Die Personalkommission hat gestern entschie-den, und ich kann Ihnen ihren Entscheid mitteilen.» Oder:
- «Herr Werner, Sie haben mich im letzten Gespräch darum gebeten, Sie in die Abteilung X zu versetzen.» Oder:
- «Frau Ehrsam, ich muß Ihnen etwas Unangenehmes mitteilen. Es betrifft Ihren Sohn Martin.»

Die Funktion dieser Einleitung besteht in der Kontaktnahme («Pronto – pronto»), im Bestimmen der Wellenlänge und in der Lenkung der Aufmerk-samkeit auf den Gegenstand.

Im allgemeinen für ungünstig halte ich Vorgeplänkel wie Fragen nach dem Wohlbefinden («Wie geht es Ihnen?») oder Small talk (Wetter..., «Ich habe heute Ihren Garten bewundert ...»). Noch ungünstiger empfinde ich die vorausgehende Betonung positiver Seiten einer Sache, die sich durch die nachfolgende Mitteilung ins Schlechte oder Unangenehme wenden wird. Schlechte Beispiele sind:

– «Ich habe Ihren Sohn Martin immer wieder bewundert dafür, daß...»
– «Wir haben in all den Jahren erfreulich gut zusammengearbeitet. Dafür bin ich Ihnen sehr dankbar...»
– «Grad kürzlich habe ich meiner Frau gesagt, daß ich so froh bin, in Ihnen einen so verläßlichen Mitarbeiter zu haben...»

Wenn diese Einleitung kurz sein soll, heißt das dennoch nicht, daß man nicht auch um ein passendes Setting besorgt sein soll. Schlechte Nachrichten teilt man nicht unter der Türe mit, auch nicht vor der Haustüre des Nachbarn. Auch überbringt man schlechte Nachrichten nicht im Beisein von Drittpersonen oder gar von Fremden. Wenn man dem Nachbarn etwas Unangenehmes sagen muß, fragt man allenfalls, ob man rasch hereinkommen dürfe, man müsse ihm etwas mitteilen. Wenn die Mitteilung der Entscheidung einer Autorität entspringt und man lange Argumentationen und eine Anbiederung befürchtet, lädt man die Ansprechperson besser zu sich ins Büro ein, als daß man hingeht (‹Heimvorteil›).

14.2   Mitteilung der schlechten Nachricht

Nach der Einleitung folgt die Mitteilung ohne Umschweife und mit einfachen Worten, allenfalls mit der Andeutung des persönlichen Bedauerns. Beispiele:

– «Leider muß Ihr Hans die dritte Klasse noch einmal wiederholen.»
– «Es wird Sie erschrecken; Ihre Tochter hat einen Unfall erlitten. Sie ist bereits ins Spital eingeliefert worden.»
– «Ich bedaure, aber ich habe mich entschlossen, nicht nach Australien mitzufahren.»
– «Die Kommission hat Ihr Beförderungsgesuch abgelehnt.»

Solche Aussagen fallen einem manchmal schwer. Manchmal haben wir darum die unzweckmäßige Tendenz, die Sache zu *beschönigen*, etwa so: «Ihr Hans fühlt sich sicher wohler, wenn er nochmals die dritte Klasse besucht und nicht in der vierten Klasse überfordert wird.» Wir sollten (im zweiten Beispiel) auch nicht gleich damit trösten, daß die Tochter noch am Leben ist («Seien Sie froh, daß...»).

Manchmal sind wir nicht nur bei der Einleitung abschweifig, sondern auch bei der eigentlichen Mitteilung *umschweifig* wie die Katze, die um den heißen Brei herumgeht. Die Mitteilung der schlechten Nachricht sollte in einem oder zwei Sätzen geschehen. Vor allem empfiehlt es sich, der Versuchung zu widerstehen, zuerst die ganze Vorgeschichte zu erzählen. Ein schlechtes Beispiel: «Als ich heute zur Post ging wählte ich ausnahmsweise den Umweg über die Taubenstraße. Ich weiß auch nicht, warum ich heute nicht den üblichen Weg wählte. Irgendwie fühlte ich eine Spannung in mir. Und als ich auf der Höhe der Bank ankam, sah ich vorne bei der Coop einen Menschenauflauf. Die Autos wurden angehalten und blieben stehen. Ich ging näher, merkte, daß ein Unfall passiert war...»

Aus Angst vor persönlichen Anfechtungen haben wir manchmal die Tendenz, *uns völlig und umständlich herauszunehmen (Drückebergermethode)*. Beispiel: «Ich kann leider nichts dafür, daß die Kommission...» Oder: «Auf die Dauer werden Sie überzeugt sein, daß wir zu Ihrem eigenen Wohl entschieden haben, daß...»

Aussagen werden nicht genießbarer, wenn man sie indirekt formuliert und praktisch *verdreht*, zum Beispiel: «Der Bundesrat hat beschlossen, Sie mit der wichtigen Aufgabe der zweiten Vizepräsidentin der Frauenrechtskommission zu betrauen» (während die Bewerberin sich für das Amt einer Chefdelegierten bei der Unesco beworben hat). Oder: «Wir haben eine sehr gute Lösung für Ihr Kind gefunden; es darf die dritte Klasse nochmals wiederholen.»

Eine andere ungünstige Tendenz besteht darin, daß wir zuerst die Begründung für den erst noch mitzuteilenden Entscheid anführen *(Foltermethode)*. Die Ansprechperson spürt dann meistens bereits, wo es hinausläuft, erlebt bereits die damit zusammenhängende Frustration und sollte noch der Logik der Argumentation folgen können. Sie meint unter Umständen sogar, daß sie darin die allfällige Lücke finden sollte, um gegenargumentieren und das Schicksal abwenden zu können. Das ist eine Überforderung.

Das Umgekehrte, nämlich die Mitteilung der Entscheidung und eine Kurzbegründung beziehungsweise Erklärung hernach, ist allenfalls sinnvoll. Wenn jemand beispielsweise eine Stelle deshalb nicht erhält, weil unter den vielen Bewerberinnen und Bewerbern jemand war, die außergewöhnliche Qualifikationen hatte (zum Beispiel deutsche und englische Muttersprache), ist das gut zu wissen, weil dann die Ablehnung nicht direkt die Person in Frage stellt. Allein schon die Tatsache, daß sich für eine Stelle 50 Leute beworben haben, kann eine wichtige (Nach-) Information sein. Solche Erklärungen werden aber besser nach der Mitteilung der Entscheidung abgegeben.

14.3   Verarbeitung der ausgelösten Gefühle

Menschen reagieren auf schlechte Nachrichten unterschiedlich, unter anderem mit Panik, Verleugnung, Aggression, Ablehnung, Hinterfragen, Regression und Musterschülerreaktion. Generell sollten wir uns als Nachrichtenüberbringer nach der eigentlichen Mitteilung auf diese Gefühle und nicht so sehr auf die mitgeteilte Sache oder ihre Rechtfertigung konzentrieren.

Ich gehe hier die wahrscheinlichsten emotionalen Reaktionen und den möglichen Umgang damit durch.

14.3.1 Panik

Der Umgang mit Panik ist schwierig. Manchmal wird man schweigend zur Hand einer Person greifen, manchmal wird man eine wichtige Zusatzinformation einbringen, wie: «Sie ist im Spital, und da ist alles vorgekehrt.»

Auf jeden Fall ist es nach kurzem Intervall angemessen, der Ansprechperson zu signalisieren, daß man ihre Gefühle versteht, etwa so: «Das trifft Sie sehr hart», oder nonverbal durch eine kleine Geste. Zwar wissen wir, daß panische Reaktionen häufig nicht funktional sind, aber sie sind doch begreiflich, und man sollte sie *nicht via Appell* aus der Welt schaffen wollen, etwa so (schlechtes Beispiel): «Aber deswegen verlieren Sie doch nicht gleich den Kopf», oder: «Das Wichtigste ist jetzt, daß Sie nicht in Panik geraten.»

Allenfalls kann man nach kurzer Zeit sagen: «Ich bleibe noch einen Augenblick bei dir, wenn es dir recht ist.» Oft aber ist es besser, nicht lange zu bleiben; die Ansprechperson möchte sich vielleicht ausweinen oder irgendwelche privaten Rituale vollziehen und würde sich vor einer Person, die nicht gerade sehr eng befreundet ist, jetzt oder hernach schämen. Solange jedoch die Ansprechperson panisches Verhalten zeigt, sollte man sie nicht verlassen.

Manchmal ist es angezeigt, Maßnahmen zu ergreifen, bei denen man einen Anteil übernehmen kann. Man kann unter Umständen eine Person ins Spital begleiten.

14.3.2 Verleugnung

Verleugnung ist eine seltenere Reaktion. Im unmittelbaren Schock zeigt sie sich manchmal als scheinbare Teilnahmslosigkeit, in Erstarren oder Rigidität oder in unangemessenem Lächeln. Als Überbringer der Nachricht lassen wir das gewähren; es hilft den Schock zu ‹dosieren›. Auch hier ist aber eine Andeutung des Mitgefühls hilfreich (andeuten, nicht ‹dick auftragen›!).

Später kann die Verleugnung darin bestehen, daß jemand sich einfach so verhält, als ob das Mitgeteilte gar nicht wahr wäre. In einer nichttherapeutischen Situation kann man da nicht viel anderes tun, als selbst die Realität nicht zu verleugnen, Zeit zu lassen, evtl. die Person sachte und unpathetisch mit der Realität zu konfrontieren, ohne deswegen Appelle zu lancieren oder Vorwürfe zu machen.

14.3.3 Aggression

Die häufigste Reaktion ist wahrscheinlich die *Aggression*, offen oder (häufiger) verdeckt. Beispiele:

– «Ihr meint also, mich fertigmachen zu können, indem Ihr...»
– «Das kommt überhaupt nicht in Frage, ich werde euch schon noch Beine machen.»
– Ein Bewerber, der wegen ungenügender beruflicher Qualifikation eine Stelle nicht kriegt, kann Belehrungen machen, worauf es ‹heutzutage› mehr ankommt als auf akademische Qualifikationen.
– Zum Arzt: «Meine Lungen seien gefährdet? Mein Großvater hat ein Leben lang geraucht und ist 86 geworden.»

Eher verdeckt erscheint die Aggression, wenn jemand *eine Mitteilung einfach ablehnt*. Beispiele:

– «Mein Sohn nicht in die vierte Klasse? Kommt doch gar nicht in Frage. Er wird in die vierte Klasse gehen!»
– «Mein Steuerrekurs abgelehnt? Diese Kommission ist doch gar nicht zuständig.»
– «Kein Parkettplatz mehr im Abonnement? Das wollen wir ja sehen. Können Sie mal Ihren Chef rufen?»

Aggressionen in solchen Situationen sind normal. Sie sind in erster Linie Ausdruck der Frustration, das heißt Ausdruck des Gemütszustands der Ansprechperson und nicht ihrer objektiven oder gar reflektierten Meinungen über die Überbringerperson. Wir als Überbringerinnen oder Überbringer sind da nur wörtlich, aber nicht wirklich und in unserem Selbstwert gemeint. Wir sollten solchen Aggressionen etwas Raum (etwas ‹Lauf›) lassen, sie aber nicht auffangen, sondern ‹durch uns hindurch gehen lassen›. Mit Aggressionen, besonders mit offenen Aggressionen, ist schwer umzugehen, weil man sie oft zu wörtlich nimmt und auf sich selbst bezieht, obwohl sie zum Beispiel gegen Prüfungen, gegen eine Kommission oder gegen die Behörden gerichtet sind. Darauf reagiert man allzu leicht mit eigenen aggressiven Gefühlen oder gar mit offener (verbaler) Aggression. Dann wird das Gespräch nicht gut! Man muß solche Situationen voraus gut durchdenken und (allenfalls) übend erleben, um Gegenaggressionen vermeiden zu können.

Was tun wir denn, wenn wir das ‹Aggressionsangebot› annehmen? Wir gehen etwa zur *Gegenaggression* über und sagen Dinge, die wir an der Ansprechperson nicht richtig finden. Dann kommt es zu einem richtigen Streit, über dessen Anfang die beiden sicher eine verschiedene Meinung haben, weshalb er auch nicht ‹rechtens› beendet werden kann.

Die Gegenaggression erscheint oft verdeckt, etwa in der indirekten Abwertung der Ansprechperson. Beispielsweise mag ein abgewiesener Promotionsanwärter darauf hinweisen, wie gut er doch seine Arbeit bisher immer verrichtet habe, worauf die Überbringerperson (in unglücklicher Weise) antworten mag: «Tadellose Arbeit auf Ihrer Stufe garantiert noch lange nicht, daß Sie auch der höheren Stufe gewachsen wären.» Oder (verdeckte Aggression): «Mein Vater war auch kein Musterschüler, hat es aber durch Einsatz und Zuverlässigkeit doch zum Prokurator gebracht»; Antwort (verdeckte Gegenaggression): «Ja, aber damals hat man auch noch weniger verlangt.»

Eine andere (unglückliche) Reaktion ist die *Rechtfertigung*. Als Überbringer der Nachricht über eine Entscheidung glauben wir manchmal, die Entscheidung müsse sofort als logisch richtig und zwingend verstanden werden. Nur so glauben wir, von einer Schuld (die wir uns gar nicht erst aufgeladen haben müssen) frei zu werden. Es gibt Entscheidungen, die gar nicht ‹logisch› zu sein haben. Man ‹schuldet› zum Beispiel einem Bewerber eine Stelle nicht. Oder: Wenn ich mich zum Beispiel nach einigem Nachdenken nicht ganz wohl fühle, die Teilnahme an einer längeren Gruppenreise durch Australien zuzusagen, brauche ich dafür keine pickelharten und zwingenden Gründe, die jeder und jede sofort einsieht. Ich habe ein Recht auf meine Präferenzen, auf meine Ängste und auf meine Unsicherheit, und ich muß mich nicht immer rechtfertigen. Ich mag allenfalls sagen, daß ich Angst davor habe, so lange so eng mit der Gruppe zu reisen. Meine Ansprechperson hat diese Angst vielleicht nicht, aber das heißt nicht, daß eines von uns beiden unrecht hat.

Entscheide sollten zwar einigermaßen rational sein, müssen aber nicht ohne weiteres sofort einsehbar sein, zum Beispiel Nichtbeförderungsentscheide. Auch dann sollte ich nicht gleich die Last der sofortigen Beweisführung auf mich nehmen. Ich kann vielleicht auf eine spätere Besprechung verweisen, vielleicht auf einen ohnehin vorgesehenen offiziellen Brief, der dann die ausdrückliche Begründung enthält. Ich kann aber auch einfach zuerst einmal etwas warten, bis der erste Schock abgeklungen ist. Es gibt aber auch Entscheide, die ich nicht allein oder die überhaupt gar nicht ich verantworten muß.

Ein Schulinspektor wurde einmal von einem Lehrer mit der «inakzeptablen» Entscheidung «des Kantons» konfrontiert, einen bestimmten Urlaub nicht zu gewähren. An diesem Entscheid hatte der Schulinspektor keinen persönlichen Anteil, weil er auf einer allgemeinen Regelung für die Urlaubsgewährung beruhte. Er sah sich aber in einem ungemütlichen Sandwich zwischen Erziehungsdirektion und Lehrer, weil er sich verpflichtet fühlte, die kantonale Regelung zu rechtfertigen. Das Gespräch verlief unerquicklich und endete unbefriedigend, wie mir dieser Inspektor klagte.

14.3.4 Hinterfragung

Ebenfalls ein Stück Aggression, aber auch Ablehnung findet sich in der Hinterfragung («Das kann ja noch nicht der letzte Entscheid sein; schließlich konnte die Kommission damals ja noch gar nicht wissen, daß...»). Die Mitteilung einer Entscheidung oder einer Tatsache stellt die Entscheidung oder die Tatsache nicht zur Diskussion, und wenn ich als Überbringer auf die argumentierende Hinterfragung eingehe, verdrehe ich die Gesprächssituation. Argumentieren hilft da nicht weiter; höchstens gehe ich hinter die Entscheidung zurück. Will ich (wenn ich die Entscheidung selbst getroffen habe) wirklich nochmals über meine Bücher gehen, nachdenken und nochmals entscheiden? Nach dem Gespräch hinterläßt ein solches Verhalten bei der Überbringerperson oft bittere, hilflose Gefühle. – Werde ich die (revidierte oder noch nicht revidierte) Entscheidung beim nächsten Mal besser vertreten können? Wird die Partnerperson sie dann leichter annehmen können?

Und wenn erst noch die Entscheidung nicht meine alleinige oder gar nicht die meine ist? Will ich dann die Entscheidungsträger oder -mitträger desavouieren? Dennoch ist es nicht meine Pflicht, die Ansprechperson von der Richtigkeit der Entscheidung zu überzeugen.

14.3.5 Regression

Eine weitere mögliche Reaktion der Ansprechperson besteht in der Regression (= Zurückfallen auf frühere Entwicklungsstufen). Beispiele:
- «Dann kann ich ja ebenso gut aufhören zu studieren.»
- «Aus mir wird nie etwas, niemand will mich.»
- hilfloses Weinen, wenn man bei der Fahrprüfung durchgefallen ist.

Auch Regressionen sind verständlich und normal. Meistens sind sie von kurzer Dauer. Lassen wir sie gewähren und formulieren wir allenfalls die beobachteten Frustrationsgefühle, zum Beispiel: «Sie hatten bereits mit dieser Stelle gerechnet und sind nun sehr enttäuscht.»

14.3.6 Unterwürfige Hilfsbereitschaft

Manchmal versuchen Empfänger einer unangenehmen Nachricht, sich auf der Stelle nützlich (wenn nicht gar unentbehrlich) zu machen. Statt eine Nichtpromotion oder die Entscheidung einer Arbeitszeitverkürzung zu akzeptieren, liefern sie ‹wertvolle› Information, ‹gescheite› Vorschläge für die Betriebsverbesserung oder kompromittierende Information über abwesende Drittpersonen. Durch das Verpetzen anderer hoffen sie, selbst in einem besseren Licht zu erscheinen. Auf solche Themenvermengungen sollte die Nachrichten-Überbringerperson nicht eingehen. Das läßt sich auch ohne emotionalen Aufwand (zu dem man versucht sein könnte) machen, etwa so: «Das ist ein anderes Thema, davon können wir ein andermal sprechen.»

14.3.7 Rollenverschiebung: die trostlosen Tröster

‹Musterschüler› versuchen zum Beispiel die Rollen zu verschieben. Aber auch die Überbringerperson von schlechten Nachrichten tut gelegentlich das ihrige dazu. Jemand leidet so sehr unter seiner/ihrer unangenehmen Aufgabe der Mitteilung und zeigt so viel Einfühlung in den Schmerz, den die Mitteilung der Ansprechperson bereitet, daß er oder sie selbst Trost braucht. Dann können sich die Rollen umdrehen, indem die Ansprechperson die Überbringerperson beruhigen und trösten muß. Das macht dann sogar Sinn, wenn die beiden unreflektiert die Überbringerperson mit der schlechten Nachricht identifizieren. Dann fühlt sich aber die Ansprechperson genötigt, ihre eigenen schmerzhaften Gefühle zu dosieren oder gar aufzuschieben. Meistens schafft sie das jedoch nicht, sondern hat gleichzeitig zwei schwere Ereignisse zu verkraften, die schlechte Nachricht und die Not der Überbringerperson. Das ist zuviel.

14.3.8 Einige Übungsbeispiele

Sie überbringen einer Person die Nachricht, daß Sie mit dem Auto ihre Katze umgefahren haben. Sie glauben, nicht besonders schnell gefahren zu sein, und finden es auf jeden Fall korrekt und anständig, sich bei der Besitzerin der Katze persönlich zu stellen. Die Ansprechperson sagt unter anderem: «Bei dieser Autoraserei im Quartier ist ja niemand mehr sicher. Sie gefährden nicht nur die Katzen, sondern auch Kinder.» Sie könnten
- sagen: «Also da besteht doch ein Unterschied»
- sagen: «Ich sage Ihnen, ich fuhr nur mit 40 km»
- nichts sagen

– sagen: «Es tut mir schrecklich leid, daß ich Ihnen das angetan habe»
– sagen: «Es ist schrecklich, was soll ich nur tun, ich glaube, mir wird übel»
Welches Verhalten scheint Ihnen das beste zu sein?

Oder ein anderes Beispiel: Nach bereits längeren Verhandlungen teilen Sie einem Hausverkäufer mit, daß Sie etwas Interessanteres gefunden haben und sein Haus nicht kaufen möchten. Dieser erwidert: «Das ist doch eine Gemeinheit; ich habe mich auf Sie verlassen und solvente andere Interessenten abgewiesen.» Wie antworten Sie?

Ein anderes Beispiel: Sie teilen einem Prüfling mit, daß er das Examen nicht bestanden habe. Dieser verzerrt sein Gesicht, macht unkoordinierte Bewegungen und fängt an, haltlos zu weinen. Was tun Sie?

Oder: Sie teilen einem Vater mit, daß seine Tochter in die Sonderschule versetzt werden soll. Dieser sagt: «Ja, so schlimm habe ich es nicht erwartet, ... sie spricht noch nicht so gut, sicher, und sie kann noch nicht lesen wie die anderen Kinder in ihrem Alter, aber sie sieht so süß aus, und sie kann so konzentriert spielen.» Darauf können Sie als Überbringerperson etwa wie folgt antworten:

– «Ja, das trifft Sie jetzt hart, denn im Alltag ist sie so süß.»
– «Sie wissen, es werden bestimmte Anforderungen gestellt, und wenn wir uns das Testergebnis ansehen...»
– «Ja, ich kann Ihnen das nachfühlen, sie ist ein so angenehmes Kind, aber die Leistungen sind nun mal wichtiger als der Eindruck.»

Ich halte die erste Antwort für die beste, weil sie eine Verbalisierung der Gefühle der Ansprechperson enthält, eine sogenannte Spiegelung oder Reflexion. Sie drückt Einfühlung aus, rüttelt aber nicht an der Sache. Die zweite Antwort bleibt bei der Nachricht, versucht zu rechtfertigen und wirkt gegenaggressiv. Die dritte Antwort spricht von Nachfühlen, enthält dann aber gleich eine Belehrung, was ich auch als Gegenaggression empfinde.

14.4   Ein nächster Schritt

Wenn die Frustrationsgefühle verarbeitet sind, ergibt sich ein nächster Schritt fast von selbst. Aber normalerweise werden die Frustrationsgefühle nicht in einer einzigen Begegnung oder Sitzung verarbeitet. Und dennoch möchten wir als Nachrichtenüberbringer etwas zum Weiteren tun. Es gibt verschiedene Möglichkeiten, nämlich Problemlösung, Ratschlag, Ankündigung einer schriftlichen Mitteilung, Abmachung für ein weiteres Gespräch, gegenseitiges Einverständnis darüber, daß der Schmerz noch Zeit braucht.

Eine Problemlösung oder der Anfang einer Problemlösung wäre uns als Nachrichtenüberbringer natürlich am liebsten. Dann könnten wir uns selbst als hilfreich erfahren, und die Frustrationsgefühle wären dann für uns im wesentlichen vom Tisch. Oft aber ist die Ansprechperson in der gleichen Sitzung dazu nicht in der Lage, und wir sollten uns dazu in keiner Weise aufdrängen. Es kann sein, daß die Ansprechperson sagt: «Was soll ich denn jetzt tun? Was raten Sie mir?» Diese Frage kann aber zur Falle werden, indem wir einen Rat oder eine Empfehlung abgeben, die indirekt eben wieder Frustration bewirkt. Und überhaupt bringt eine fixfertige Empfehlung die Ansprechperson zum zweiten Mal in eine unterlegene oder abhängige Position (diesmal der Empfängerin oder des Empfängers).

Wenn man spürt, daß eine Person die Problemlösung in die Hand nehmen möchte, kann man auch gegenfragen, was sie jetzt als nächstes zu unternehmen gedenke. Man spricht dann mehr über das Vorgehen als über die Lösung, man weist vielleicht auf Möglichkeiten hin, weitet den Blick und signalisiert, daß die Lösungsfindung Zeit hat. Manche schlechte Nachricht gibt ja auch neuen Raum und wirkt schließlich erleichternd.

Oft finden wir, daß zur Mitteilung noch mehr zu sagen wäre, daß aber die psychische Reserve nicht reicht, weitere Aspekte aufzunehmen. Dann kann es sinnvoll sein, daß wir eine neue Besprechung vorsehen und gleich präzis festlegen. Manchmal ist es ratsam, noch eine schriftliche Bestätigung mit (zum Beispiel offizieller) Begründung anzukündigen und zu schicken.

Gelegentlich können wir allerdings sehr wenig tun, aber immerhin zu verstehen geben, daß wir wissen und mitfühlen, daß die nächsten Tage oder Wochen schwer sein werden. Vor allem wenn wir einer Person nicht sehr nahe stehen und von Amtes wegen doch eine sehr unangenehme Nachricht überbringen mußten, ist das oft ausreichend. Denken wir daran: So wie die Empfänger schlechter Nachrichten die Überbringerperson damit identifizieren (und dafür verantwortlich machen) können, so können wir das auch mit uns selbst tun und uns zu Unrecht schuldig und für die Frustrationsverarbeitung anderer verantwortlich fühlen. Wir sollten nicht selbst trostbedürftig werden, wenn wir nicht wissen, wie wir Trost spenden können.

Literaturverzeichnis

Abramson, L.Y., Metalsky, G.I., & Alloy, L.B. (1989). Hopelessness depression: A theory-based subtype of depression. *Psychological Review, 96*, 358-372.

Adl-Amini, B. (1983). *So bestehe ich meine Prüfung.* Weinheim: Beltz.

Aebli, H. (1980). *Denken. Das Ordnen des Tuns.* Stuttgart: Klett (Band 2: 1981).

Aeschbacher, U., Flammer, A., Lischer, E., & Tauber, M. (1981). Erwartungsgesteuertes Lesen. *Bildungsforschung und Bildungspraxis, 3*, 289-300.

Alloy, L.B., Abramson, L.Y., Metalsky, G.I., & Hartlage, S. (1988). The hopelessness theory of depression: Attributional aspects. *British Journal of Clinical Psychology, 27*, 5-21.

Amabile, T.M., DeJong, W., & Lepper, M.R. (1976). Effects of externally imposed deadlines on subsequent instrinsic motivation. *Journal of Personality and Social Psychology, 34*, 92-98.

Anderson, J.R. (1983). A spreading activation theory. *Journal of Verbal Learning and Verbal Behavior, 22*, 261-295.

Argyle, M. (1975). *Bodily communication.* London: Methuen (dt. *Körpersprache und Kommunikation.* Paderborn: Junfermann).

Attneave, F. (1959). *Applications of information theory to psychology.* New York: Holt (dt. *Informationstheorie in der Psychologie.* Bern: Huber, 1965).

Austin, J.L. (1962). *How to do things with words.* Oxford University Press (dt. *Zur Theorie der Sprechakte.* Stuttgart: Reclam, 1972).

Ausubel, D. (1969). *Educational Psychology.* New York: Holt, Rinehart & Winston.

Baacke, D. (1973). *Kommunikation und Kompetenz.* München: Juventa.

Bahrdt, H.P. (1965). *Die Kunst zu Hause zu sein.* München: Piper.

Ballhausen, H., & Schultze, A. (1992). Das gesellschaftstherapeutische Anliegen der TZI. In C. Löhmer & R. Standhardt (Hg.), *TZI. Pädagogisch-therapeutische Gruppenarbeit nach Ruth C. Cohn* (pp. 125-143). Stuttgart: Klett-Cotta.

Ballstaedt, S.P., Mandl, H., Schnotz, W., & Tergan, S.O. (1981). *Texte verstehen, Texte gestalten.* München: U&S.

Bandler, R., & Grinder, J. (1975). *The structure of magic, vol. I.* Palo Alto: Science & Behavior Books (dt. *Metasprache und Psychotherapie.* Paderborn: Junfermann, 1981, 2. überarbeitete Aufl. 1984).

Barker, R.G. (1948). *Ecological psychology.* Stanford: Stanford U. Press.

Bartlett, F.C. (1932). *Remembering.* London: Cambridge University Press.

Bateson, G. (1955). *A theory of play and phantasy.* Psychiatric Research Reports 2.

Bateson, G., Jackson, D.D., Healy,J., & Weakland, J. (1956). Toward a theory of schizophrenia. *Behavioral Science, 1*, 251-264.

Bellebaum, A. (1992). *Schweigen und Verschweigen. Bedeutungen und Erscheinungsvielfalt einer Kommunikationsform.* Opladen: Westdeutscher Verlag.

Belz, H. (1992a). Kooperative Haltung in Arbeitsgruppen durch individuelles Selbstbewusstsein und Reflexion auf der Grundlage der Themenzentrierten interaktion (TZI). In H. Belz, C. Dehm, M. Eichberger, & E. Roch (Hg.), *Auf dem Weg zur arbeitsfähigen Gruppe, 2. Auflage* (pp. 9-32). Mainz: Mathias-Grünewald.

Belz, H. (1992b). Erleben – Überblicken – Lernen. In H. Belz, C. Dehm, M. Eichberger, & E. Roch (Hg.), *Auf dem Weg zur arbeitsfähigen Gruppe, 2. Auflage* (pp. 33-36). Mainz: Mathias-Grünewald.

Berne, E. (1964). *Games people play.* New York: Grove (dt. *Spiele der Erwachsenen.* Hamburg: rororo, 1985).

Berne, E. (1966). *Principles of group treatment.* New York: Grove Press.

Berne, E. (1972). *What do you say after you say Hello?* New York: Grove (dt. *Was sagen Sie, nachdem Sie ‹Guten Tag› gesagt haben?* Frankfurt: Fischer, 1983).

Berne, E. (1977). *Intuition and Ego states. The origins of transactional analysis.* San Francisco: TA Press (dt. *Transaktionsanalyse der Intuition.* Paderborn: Junfermann, 1991).

Bliesener, T. (1984). *Gesprächskrisen.* Opladen: Westdeutscher Verlag.

Blinkhorn, S. (1988). Lie detection as a psychometric procedure. In A. Gale (Ed.), *The polygraph test: Lies, truth, and science* (pp. 29-39). London: Sage.

Böhm, W., & Justen, R. (1984). *Bewerberauswahl und Einstellungsgespräch. Ein Leitfaden für die Paxis aus arbeitsrechtlicher und psychologischer Sicht. 3. Auflage.* Berlin: Schmidt.

Bossi, J. (1995). *Augen-Blicke. Zur Psychologie des Flirts.* Bern: Huber.

Bradley, G. (1978). Self–serving biases in the attribution process: A re–examination of the fact or fiction question. *Journal of Personality and Social Psychology, 36*, 56-71.

Brecht, B. (1966). *Der Jasager und Der Neinsager.* Vorlagen, Fassungen und Materialien. Frankfurt: Suhrkamp.

Bruner, J.S., & Postman, L. (1949a). Perception, cognition, and behavior. *Journal of Personality, 18*, 14-31.

Bruner, J.S., & Postman, L. (1949b). On the perception of incogruity: a paradigm. *Journal of Personality, 18*, 206-233.

Brunstein, J.C. (1990). *Hilflosigkeit, Depression und Handlungskontrolle.* Göttingen: Hogrefe.

Bühler, K. (1934). *Sprachtheorie.* Jena: Fischer.

Burger, H. (1982). *Die künstliche Mutter.* Ausgabe 1984: Ex Libris, Zürich.

Burgoon, J.K., & Saine, T. (1978). *The unspoken dialogue: An introduction to nonverbal communication*. Boston: Houghton Mifflin.

Capra, F. (1982). *The turning point.*. New York: Bantam Books (dt.: *Wendezeit*. Bern: Scherz, 1983).

Carroll, D. (1988). How accurate is polygraph lie detection? In A. Gale (Ed.), *The polygraph test: Lies, truth, and science* (pp. 19-28). London: Sage.

Clark, H.H. (1978). Inferences in comprehension. In D. LaBerge & S.J. Samuels (Eds.), *Basic processes in reading* (pp. 243-263). Hillsdale, NJ: Erlbaum.

Clark, H.H., & Clark, E.V. (1977). *Psychology and language*. New York: Harcourt.

Clark, H.H., & Haviland, S.E. (1977). Comprehension and the Given-New Contract. In R.O. Freedle (Ed.), *Discourse production and comprehension*. (pp. 1-401). Norwood, NJ: Ablex.

Coelius, C. (1995). *Fit fürs Bewerbungsgespräch*. Hamburg: CC-Verlag.

Cohn, R.C. (1975). *Von der Psychoanalyse zur themenzentrierten Interaktion*. Stuttgart: Klett.

Cohn, R.C. (1979). Themenzentrierte Interaktion. In A. Heigl-Evers (Hrsg.), *Die Psychologie des 20. Jahrhunderts, Band VIII* (pp. 873-883). Zürich: Kindler.

Cohn, R.C. (1989). *Es geht ums Anteilnehmen... Perspektiven der Persönlichkeitsentfaltung*. Freiburg: Herder.

Cohn, R.C., & Klein, I. (1993). *Grossgruppen gestalten mit Themenzentrierter Interaktion*. Mainz: Grünewald.

Cohn, R.C., & Terfurth, C. (1993). *Lebendiges Lehren und Lernen. TZI macht Schule*. Stuttgart: Klett-Cotta.

Condry, J. (1977). Enemies of exploration: self-initiated versus other- initiated learning. *Journal of Personality and Social Psychology, 35*, 459-477.

Csikszentmihalyi, M. (1975). *Beyond boredom and anxiety*. San Francisco: Jossey-Bass (dt. *Das Flow-Erlebnis. Jenseits von Angst und Langeweile*. Stuttgart: Klett-Cotta, 1985).

Darley, J.M., & Fazio, R.H. (1980). Expectancy confirmation processes arising in the social interaction sequence. *American Psychologist, 35*, 867-881.

Dehm, C. (1992). Prozessbericht zu einem TZI-Methodenkurs: Gruppenprozesse in themenzentrierten Gruppen wahrnehmen, einbeziehen und mitgestalten. In H. Belz, C. Dehm, M. Eichberger, & E. Roch (Hg.), *Auf dem Weg zur arbeitsfähigen Gruppe, 2. Auflage* (pp. 37-73). Mainz: Mathias-Grünewald.

Delhees, K.H. (1994). *Soziale Kommunikation*. Opladen: Westdeutscher Verlag.

DePaulo, B.M. (1992). Nonverbal behavior and self-presentation. *Psychological Bulletin, 111*, 203-243.

DePaulo, B.M., & Pfeifer, R.L. (1986). On-the-job experience and skill at detecting deception. *Journal of Applied Social Psychology, 16*, 249-267.

Dindia K., & Allen, M. (1992). Sex differences in self-disclosure: A meta-analysis. *Psychological Bulletin, 112,* 106-126.

Donaghi. W.C. (1980). Our silent language: An introduction to nonverbal communication. Dubuque, IA:

Dörner, D. (1989). Emotion, Kognition und Begriffsverwirrungen: Zwei Anmerkungen zur Köhler-Vorlesung von Norbert Bischof. *Psychologische Rundschau, 40,* 206-225.

Eichberger, M. (1992). Prozessbericht eines TZI-Kurses: Organisierte Arbeit im Team. In H. Belz, C. Dehm, M. Eichberger, & E. Roch (Hg.), *Auf dem Weg zur arbeitsfähigen Gruppe, 2. Auflage* (pp. 103-122). Mainz: Mathias-Grünewald.

Eidgenössische Kommission für Jugendfragen (1985). *Mutter Helvetia + Vater Staat. Zur Lage der Jugendlichen in der Schweiz.* Bern: Eidgenössische Drucksachen- und Materialzentrale.

Ekman, P. (1993). Facial expression and emotion. *American Psychologist, 48,* 384-392.

Ekman, P., & Friesen, W.V. (1975). *Unmasking the face.* Englewood Cliffs, NJ: Prentice-Hall.

Ekman, P., & Friesen, W.V. (1978). *Facial Action Coding System.* Palo Alto: Consulting Psychologists Press.

Ekman, P., Friesen, W.V, & O'Sullivan, M. (1988). Smiles when lying. *Journal of Personality and Social Psychology, 54,* 3, 414-420).

Ellis, A. (1979). The rational-emotive approach to counseling. In H.M. Burks, & B. Stefflre (Eds.), *Theories of counseling* (pp. 172-219). New York: McGraw-Hill.

Epiktet (1984). Handbüchlein der Moral und Unterredungen. Stuttgart: Kröner.

Farau, A., & Cohn, R.C. (1984). *Gelebte Geschichte der Psychotherapie. Zwei Perspektiven.* Stuttgart: Klett (2. Auflage 1987 unter Cohn & Farau).

Festinger, L. (1957). *A theory of cognitive dissonance.* Stanford University Press (dt. *Theorie der kognitiven Dissonanz.* Bern: Huber, 1978).

Fiedler, K. (1989). Suggestion and credibility: Lie detection based on content-related cues. In V. Gheorghiu, P. Netter, H.J. Eysenck, & R. Rosenthal (Eds.), *Suggestibility, theory and research* (pp. 323-335). New York: Springer.

Fiedler, K. (1990). Lügendetektion aus alltagspsychologischer Sicht (Lie Detection from an everyday psychology perspective). *Psychologische Rundschau, 40,* 127-140.

Fiedler, K., & Walka, I. (1993). Training lie detectors to use nonverbal cues instead of global heuristics. *Human Communication Research, 20,* 199-223.

Fillmore, C.J. (1968). The case for case. In E. Bach & R.T. Harms (Eds.), *Universals of linguistic theory* (pp. 1-90). New York: Holt, Rinehart & Winston.

Flammer, A. (1987). Selective retrieval from memory. *German Journal of Psychology, 11,* 198-214.

Flammer, A. (1990). *Erfahrung der eigenen Wirksamkeit. Einführung in die Psychologie der Kontrollmeinung.* Bern: Huber.

Flammer, A. (1990b). Lernen als Lernhilfe und als Lernbehinderung. Wissenschaftliche Beilage «Bildung und Erziehung». *Neue Zürcher Zeitung – wissenschaftliche Beilage, 211*, Nr. 14.

Flammer, A. (1996). *Entwicklungstheorien. 2. Auflage.* Bern: Huber.

Flammer, A., & Morger, V. (1985). Die Wirkungen von Voraktivierung und Typikalität auf die Verifikationszeiten von Begriffsexemplaren. *Schweizerische Zeitschrift für Psychologie, 44*, 1-16.

Flammer, A., & Perrig, W. (1980). Verstehen: Prozesse, Bedingungen. In J. Brantschen & P. Selvatico (Hg.), *Unterwegs zur Einheit.* Festschrift für Heinrich Stirnimann (pp. 96-107). Freiburg/Schweiz: Universitätsverlag.

Flammer, A., & Rheindorf, E. (1990). Control-belief and selective recall from autobiography. Manuscript. Universität Bern.

Flammer, A., Kaiser, H., & Müller-Bouquet, P. (1981). Predicting what questions people ask. *Psychological Research, 43*, 421-429.

Foppa, K. (1987). Dialogsteuerung. *Schweizerische Zeitschrift für Psychologie, 46*, 251-257.

Frick, R.W. (1985). Communicating emotion: The role of prosodic features. *Psychological Bulletin, 97*, 412-429.

Friedman, H.S., & Miller-Herringer, T. (1991). Nonverbal display of emotion in public and in private: Self-monitoring, personality, and expressive cues. *Journal of Personality and Social Psychology, 61*, 766-775.

Fussell, S.R., & Krauss, R.M. (1992). Coordination of knowledge in communication: Effects of speakers' assumptions about what others know.*Journal of Personality and Social Psychology, 62*, 378-391.

Gaelick, L., Bodenhausen, G.V . & Wyer, R.S. (1985). Emotional communication in close relationships. *Journal of Personality and Social Psychology, 49*, 1246-1265.

Givens, D.B. (1978). Ethological explorations in human expressivity. *Sociological Newsletter.*

Goffman, E. (1959). *The presentation of self in everyday life.* Garden City: Doubleday.

Gordon, T. (1970). *Parent effectiveness training.* New York: Wyden (dt. *Familienkonferenz.* Zürich: Ex Libris).

Gourmelon, A., Mayer, M., & Mayer, T. (1992). *Prüfungsgespräche erfolgreich führen. Ein Programm.* Stuttgart: Georg Thieme Verlag.

Grammer, K. (1990). Zur Ethologie des Flirts. In H.C. Erhalt & I. Eibl-Eibesfeldt (Hg.), *Sexualität zwischen Natur und Kultur .* Wien.

Greimel, A. (1992). TZI in der Wirtschaft. In C. Löhmer & R. Standhardt (Hg.), *TZI. Pädagogisch-therapeutische Gruppenarbeit nach Ruth C. Cohn* (pp. 342-351). Stuttgart: Klett-Cotta.

Grice, H.P. (1975). Logic and conversation. In P. Cole & J.L. Morgan (Eds.), *Syntax and semantics. Vol. 3: speech acts* (pp. 41-58). New York: Seminar.

Gygax, M., Vetsch, M., Stoll, F., & Bouille, A.P. (1980). Lesbarkeit analoger und digitaler Zeitanzeigen bei verschiednenen Ableseinstruktionen. *Schweizerische Zeitschrift für Psychologie, 39*, 87-101.

Hall, J.A. (1979). Gender, gender roles, and nonverbal communication skills. In R. Rosenthal (Ed.), *Nonverbal communication* (pp. 32-67). Cambridge, MA: Oelgeschlager, Gunn & Haig.

Hammond, K.R., & Summers, D.A. (1972). Cognitive control. *Psychological Review, 79*, 58-67.

Hecker, J., Hecker, W., Rubner, A., Rubner, E., Ruckdeschel, C., & Wolf-Hollander, J. (1992). *Störung als Beitrag zum Gruppengeschehen. Zum Verständnis des Störungspostulats der TZI in Gruppen.* Mainz: Grünewald.

Heckhausen, H. (1980). *Motivation und Handeln.* Berlin: Springer.

Heider, F. (1944). *Social perception and phenomenal causality. Psychological Review, 51*, 358-374 (dt. Soziale Wahrnehmung und phänomenale Kausalität. In M. Irle (Hg.), *Texte aus der experimentellen Sozialpsychologie. 2. Auflage* (pp. 26-56). Neuwied: Luchterhand, 1973).

Heider, F. (1958). *The psychology of interpersonal relations.* New York: Wiley (dt.: *Psychologie der interpersonalen Beziehungen.* Stuttgart: Klett, 1977).

Heider, F. (1983). *The life of a psychologist.* Kansas: University Press of Kansas (dt. *Das Leben eines Psychologen. Eine Autobiographie.* Bern: Huber, 1984).

Herkner, W., Hg. (1980). *Attribution. Psychologie der Kausalität.* Bern: Huber.

Herrmann, T., & Grabowski, J. (1994). *Sprechen: Psychologie der Sprachproduktion.* Heidelberg: Spektrum.

Hiebsch, H., & Böttcher, H.R. (1986). *Interpersonelle Wahrnehmung und Urteilsbildung.* Berlin: Deutscher Verlag der Wissenschaften.

Hinder, H. (1979). Repräsentation von Textmaterial im Gedächtnis des Lesers. Lizentiatsarbeit. Universität Freiburg/Schweiz.

Hjorstjo, C.H. (1970). *Man's face and mimic language.* Lund: Studentlitteratur.

Hussy, W. (1984). *Denkpsychologie.* Stuttgart: Kohlhammer.

Jacobson, R. (1960). Closing statement: Linguistics and poetics. In T.A. Sebeok (Ed.), *Style in language* (pp. 350-377). New York: Cambridge University Press.

Jones, R.A. (1977). *Self-fulfilling prophecies: Social, psychological, and physiological effects of expectancies.* Hillsdale, NJ: Erlbaum.

Kahneman, D., & Miller, D.T. (1986). Norm theory: Comparing reality to its alternatives. *Psychological Review, 93*, 136-153.

Kaiser, H.R. (1987). *Wissensaustausch im Dialog.* Bern: Huber.

Käsermann, M.L., & Altdorfer, A. (1991). Was uns in Gesprächen aufregt... Störendes kommunikatives Verhalten und seine Wirkung auf den Gesprächspartner. In K. Grawe, R. Hänni, N. Semmer, & F. Tschan (Hg.), *Über die richtige Art, Psychologie zu betreiben* (pp. 343-356). Göttingen: Hogrefe.

Kauer, R., Lindsay, W. M., & Skutsch, O. (Eds.) (1926). *P. Terenti Afri Comoediae*, Oxford, UK: Oxford University Press.

Kelley, H.H. (1967). Attribution theory in social psychology. In D.E. Levine (Ed.), *Nebraska symposium on motivation*. Lincoln: University of Nebraska Press, 192-240.

Kelley, H.H. (1972). Causal schemata and the attribution process. In E.E. Jones, D.E. Kanouse, H.H. Kelley, R.E. Nisbett, S. Valins, &. B. Weiner (Eds.), *Attribution: Perceiving the causes of behavior* (pp. 151-174). Morristown, NJ: General Learning Press.

Kelley, H.H., & Michela, J.L. (1980). *Attribution theory and research.* American Review of Psychology, 31, 457-501.

Kintsch, W., & Greene, E. (1978). The role of culture-specific schemata in the comprehension and recall of stories. *Discourse Processes, 1*, 1-13.

Kintsch, W., & Van Dijk, T.A. (1978). Toward a model of text comprehension and production. *Psychological Review, 85*, 363-394.

Kleinmuntz, B., & Szucko, J.J. (1984). Lie detection in ancient and modern times: A call for contemporary scientific study. *American Psychologist, 39*, 766-776.

Köhnken, G. (1986). Verhaltenskorrelate von Täuschung und Wahrheit. Neue Perspektiven in der Glaubwürdigkeitsdiagnostik. *Psychologische Rundschau, 37*, 177-194.

Kossak, H.C. (1992). *Studium und Prüfungen besser bewältigen.* München: Quintessenz.

Krauss, R.M., Morrel-Samuels, & P. Colasante, C. (1991). Do conversational hand gestures communicate? *Journal of Personality and Social Psychology, 61*, 743-754.

Kröger, M. (1992). Antropologische Grundannahmen der Themenzentrierten Interaktion. In C. Löhmer & R. Standhardt (Hg.), *TZI. Pädagogisch-therapeutische Gruppenarbeit nach Ruth C. Cohn* (pp. 393-124). Stuttgart: Klett-Cotta.

Langmaack, B. (1991). *Themenzentrierte Interaktion. Einführende Texte rund ums Dreieck.* Weinheim: Psychologie Verlagsunion.

Lazarus, R.S. (1982). Thoughts on the relations between emotion and cognition. *American Psychologist, 37*, 1019-1024.

Lefrançois, G.R. (1994). *Psychologie des Lernens. 3. Auflage.* Berlin: Springer.

Leinhos, H. (1990). Der Autonomiebegriff bei Berne. *Zeitschrift für Transaktionsanalyse in Theorie und Praxis, 7*, 8-22.

Leisi, E. (1978). *Paar und Sprache.* Heidelberg: Quelle & Meyer.

Lepper, M.R., & Greene, D. (1975). Turning play into work: effect of adult surveillance and extrinsic rewards on children's intrinsic motivation. *Journal of Personality and Social Psychology, 31*, 479-486.

Lepschy, A. (1995). *Das Bewerbungsgespräch.* St. Ingbert: Röhrig Universitätsverlag.

Liebel, H. (1978). *Führungspsychologie*. Göttingen: Hogrefe.

Lightfoot, C., & Bullock, M. (1990). Interpreting contradictory communications: Age and context effects. *Developmental Psychology, 26*, 830-836.

Lohaus, A. (1992). Verbale und nonverbale Kommunikation im Kindesalter: Ergebnisse einer entwicklungspsychologischen Studie. *Zeitschrift für Entwicklungspsychologie und Pädagogische Psychologie, 24*, 22-38.

Lüthi, A., Lüthi-Peterson, N., & Richard, A. (1992). TZI an der Ecole d'Humanité – vier Zugänge. In C. Löhmer & R. Standhardt (Hg.), *TZI. Pädagogisch-therapeutische Gruppenarbeit nach Ruth C. Cohn* (pp. 218-301). Stuttgart: Klett-Cotta.

Lykken, D.T. (1979). The detection of deception. *Psychological Bulletin, 86*, 47-53.

Lykken, D.T. (1988). The case agains polygraph testing. In A. Gale (Ed.), *The polygraph test: Lies, truth, and science* (pp. 111-125). London: Sage.

Mahl, G.F., & Schulze, G. (1964). Psychological research in the extralinguistic area. In T.A. Sebeok et al. (Eds.), *Apporaches to semiotics* (pp. 51-124). Den Haag: Mouton (dt. Auszug in K.R. Scherer, K.R. (Hg.), *Vokale Kommunikation* (pp. 94-104). Weinheim: Beltz).

Manekeller, W., & Schoenwald, U. (1988). *Die erfolgreiche Bewerbung: Bewerbung und Vorstellung*. Niederhausen/Ts: Falken.

Maslow, A.A. (1962). *Toward a psychology of being. 2nd edition*. New York: Van Nostrand Reinhold (dt. *Psychologie des Seins*. München: Kindler, 1973).

Matzdorf, P., & Cohn, R. C. (1983). Themenzentrierte Interaktion. In R. Corsini (Hg.), *Handbuch der Psychotherapie, Band 2* (pp. 1272-1314). Weinheim: Beltz.

Matzdorf, P., & Cohn, R. C. (1992). Das Konzept der Themenzentrierten Interaktion. In C. Löhmer & R. Standhardt (Hg.), *TZI. Pädagogisch-therapeutische Gruppenarbeit nach Ruth C. Cohn* (pp. 39-92). Stuttgart: Klett-Cotta.

McKoon, G., & Ratcliff, R. (1981). The comprehension processes and memory structures involved in instrumental inference. *Journal of Verbal Learning and Verbal Behavior, 22*, 671-682.

McNeill, D. (1985). So you think gestures are nonverbal? *Psychological Review, 92*, 350-371.

Mehrabian, A. (1968). The inference of attitudes from the posture, orientation, and distance of a communication. *Journal of Consulting Psychology, 32*, 296-308.

Mervis, C.B., & Rosch, E. (1981). Categorization of natural objects. *Annual Review of Psychology, 32*, 89-115.

Michotte, A. (1961). Die Theorie der phänomenalen Kausalität – neue Perspektiven. In O. Heller & W. Lohr, (Hg.) *A. Michotte, gesammelte Werke* (pp. 43-106). Bern: Huber.

Mielke, R. (1990). Ein Fragebogen zur Wirksamkeit der Selbstdarstellung. *Zeitschrift für Sozialpsychologie, 21*, 162-170.

Molcho, S. (1990). *Partnerschaft undKörpersprache*. München: Mosaik.

Molcho, S. (1992). *Körpersprache der Kinder.* München: Mosaik.

Molcho, S. (1995). *Alles über Körpersprache.* München: Mosaik.

Molcho, S. (1996). *Körpersprache.* München: Goldmann.

Moore, M.M. (1985). Nonverbal courtship patterns in women: Context and consequences. *Ethnology and Sociobiology, 6,* 237-247.

Moore, R.G., Watts, F.N., & Williams, J.M.G. (1988). The specificity of personal memories in depression. *British Journal of Clinical Psychology, 27,* 275-276.

Morger, V. (1990). Wiederholungseffekte bei Kategorieverifikationen. Dissertation. Universität Bern.

Murch, G.M., & Woodworth, G.L. (1978). *Wahrnehmung.* Stuttgart: Kohlhammer.

Neisser, U. (1976). *Cognition and reality.* San Francisco: Freeman.

Ney, T. (1988). Expressing your emotions and controlling feelings. In A. Gale (Ed.), *The polygraph test: Lies, truth, and science* (pp. 65-72). London: Sage.

Niegemann, H.M. (1982). Influences of titles on the recall of instructional texts. In A. Flammer & W. Kintsch (Eds.), *Discourse processing* (pp. 392-399). Amsterdam: North-Holland.

Nisbett, R.E., & Borgida, E. (1975). Attribution and the psychology of prediction. *Journal of Personality and Social Psychology, 32,* 932-943.

Nisbett, R.E., Borgida, E., Crandall, R., & Reed, H. (1976). Popular induction: Information is not always informative. In J.S. Carroll & J.W. Payne (Eds.), *Cognition and social behavior* (pp. 113-133). Hillsdale, NJ: Erlbaum.

Noller, P. (1980). Misunderstandings in marital communication: A study of couples' nonverbal communication. *Journal of Personality and Social Psychology, 39,* 1135-1148.

Ockel, A., & Cohn, R. C. (1981). Das Konzept des Widerstands in der Themenzentrierten Interaktion. Vom psychoanalytischen Konzept des Widerstands in der Themenzentrierten Interaktion über das TZI-Konzept der Störung zum Ansatz einer Gesellschaftstherapie. In H. Petzold, (Hg.), *Widerstand. Ein strittiges Konzept in der Psychotherapie* (pp. 255-282). Paderborn: Junfermann.

Oevermann, U., Allert, T., Konau, E., & Kramabeck, J. (1979). Die Methodologie einer ‹objektiven Hermeneutik› und ihre allgemeine forschungslogische Bedeutung in den Sozialwissenschaften. In H.G. Soeffner (Hg.), *Interpretative Verfahren in den Sozial- und Textwissenschaften* (pp. 352-434). Stuttgart: Verlag S. Metzler.

Patterson, M.L. (1983). *Nonverbal behavior.* Heidelberg: Springer.

Perrig, W. (1982). *Wissensstrukturen und Informationsaufnahme aus Prosatext.* Bern: Lang.

Piaget, J. (1926). *La représentation du monde chez l'enfant.* Paris: Alcan (dt. *Das Weltbild des Kindes.* Frankfurt: Klett-Cotta, 1980).

Piaget, J. (1937). *La construction du réel chez l'enfant.* Neuchâtel: Delachaux et Niestlé (dt. *Der Aufbau der Wirklichkeit beim Kinde.* Stuttgart: Klett, 1975).

Piaget, J. (1947). *Psychologie de l'intelligence*. Paris: Colin (dt. *Psychologie der Intelligenz*. Zürich: Rascher, 1948).

Raskin, D.C. (1988). Does science support polygraph testing? In A. Gale (Ed.), *The polygraph test: Lies, truth, and science* (pp. 96-110). London: Sage.

Rauch-Schumacher, R., Stocker-Meier, M., & Vermot-Mangold, R.G. (1992). TZI in der politischen Arbeit. In C. Löhmer & R. Standhardt (Hg.), *TZI. Pädagogisch-therapeutische Gruppenarbeit nach Ruth C. Cohn* (pp. 326-341). Stuttgart: Klett-Cotta.

Rietz, U. (1992). Lehrerinnen- und Lehrerfortbildung mit TZI. In C. Löhmer & R. Standhardt (Hg.), *TZI. Pädagogisch-therapeutische Gruppenarbeit nach Ruth C. Cohn* (pp. 302-311). Stuttgart: Klett-Cotta.

Roch, E. (1992). Protokoll eines TZI-Kurses: TZI als Methode, pädagogisches System und persönliche Einstellung. In H. Belz, C. Dehm, M. Eichberger, & E. Roch (Hg.), *Auf dem Weg zur arbeitsfähigen Gruppe, 2. Auflage* (pp. 77-99). Mainz: Mathias-Grünewald.

Rogers, C. (1961). *On becoming a person*. Boston: Mifflin (dt. *Entwicklung der Persönlichkeit*. 4. Auflage. Stuttgart: Klett-Cotta, 1982).

Rogers, C.R. (1969). *Freedom to learn*. Ohio: Merrill (dt. *Lernen in Freiheit*. München: Kösel, 1974).

Rothkopf, E.Z. (1980). Copying span as a measure of the information burden in written language. *Journal of Verbal Learning and Verbal Behavior, 19*, 562-572.

Rubner, A., & Rubner, E. (1992). Die Entwicklungsphasen einer Gruppe – Grundkonflikte, Einstellungen dem Leiter gegenüber und Leiterinterventionen. In C. Löhmer & R. Standhardt (Hg.), *TZI. Pädagogisch-therapeutische Gruppenarbeit nach Ruth C. Cohn* (pp. 230-251). Stuttgart: Klett-Cotta.

Rusterholz, P. (1973a). Hermeneutik. In H.L. Arnold & V. Sinemus (Hg.), *Grundzüge der Literatur- und Sprachwissenschaft* (pp. 89-105). München: dtv.

Rusterholz, P. (1973b). Methoden der Textanalyse. In H.L. Arnold & V. Sinemus (Hg.), *Grundzüge der Literatur- und Sprachwissenschaft* (pp. 341-357). München: dtv.

Rusterholz, P. (1979). Zum Problem des adäquaten Textverstehens. In U. Nassen (Hg.), *Studien zur Entwicklung einer materialen Hermeneutik* (pp. 234-253). München: Fink.

Rutter, R.D., & Stephenson, G.M. (1977). The role of visual communication in synchronising conversation. *European Journal of Social Psychology, 7*, 29-37.

Rutter, R.D., Stephenson, G.M., & Dewey, M.E. (1981). Visual communication and the content and style of conversation. *British Journal of Social Psychology, 20*, 41-52.

Saul, S. (1995). *Führen durch Kommunikation. Gespräche mit Mitarbeiterinnen und Mitarbeitern*. Zweite Auflage. Weinheim: Beltz.

Schank, R.C., & Abelson, R.P. (1977). *Scripts, plans, goals, and understanding. An inquiry into human knowledge structures*. New York: Erlbaum.

Scharer, M. (1992). TZI in der krichlichen Praxis. In C. Löhmer & R. Standhardt (Hg.), *TZI. Pädagogisch-therapeutische Gruppenarbeit nach Ruth C. Cohn* (pp. 312-325). Stuttgart: Klett-Cotta.

Scheidgen, H., Strittmatter, P., & Tack, W.H. (Hg.) (1990). *Information ist noch kein Wissen.* Weinheim: Beltz.

Scherer, K.R. (1979). Nonlinguistic vocal indicators of emotion and psychopathology. In C.E. Izard (Ed.), *Emotions in personality and psychopathology* (pp. 495-529). New York: Plenum.

Scherer, K.R. (1981). Speech and emotional actions. In J.K. Darby, Jr. (Ed.), *Speech evaluation in psychiatry* (pp. 189-220). New York: Grune & Stratton.

Scherer, K.R., Hg. (1982). *Vokale Kommunikation.* Weinheim: Beltz.

Schlenker, B.R. (1980). *Impression management: The self-concept, social identity, and interpersonal relations.* Monterey, CA: Brooks/Cole.

Schmidbauer, W. (1990). *Die hilflosen Helfer. Über die seelische Problematik der helfenden Berufe.* Hamburg: Rowohlt.

Schmitt, N., Coyle, B.W., & Saari, B.B. (1977). Types of task information feedback in multiple-cue probability learning. *Organizational Behavior and Human Performance, 18,* 316-328.

Schulz von Thun, F. (1977). Psychologische Vorgänge in der zwischenmenschlichen Kommunikation. In B. Fittkau, H.M. Müller-Wolf & F. Schulz von Thun (Hg.), *Kommunizieren lernen (und umlernen)* (pp. 9-100). Aachen-Hahn: Hahner (6. Aufl. 1989).

Schulz von Thun, F. (1981). *Miteinander reden: Störungen und Klärungen.* Hamburg: Rowohlt.

Schwarz, M.N.K., & Flammer, A. (1979). Erstinformation einer Geschichte. *Zeitschrift für Entwicklungspsychologie und Pädagogische Psychologie, 11,* 347-358.

Schwarz, M.N.K., Flammer, A. (1981). Text structure and title effects on comprehension and recall. *Journal of Verbal Learning and Verbal Behavior, 20,* 61-66.

Searle, J.P. (1969). *Speech acts.* Cambridge: University Press.

Seiffert, H. (1970). *Einführung in die Wissenschaftstheorie 2.* München: Beck.

Seligman, M.E.P. (1975). *Helplessness. On depression, development and death.* San Francisco: Freeman (dt. *Erlernte Hilflosigkeit.* München: Urban & Schwarzenberg, 1983).

Shaftel, F.R., & Shaftel, G. (1973). *Rollenspiel als soziales Entscheidungstraining.* München: Ernst Reinhardt.

Shannon, C.E., & Weaver, W. (1948). *The mathematical theory of communication.* Urbana, IL: The University of Illinois Press.

Spandl, O.P. (1971). *Die mündliche Prüfung.* Geretsried: Schuster.

Spranger, E. (1950). *Lebenformen, 8. Auflage.* Tügingen: Niemeyer.

Staiger, E. (1982). *Die Kunst der Interpretation. 5. Auflage.* München: dtv.

Steiner, C. (1974). *Scripts people live*. New York: Grove (dt. *Wie man Lebenspläne verändert*. Paderborn: Junfermann, 1982).

Strack, F. (1988). Social cognition: Sozialpsychologie innerhalb des Paradigmas der Informationsverarbeitung. *Psychologische Rundschau, 39*, 72-82.

Swan, W.S. (1990). *Den richtigen Mitarbeiter finden*. Zürich: Orell Füssli.

Swann, W.B., Stein-Seroussi,A., & Giesler, R.B. (1992). Why people self-verify. *Journal of Personality and Social Psychology, 62*, 392-401.

Szagun, G. (1986). *Sprachentwicklung beim Kind. 3. Auflage*. München: Urban & Schwarzenberg.

Tausch, R. (1960). *Gesprächspsychotherapie*. Göttingen: Hogrefe.

Tausch, T., & Tausch. A.M. (1981). *Gesprächspsychotherapie. 8. Auflage*. Göttingen: Hogrefe.

Tedeschi, J.T. (Ed.) (1981). *Impression managment theory and social psychological research*. New York: Academic.

Toelstede, B.G., & Gamber, P. (1993). *Videotraining und Feedback*. Beltz: Weinheim.

Tolstaja, S.A. (1986). *Tagebücher 1898-1910*. Frankfurt: Fischer.

Tolstoi, L.N. (dt. 1978). *Anna Karenina*. München: dtv.

Trommsdorff, G., & John, H. (1992). Decoding affective communication in intimate relationships. *European Journal of Social Psychology, 22*, 41-54.

Ulich, D. (1989). *Das Gefühl., 2. Auflage* München: Psychologie Verlagsunion.

Valentin, K. (1983a). *Monologe und Dialoge, 2. Auflage*. München: Piper.

Valentin, K. (1983b). *Szenen und Stücke 3, 2. Auflage*. München: Piper.

Van Dijk, T.A. (1978). *Tekstwetenschap* (dt. *Textwissenschaft*. München: dtv, 1980).

Von Cube, F. (1968). *Kybernetische Grundlagen des Lernens. 2. Auflage*. Stuttgart: Klett.

Von Helversen, O., & Scherer, K.R. (1988). Nonverbale Kommunikation. In K. Immelmann, K.R. Scherer, C. Vogel & P. Schmoock (Hg.), *Psychobiologie. Grundlagen des Verhaltens* (pp. 609-647). München: Psychologie Verlagsunion.

Von Steiger, K. (1987). Begegnung mit Frau N. Über das Verstehen einer erzählten Lebensgeschichte. Lizentiatsarbeit in Kinder- und Jugendpsychologie. Universität Bern.

Wallbott, H.G. (1993). Suggestive Wirkungen nonverbalen Verhaltens. *Hypnose und Kognition, 10*, 27-34.

Watzlawick, P., Beavin, J.H., & Jackson, D.D. (1967). *Pragmatics of human communication*. New York: Norton (dt. *Menschliche Kommunikation*. Bern: Huber, 1969).

Weiner, B. (1972). *Theories of motivation*. Chicago: Markham (dt. *Theorien der Motivation*. Stuttgart: Klett, 1976).

Weiner, B. (1980). *Human motivation*. New York: Holt, Rinehart, and Winston (dt. *Motivationspsychologie*. Weinheim: Beltz, 1984).

Weiner, B. (1985). ‹Spontaneous› causal thinking. *Psychological Bulletin, 97*, 74-84.

Weinrich, H. (1974). *Linguistik der Lüge*. Heidelberg: Schneider.

Weinrich, L. (1992). *Verbale und nonverbale Strategien in Fernsehgesprächen*. Tübingen: Niemeyer.

Weisbach, C.R., & Ehresmann, S. (1985). *Reden und Verstandenwerden. Ein Lese-Übungsbuch*. Frankfurt: Fischer.

Weiss, H.J. (1989). *Prüfungsangst*. München: Lexika-Verlag.

West, C., & Zimmerman, D.H. (1985). Gender, language, and discourse. In T.A. van Dijk (Ed.), *Handbook of discourse analysis, vol. 4: Discourse anaysis in society* (pp. 103-124). New York: Academic.

Wettler, M. (1980). *Sprache, Gedächtnis, Verstehen*. Berlin: de Gruyter.

Wicki, W. (1988). Lächeln in der ersten Stunde einer psychoanalytischen Kurztherapie. Lizentiatsarbeit. Universität Zürich.

Wiener, N. (1948). *Cybernetics of control and communication in the animal and the machine*. Cambridge: M.I.T. Press.

Wieringa, C.F. (1981). Feedback ist nicht «die Wahrheit». In C.H. Bachmann (Hg.), *Kritik der Gruppendynamik* (pp. 300-311). Frankfurt: Fischer.

Williams, J.M.G., & Broadbent, K. (1986). Autobiographical memory in suicide attempters. *Journal of Abnormal Psychology, 95*, 144-149.

Williams, J.M.G., & Dritschel, B.H. (1988). Emotional disturbance and the specificity of autobiographical memory. *Cognition and Emotion, 2*, 221-234.

Williams, J.M.G., & Scott, J. (1988). Autobiographical memory in depression. *Psychological Medicine, 18*, 689-695.

Wolf, D., & Merkle, R. (1995). *So überwinden Sie Prüfungsängste: psychologische Strategien zur optimalen Vorbereitung und Bewältigung von Prüfungen*. Mannheim: PAL Verlagsgemeinschaft.

Yate, M.J. (1988). *Knok 'em dead*. New York: Adams (dt.*Das erfolgreiche Bewerbungsgespräch. 4. Auflage*. Frankfurt am Main: Campus, 1992).

Zajonc, R.B. (1984). On the primacy of affect. *American Psychologist, 39*, 117-123.

Zuckerman, M., & Driver, R.E. (1984). Telling lies: Verbal and nonverbal correlates of deception. In A.W. Siegman & S. Feldstein (Eds.), Nonverbal communication: *An integrated perspective*. Hillsdale, NJ: Erlbaum.

Personenverzeichnis

Sachwortverzeichnis